高职高专"十二五"规划教材·汽车类
示范性院校课程改革项目成果

汽车合理使用与性能检测

主　编　宋保林
副主编　杨　明　叶新娜　岳现杰　刘晓光
参　编　蒋瑞斌　林振清
主　审　马云贵

哈尔滨工程大学出版社
Harbin Engineering University Press

内容提要

本书介绍了汽车合理使用方法和主要使用性能、评价指标及检测方法，为便于学习，将内容分为三个项目，分别是汽车的合理使用及技术状况评价、汽车使用性评价指标及检测和汽车安全性评价指标及检测。此三个项目主要介绍了汽车在一般条件和特殊条件下的合理使用要求及汽车技术状况的变化规律；汽车动力性、汽车燃油经济性、汽车行驶平顺性、汽车通过性和汽车污染危害性的评价指标及检测方法；汽车制动性、汽车操纵稳定性和汽车车轮定位及平衡、汽车前照灯的评价指标及检测方法。在内容组织上本书力图突出新法规、新理念，体现系统性、整体性。

本书适合高等职业院校汽车运用及维修技术专业教学使用，也可供从事汽车检测、维修、服务工作的专业技术人员参考使用。

图书在版编目（CIP）数据

汽车合理使用与性能检测/宋保林等主编. —哈尔滨：哈尔滨工程大学出版社，2011.1

ISBN 978-7-5661-0020-7

Ⅰ.①汽… Ⅱ.①宋… Ⅲ.①汽车-性能-检测-教材 Ⅳ.①U472.9

中国版本图书馆CIP数据核字（2011）第013702号

出版发行：哈尔滨工程大学出版社
社　　址：哈尔滨市南岗区东大直街124号
邮　　编：150001
发行电话：0451－82519328
传　　真：0451－82519699
经　　销：新华书店
印　　刷：北京市通州京华印刷制版厂
开　　本：787mm×1092mm　1/16
印　　张：13
字　　数：283千字
版　　次：2011年1月第1版
印　　次：2011年1月第1次印刷
定　　价：25.00元
http：//press.hrbeu.edu.cn
E-mail：heupress@hrbeu.edu.cn
对本书内容有任何疑问及建议，请与本书责编联系。邮箱：jixie_book@sina.com

总序

课程建设与改革是提高教学质量的核心，也是教学改革的重点和难点。为贯彻教育部教学改革的重要精神，同时为配合高等职业院校课程改革和教材建设，更好地为职业院校深化改革服务，我们结合学院实际情况，对汽车专业的课程体系和教学模式进行了探索性的改革。经过两年多的课改实践，学生在顶岗实习以及就业后的工作中上手快，技术提升迅速，受到了企业的欢迎和认可。

基于此，我们与哈尔滨工程大学出版社合作，按照课改成果，重新组织整理编写了《高职高专“十二五”规划教材·汽车类示范性院校课程改革项目成果》系列教材，其中包括职业技术基础课程教材《汽车应用材料》、《汽车机械基础》、《汽车概论》，职业核心课程教材《汽车发动机机械系统检修》、《汽车发动机电控技术》、《汽车电气设备检修》、《汽车舒适与安全系统检修》、《汽车传动系检修》、《汽车行驶、转向和制动系检修》以及职业拓展课程教材《汽车合理使用与性能检测》、《汽车保险与理赔》、《二手车鉴定与评估》、《汽车维修业务管理》、《汽车专业英语》等。本套教材主要适用于汽车运用技术专业及汽车类相关专业，整套教材以学习性工作任务组织教学内容，采用理论与实践一体化的教学模式和授课方式。

一、教学内容的选取和组织

根据汽车维修企业作业项目和作业量的调查，选取作业面较大的维护内容和检测维修项目，并考虑到学生的今后发展，遵循教学规律，考虑实训条件，适度、适量地选取和组织理论与实训教学内容。突出学习内容的实用性，使学习内容与企业维修项目紧密结合，学生学到的知识和技能能满足企业维修岗位的要求。

二、教材编写特点

1. 本套教材及时跟踪、反映汽车最新的技术和结构，体现教学内容的先进性和前瞻性，如发动机可变正时系统、无极自动变速器、电控动力转向、电控悬架系统、车载网络等，这些新技术、新结构在本套教材中都有体现。

2. 本套教材理论部分的编写本着必需、够用的原则，且理论和实践都围绕着提高学生的实际动手能力、分析问题和解决问题能力入手，体现能力本位的原则。

3. 本套教材的职业核心课程以学习情境组织教学内容，每个学习情境设有若干个学习和工作任务，以任务为导向，以项目为载体，理论知识部分围绕任务的需要组织和编写，并针对维修企业岗位要求进行适当的拓展和延伸；实训内容则采用系列照片组附加文字的方式对操作步骤进行表达，对维修作业中的注意事项标注说明。教材注重培养学生的综合素质和职业能力，充分体现了职业教育的特点。

三、教学组织要求

本套教材的核心课程在教学实施中应采用工作过程系统化的教学形式，配合教材编写学习工作页，让学生在明确任务、获取知识、制定计划、实施计划、评价反馈的整个学习过程中，完成对理论知识的获取和操作技能的掌握。建议教学中采用四节课连上的授课形式，将学生分成六组，注意对学生的合理分工组织、工具的管理和发放、教学设施中的环境控制等。

本套教材在编写过程中进行了广泛的调研，在制定编写提纲的过程中广泛听取了企业人员和在校师生的建议，在编写过程中得到了学院领导和有关教师们的大力支持和帮助，在此表示衷心的感谢！

系列教材编委会

前 言

为贯彻《国务院关于大力推进职业教育改革与发展的决定》以及教育部等六部委《关于实施职业院校制造业和现代服务业技能型紧缺人才培养培训工程的通知》精神，为职业教育教学和培训提供更加丰富多样和实用的教材，更好地满足职业教育改革与发展的需要，依据教育部颁布的《汽车运用与维修专业领域技能紧缺人才培养工程指导方案》的要求，我们组织教师编写了本教材，供高等职业院校汽车运用技术专业教学使用。

本教材在组织编写过程中，认真总结了全国交通职业院校多年来的专业教学经验，坚持“以服务为宗旨，以就业为导向”的职业教育办学方针，充分体现以能力为本位，以适应新的教学模式、教学制度需求为根本，以满足学生需求和社会需求为目标的编写指导思想，并参照相关行业的岗位技能鉴定规范而编写，满足了汽车运用技术领域高素质专业实用人才培养的需要。

本书在编写过程中力图体现以下特色：

1. 打破传统教材的章节体例，以专项能力培养为单元确定知识目标和能力目标。

2. 在内容选择上，更加注重相关岗位对人才的知识、能力要求，力求与相应的职业资格标准衔接。

3. 结合国家及行业的最新标准，设置了较多反映新知识、新技术、新方法及新设备的内容。

4. 将汽车使用与性能检测有机结合，便于读者理解。

本书分为三个项目，每个项目包括若干不同的工作任务，通过完成相关的工作任务，学生将能够合理使用汽车、评价汽车的技术状况、用设备检测汽车的各项性能。

本书由河南交通职业技术学院宋保林任主编，河南交通职业技术学院杨明、叶新娜、岳现杰，商丘科技职业学院刘晓光任副主编，湖南生物机电职业技术学院蒋瑞斌、湖南机电职业技术学院林振清参与编写。湖南交通职业技术学院马云贵任主审。具体编写分工如下：宋保林编写任务五、六、十；杨明编写任务一、二；叶新娜编写任务七；岳现杰编写任务八、九、十一；刘晓光编写任务四；蒋瑞斌和林振清共同编写任务三。

限于编者经验和水平，加之时间仓促，教材内容难免有不当之处，恳请使用本书的师生和广大读者批评指正。

编 者

目 录

项目一 汽车合理使用及技术状况评价

项目二　汽车使用性评价指标及检测

项目一

汽车合理使用及技术状况评价

项目导入

汽车作为运输工具，其技术状况的好坏直接影响到运输效率。合理使用车辆、准确判断车辆的技术状况并及时进行维护保养，是保持汽车技术状况良好的关键。我国地域广阔，各地的道路、气候条件差异很大，即使是同一地区，四季的气温也有很大差别。汽车在正常使用情况下，影响机件乃至整车使用寿命的基本原因是磨损，机件磨损是导致汽车技术状况变坏以至最后失去工作能力的主要因素。汽车使用性能还受外界运行条件、驾驶员操作、汽车维修不当等因素的影响。因此，我国《汽车运输业车辆技术管理规定》中明确了汽车合理使用的要求及汽车技术状况等级划分标准。合理使用车辆和保持良好的技术状况是发挥车辆效率、减少行车事故、节省维修费用、降低能耗和延长汽车使用寿命的重要环节，对确保运力的良性循环，促进汽车运输业持续、稳定、协调发展起着重要作用。本项目针对汽车在各种运行条件下的使用特点和影响汽车技术状况变化的因素进行了任务分解，包括汽车合理使用和汽车技术状况评价两项学习任务。

任务一

汽车合理使用

♨知识目标

1. 简单描述汽车类型的划分方法及汽车识别代号；
2. 正确叙述汽车运行条件对汽车使用的影响；
3. 正确叙述汽车走合期的使用特点；
4. 正确叙述汽车在低温、高温条件下的使用特点；
5. 正确描述汽车在高原和山区条件下的使用特点；
6. 正确描述汽车在无路或坏路条件下的使用特点。

♨能力目标

1. 会识别各种类型的汽车；
2. 掌握车辆驾驶操作的基本要求和日常维护；
3. 会在走合期内合理使用汽车；
4. 会在低温、高温条件下合理使用车辆；
5. 会在高原和山区条件下合理使用车辆。

任务介绍

汽车在使用时所面对的外界条件非常复杂，这些外界条件随时间和空间而变化，并影响汽车使用效果。汽车效率的发挥不仅取决于驾驶员操作水平，还与汽车性能以及汽车对外部环境的适应性有很大关系，这直接影响到运输车辆的主要技术经济指标。针对车辆所处的不同使用时期和不同外界条件，采取不同的使用方法和管理措施，才能确保汽车始终能适应外界条件的变化。例如，在恶劣的道路条件下，通过降低挡位而减缓汽车行驶速度等。另外，汽车运行速度、燃油经济性、各总成和轮胎可靠性、耐久性以及驾驶员疲劳程度等，都与汽车的使用条件有关。

任务分析

本学习任务在实施中主要包括以下几个过程。

1. 相关知识的学习

通过理论知识的学习，掌握完成本任务需要的理论知识。

2. 汽车的合理使用

根据在一般条件和特殊条件下使用对汽车的影响的特点，合理使用汽车，充分发挥汽车使用性能。

相关知识

一、汽车分类及识别代号

（一）汽车分类

1. 汽车分类标准

经国家质量监督检验检疫总局批准，汽车分类的两个新国标 GB/T 3730.1—2001 和 GB/T 15089—2001 已于 2001 年 7 月 3 日对外发布，2002 年 3 月 1 日起正式实施，代替了 GB/T 3730.1—1988 和 GB/T 15089—1994。GB/T 15089—2001 主要用于型式认证，是型式认证各技术法规适用范围的依据；GB/T 3730.1—2001 是通用性分类，适用于一般含义、统计、牌照、保险、政府政策和管理的依据。

(1)《汽车和挂车类型的术语和定义》（GB/T 3730.1—2001）对汽车类型的划分如图 1.1 所示。

乘用车：在设计和技术特性上主要用于载运乘客及其随行行李和临时物品的汽车，包括驾驶员座位在内最多不超过 9 个座位，并且可以牵引一辆挂车。

商用车辆：在设计和技术特性上主要用于运送人员和货物的汽车，并且可以牵引挂车。乘用车不包括在内。

(2)《机动车和挂车分类》（GB/T 15089—2001）标准将机动车辆和挂车分为 M 类、N 类、G 类、O 类和 L 类。

①M 类。M 类车辆是至少有 4 个轮且用于载客的机动车辆。

M 类车辆
- M_1 类是包括驾驶员座位在内的座位数不超过 9 个的载客车辆。
- M_2 类包括驾驶员座位在内的座位数超过 9 个，且最大设计总质量不超过 5000kg 的载客车辆。M_2 类又分为 A 级、B 级、Ⅰ 级、Ⅱ 级、Ⅲ 级。
- M_3 类包括驾驶员座位在内的座位数超过 9 个，且最大设计总质量超过 5000kg 的载客车辆。M_3 类又分为 A 级、B 级、Ⅰ 级、Ⅱ 级、Ⅲ 级。

②N 类。G 类 N 类车辆是至少有 4 个轮且用于载货的机动车辆。

N 类车辆
- N_1 最大设计总质量不超过 3500kg 的载货车辆。
- N_2 最大设计总质量超过 3500kg，但不超过 12000kg 的载货车辆。
- N_3 最大设计总质量超过 12000kg 的载货车辆。

③G类。G类可概括为越野汽车，包括在M类和N类之中。

④O类。挂车（包括半挂车）。O类车辆按最大设计总质量分为O_1类、O_2类、O_3类、O_4类。

⑤L类。两轮或三轮机动车辆。L类车辆可以分为L_1类、L_2类、L_3类、L_4类、L_5类。

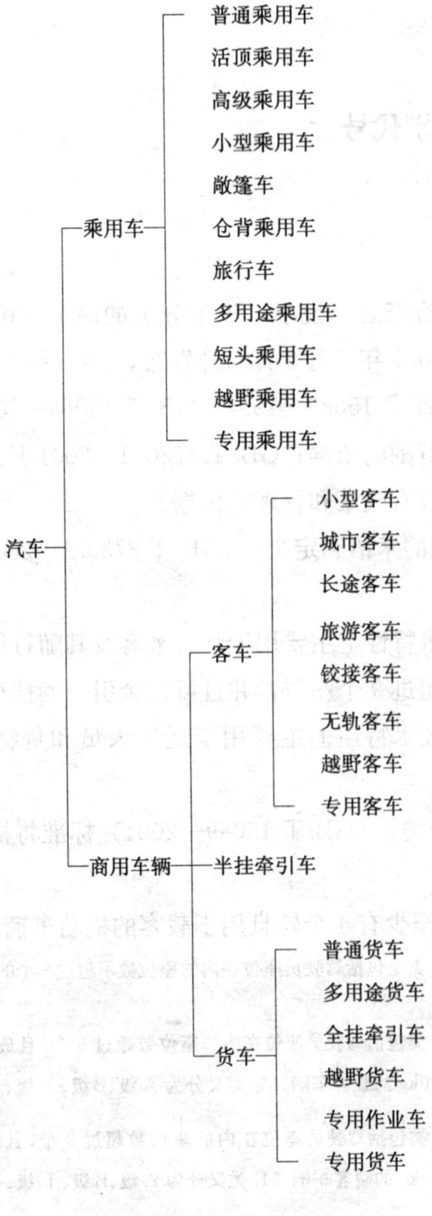

图 1.1 GB/T 3730. 1—2001 对汽车类型的划分

2. 国产汽车编号

我国汽车型号均由汉语拼音和阿拉伯数字组成。汽车型号包括如下三部分：首部——

由 2 个或 3 个汉语拼音字母组成，是识别企业名称的代号。例如，CA 代表一汽，EQ 代表二汽。中部——由 4 位阿拉伯数字组成（含义见表 1-1）。左起首位数字为车辆类别代号，中间两位数字表示汽车的主要特征参数，最末位是企业自定的产品序号。尾部——分为两部分，前部由汉语拼音字母组成，表示专用汽车分类代号，如 X 表示箱式汽车，G 表示罐式汽车等；后部是企业自定代号。

表 1-1　汽车型号中四位数字代号的含义

<table>
<tr><th colspan="2">首位数字（1～9）
表示汽车类型</th><th>中间两位数字
表示各类汽车主要特征参数</th><th>末位数字表示
企业自定产品序号</th></tr>
<tr><td>载货汽车</td><td>1</td><td rowspan="5">表示汽车的总质量②</td><td rowspan="7">以 0，1，2，……依次排列</td></tr>
<tr><td>越野汽车</td><td>2</td></tr>
<tr><td>自卸车</td><td>3</td></tr>
<tr><td>牵引车</td><td>4</td></tr>
<tr><td>专用车①</td><td>5</td></tr>
<tr><td>客车</td><td>6</td><td>数字×0.1m 表示汽车总长度③</td></tr>
<tr><td>轿车</td><td>7</td><td>数字×0.1L 表示汽车发动机工作容积</td></tr>
</table>

①专用车指专用货车和特种作业车。

②汽车总质量大于 100000kg 时允许用 3 位数字。

③汽车总长度大于 10m 时，计算单位为 m。

（二）车辆识别代号

车辆识别代号即 VIN 码。VIN 码是英文 Veterinary Information Network 的缩写，是为识别某一辆车而由制造厂为其指定的一组字码，按 GB 16735—2004《道路车辆 车辆识别代号（VIN）》规定进行编制。

VIN 码由 17 位字符（包括英文字母和数字）组成，俗称十七位码。在 VIN 码中仅采用下列阿拉伯数字和大写罗马字母：

1 2 3 4 5 6 7 8 9 0

A B C D E F G H J K L M N P R S T U V W X Y Z

（字母 I、O 及 Q 不能使用）

该号码的生成有着特定的规律，一一对应于每一辆车，并能保证 50 年内在全世界范围内不重复出现。每一辆新出厂的车都会被刻上 VIN 代号，此代号将伴随着车辆的注册、保险、年检、维修与保养，直至回收或报废而载入每辆车的服役档案。利用 VIN 代码可方便地查找车辆的制造者、销售者及使用者。

车辆识别代号由世界制造厂识别代号（WMI）、车辆特征部分（VDS）和车辆指示部分（VIS）三部分组成，如图 1.2 所示。

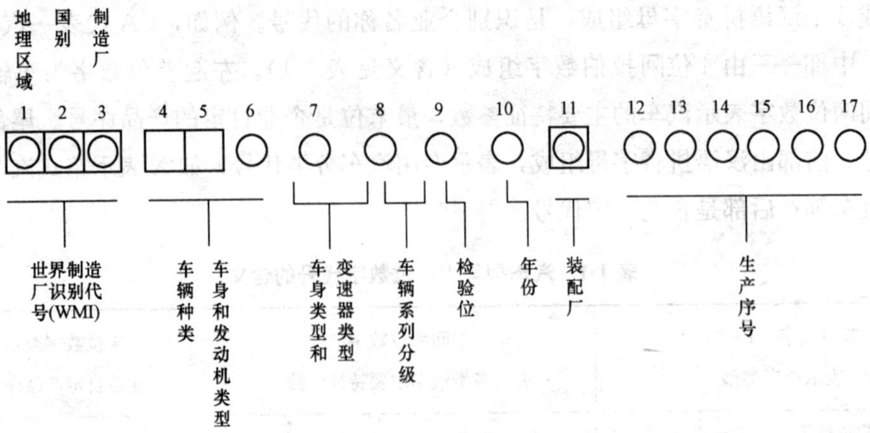

图 1.2 车辆识别代号的组成

1. 世界制造厂识别代号（WMI）

世界制造厂识别代号（World Manufactur Identifier，WMI）是车辆识别代号（VIN）的第一部分，用以表示车辆的制造厂。

WMI 通常占 VIN 代码的前三位，其第一位是由国际代理机构分配，用以表明地理区域的字母或数字。

例如：

1～5	北美
S～Z	欧洲
A～H	非洲
J～R	亚洲
6 和 7	大洋洲
8、9 和 0	南美

WMI 的第二位是由国际代理机构分配，用以标明一个特定地区内的一个国家的字母或数字。WMI 的第一和第二位字码的组合将能保证国家识别标志的唯一性。

例如：

10～19	美国
1A～1Z	美国
2A～2W	加拿大
3A～3W	墨西哥
W0～W9	德国
WA～WZ	德国
L0～L9	中国
LA～LZ	中国

WMI 的第三位字码是标明某个特定的制造厂的字母或数字。第一、二、三位字码的组合能保证制造厂识别标识的唯一性。如果某制造厂的年产量少于 500 辆，其识别代码的第三个字码就是 9。

2. 车辆特征部分（VDS）

车辆特征部分（Vehicle Descriptive Section，VDS）用 6 位字码组成。通过此部分的第一至第五位字码应能识别车辆的主要特征，其代码顺序由车辆制造厂决定。VDS 可以从车辆类型、车辆结构特征（如车身类型、驾驶室类型、货箱类型、驱动形式、轴数及布置方式等）、车辆装置特征（如约束系统类型、发动机特征、变速箱类型、悬架类型、制动形式等）、车辆技术特征参数（如车辆最大总质量、车辆长度、轴距、座位等）方面对车型特征进行描述。对不同类型的车辆其含义不同，见表 1-2。VIN 的第九位（VDS 的第六位）字码为检验位。检验位可以是 0～9 中的任何一个数字或是字母 X，用以核对车辆识别代号记录的准确性。检验位的计算方法如下：

表 1-2　车型特征描述

车辆类型	车型特征
乘用车	种类、系列、车身类型、发动机类型及约束系统类型
载货车	型号或种类、系列、底盘、驾驶室类型、发动机类型、制动系统及车辆额定总重
客车	型号或种类、系列、车身类型、发动机类型及制动系统、车辆长度
挂车	车身类型、车辆最大总质量
摩托车或轻便摩托车	车身类型、发动机特征
非完整车辆	车身类型、车辆最大总质量、发动机特征

在表 1-3、表 1-4 中找出除检验位（VIN 的第九位）以外的各位字码的对应值，以该值乘以其位置的加权系数（表 1-5）得出的所有（16 个）的乘积的和被 11 除，除得余数即检验位，若余数是 10，检验位应为字母 X。

表 1-3　VIN 中的数字对应值

VIN 中的数字	0	1	2	3	4	5	6	7	8	9
对应值	0	1	2	3	4	5	6	7	8	9

表 1-4　VIN 中的字母对应值

VIN 中的字母	A	B	C	D	E	F	G	H	J	K	L	M	N	P	R	S	T	U	V	W	X	Y	Z
对应值	1	2	3	4	5	6	7	8	1	2	3	4	5	7	9	2	3	4	5	6	7	8	9

表 1-5　VIN 中的位置加权系数

VIN 中的位置	1	2	3	4	5	6	7	8	9	10	11	12	13	14	15	16	17
加权系数	8	7	6	5	4	3	2	10	*	9	8	7	6	5	4	3	2

3. 车辆指示部分（VIS）

车辆指示部分（Vehicle Indicater Section，VIS）由 8 位字码组成，其最后 4 位是数字。VIS 的第一位字码代表年份，见表 1-6，字码 30 年一循环；第二位字码代表装配厂。

表 1-6　VIN 年份代码

年份	代码	年份	代码	年份	代码	年份	代码
2001	1	2011	B	2021	M	2031	1
2002	2	2012	C	2022	N	2032	2
2003	3	2013	D	2023	P	2033	3
2004	4	2014	E	2024	R	2034	4
2005	5	2015	F	2025	S	2035	5
2006	6	2016	G	2026	T	2036	6
2007	7	2017	H	2027	V	2037	7
2008	8	2018	J	2028	W	2038	8
2009	9	2019	K	2029	X	2039	9
2010	A	2020	L	2030	Y	2040	A

如果车辆制造厂生产的车辆年产量大于等于 500 辆，此部分的第三位至第八位用来表示生产顺序号。如果车辆制造厂年产量小于 500 辆，则此部分的第三、四、五位字码应与第一部分的三位字码一同表示一个车辆制造厂，第六、七、八位字码用来表示生产顺序号。表 1-7 为一汽大众车辆识别码含义。

表 1-7　一汽大众车辆识别码含义

WMI			VDS						VIS							
L	F	V	B	A	1	1	G	2	2	3	0	8	2	9	9	3
1	2	3	4	5	6	7	8	9	10	11	12	13	14	15	16	17

第一位至第三位：世界制造厂识别代号，LFV——一汽大众有限公司。

第四位：安全保护装置代码，B——安全带和安全气囊。

第五位：车身类型代码，A——四门折背式。

第六位：发动机和变速器代码，1——汽油机发动机，手动变速器。

第七、第八位：车型代码，1G——捷达。

第九位：检验位代码；确定过程见表 1-8。

第十位：年份代码，2——2002。

第十一位：装配厂代码，3——长春一汽大众有限公司。

第十二至第十七位：车辆制造厂顺序号。

一汽大众生产的轿车的 VIN 标于车上两处：仪表板左侧和发动机舱内流水槽上部。

表 1-8 为编码 LFVBA11G223082993 检验码的确定。

表 1-8　编码 LFVBA11G223082993 检验码的确定

VIN 中的位置	1	2	3	4	5	6	7	8	9	10	11	12	13	14	15	16	17
VIN	L	F	V	B	A	1	1	G	2	2	3	0	8	2	9	9	3
对应值	3	6	5	2	1	1	1	7		2	3	0	8	2	9	9	3
加权系数	8	7	6	5	4	3	2	10	9	8	7	6	5	4	3	2	
乘积总和	24＋42＋30＋10＋4＋3＋2＋70＋18＋24＋0＋48＋10＋36＋27＋6＝354																
余数	354/11＝32 余 2																

二、汽车使用的一般条件

汽车使用条件是指影响汽车完成运输工作的各类外界条件，主要包括汽车运行条件、汽车使用水平和汽车运行技术条件等。

（一）汽车运行条件

汽车运行条件主要包括道路条件、气候条件和运输条件。

1. 道路条件

道路条件是汽车运用的最主要条件，直接影响汽车技术性能的发挥。决定道路条件好坏的两个重要方面是道路等级和道路养护质量。

2. 气候条件

气候条件对车辆性能也有重要的影响，在适宜的气候条件下，汽车使用性能才能得以正常发挥。

我国幅员辽阔，各地气候条件差异很大，有高原寒冷和干燥地区、北方寒冷和干燥地区、南方高温和潮湿地区等。大多数地区一年四季温差和湿度差别很大。例如，东北北部地区最低气温可达－40℃，南方炎热地区夏季气温高达 40℃，而西北、西南地区的气候条件变化也极为复杂。

环境温度对汽车，特别对发动机的制热工况影响很大。在寒冷地区，发动机启动困难，运行油耗增加，机件磨损量增大；风窗玻璃容易结霜、结冰；冰雪道路易发生交通事故。在寒冷气候条件下，为了保证驾驶员处在适当的工作条件以及乘客的舒适和安全、货物的防冻，需从结构上对汽车采取相应措施。

在炎热地区，发动机容易过热，工作效率低，燃油消耗增加。汽车电气系统、燃油供给系元件易过热，导致故障，如蓄电池电解液蒸发过快将引起故障。环境温度过高，若散热不良或燃油品质不佳，容易在燃油供给系形成气阻和气湿，影响发动机正常工作。高温可能造成润滑脂融化，被热空气从密封不良的缝隙挤出；逐渐烘干里程表、雨刮器等机件中的润滑脂，增加机件磨损，导致故障；导致制动液黏度下降，在制动系中形成气阻，导致制动故障；加速非金属零件的老化及变形。另外，高温影响驾驶员的工作条件，威胁行车安全。

在气候干燥、风沙大的地区，汽车及其各总成的运动副易因风沙侵入而加剧磨损。

在气候潮湿和雨季较长的地区及沿海地区，如果发动机、驾驶室、车厢的防水和泄水不良，将引起零件锈蚀，或因潮湿导致电气系统工作不可靠。另外，大气湿度过高，会降低发动机汽缸的充气效率，降低发动机的动力性和燃油经济性。

在高原地区，空气稀薄，大气压力低，水的沸点下降，且早晚温差大。由此使发动机的混合气过浓，真空点火提前，调节器失效，冷却水易沸腾，气压制动系统气压不足，并使驾驶员体力下降。

不同气候条件对车辆结构和使用提出了不同的要求。应针对具体的气候和季节条件，使用相应的变型汽车或对标准型汽车进行技术改造，以提高车辆与气候的适应程度。汽车运输企业需要针对当地的气候特点，合理选用汽车，并制订相应的技术措施，努力克服或减少气候条件造成的各种困难，做到合理使用，取得较佳的使用效果。

3. 运输条件

运输条件是指由运送对象的特殊性和运输任务的要求所决定的影响汽车使用的各种因素。它包括货物种类和特性，客货流向、流量或运量，客货运送距离和送达期限等，对车辆的正常使用也有重要影响。

（二）汽车使用水平

汽车使用水平主要包括汽车运输组织管理水平、驾驶员的驾驶操作技术水平、汽车保管水平、汽车维修水平以及汽车运行材料供应水平。

汽车运输组织管理水平用载质量利用系数和里程利用率评价。显然，运输组织管理水平越高，载质量利用系数和里程利用率就越高。

驾驶员的驾驶操作技术水平对汽车零件磨损、燃油经济性和污染物排放有明显影响。熟练驾驶员在平路、下缓坡等有利条件下，能够保持车速稳定或滑行状态，很少采取高强度制动。这样不仅能保证汽车安全运行，而且能提高汽车行驶技术速度15％～20％，延长汽车大修里程40％～50％，在相同的交通和道路条件下可节约燃油20％～30％。

汽车维修费用占汽车运输成本的15％～20％。我国一些地区维修市场宏观管理混乱，原始手工作业占有相当大的比例，加之配件质量不稳定，检验设备少，诊断技术尚未真正用于控制汽车技术状况。由此导致汽车维修质量低下，降低了汽车利用的经济效益。高水平的汽车维修标志是：汽车完好率达90％～93％，总成大修间隔里程较定额高20％～

25%，配件消耗减少15%～20%，燃油、润滑材料的消耗减少20%～30%。

（三）汽车运行技术条件

1. 机动车运行安全技术条件

为保证车辆安全行驶、运行可靠，必须符合《机动车运行安全技术条件》（GB 7258—2004）规定的技术条件。机动车运行安全技术条件主要如下：

车辆外观整洁，装备齐全、紧固可靠，各部件应完好，并具有正常的技术性能。

发动机动力性能良好，运行平稳，不得有异响；燃润料消耗正常，无漏油、漏水、漏气、漏电现象。

底盘各总成联结牢固，无过热，无异响，性能良好，各润滑部位不缺油、钢板弹簧无断裂或错开现象，轮胎气压正常，汽车、挂车连接和防护装备齐全、可靠。

转向轻便灵活，转向节及臂、横直拉杆及球销不得松旷，性能良好，前轮定位符合要求。

车辆制动性能符合规定，挂车与牵引车意外脱离后，挂车应能自行制动，牵引车的制动仍然有效。

客车车厢、货车驾驶室内应不进尘土，不漏雨，门窗关闭严密，开启灵活；挡风玻璃视线清晰；客车坐椅齐全、整洁、牢固；货车车厢无漏洞，栏板销钩牢固、可靠。

车辆的噪声及废气排放应符合有关规定。

灯具、信号、仪表和其他电气设备应配备齐全，工作正常、可靠。

2. 汽车危险货物运输规则

车辆运载具有易爆、易燃、有毒、放射性等危险货物时，必须符合《汽车危险货物运输规则》的规定。其主要技术条件如下：

车辆的车厢、底板平坦良好，栏板牢固，衬垫不得使用松软易燃材料。

运载危险货物的车辆左前方须悬挂黄底黑字的“危险品”标志。

根据车内装运危险货物的性质，车辆必须配备相应的消防器材等用具。

车辆行驶和停车必须严格遵守交通、消防、治安等法规要求。

必须指派熟悉车内危险物性质的人员担任押运人员，严禁搭乘无关人员。

车辆总质量超过桥梁、渡船标定承载质量时，或车辆装载超高、超宽、超长时，均应采取安全有效措施，报请当地交通、公安主管部门批准。未经允许，不得冒险通过。

3. 特种货物运输运行技术条件

车辆装载散装、粉尘、污秽货物时，应使用密闭车厢或加盖篷布，以免洒漏，污染环境。

4. 特殊条件下车辆运行技术条件

车辆在等外道路、危险渡口和桥梁上通过时，或在遇有临时开沟、改线、水毁、塌方、冰坎、翻浆等情况时，必须采取确实有效的技术措施，以保障行车安全。

三、汽车使用的特殊条件

（一）汽车在走合期的使用

1. 走合期的含义

走合期是指在汽车运行初期改善零件摩擦表面的几何形状和表面层物理机械性能的过程，也指新车（包括大修修竣的汽车）最初的使用阶段。汽车的使用期限、行驶可靠性、动力性和燃油经济性与汽车工作初期的使用情况有很大关系。

2. 走合期的特点

新车或大修修竣汽车尽管经过了生产磨合，但零件加工表面仍存在微观和宏观几何形状偏差（粗糙度、圆度、圆柱度、直线度等）；此外，总成及部件装配也有一定的允许误差。因此，新配合件表面的实际接触面积比计算面积小得多（按加工质量不同，实际接触面积小，新配合件表面的实际单位压力要比理论计算值大得多）。在这种情况下，汽车若以全负荷运行，零件摩擦表面的单位压力会很大，将导致润滑油膜被破坏和局部温度升高，使零件迅速磨损和破坏。

配合零件的磨损规律通常如图 1.3 所示，从图中可以看出，基本可分三个阶段：初期磨损阶段 A、正常工作阶段 B 和逐渐加剧磨损阶段 C。在使用过程中，磨损使配合零件的配合间隙 Δab 随着汽车的工作时间或行驶里程的增加而增大。图中曲线 1 和 2 分别表示零件Ⅰ和Ⅱ的磨损曲线。

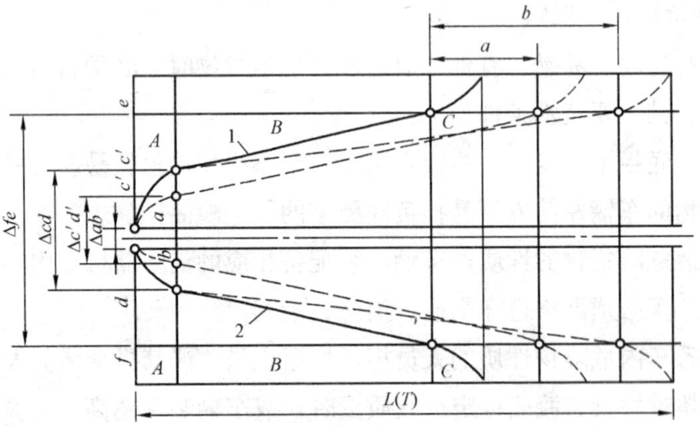

图 1.3　走合期零件磨损对汽车使用寿命的影响

L—里程，km；T—汽车工作时间，h

初期磨损阶段又称为零件磨合阶段，这个阶段的磨损特点是工作初期磨损较快，当摩擦副配合良好后，磨损量增长速度开始减慢。磨合终了的间隙为 Δcd。

正常工作阶段也叫做允许磨损期。零件经磨合阶段后，其磨损量随着汽车行驶里程的增加而缓慢地增长，在间隙达到 Δef 时磨损将再度加剧。由于配合零件通常以不同的强度进行磨耗，所以在 B 阶段磨损曲线 1、2 的斜率是不一样的。

Δef 是配合零件的极限间隙，δ_{ae} 和 δ_{bf} 为零件Ⅰ和Ⅱ的极限磨损量。超过极限间隙的零件磨损期为逐渐加剧磨损阶段。在这个阶段，磨损加剧，故障增加（响声、漏气、漏油等），工作能力急剧下降，并迅速损坏。

从配合零件的磨损规律可看出，减小磨合终了的间隙 Δcd 和给定的配合间隙 Δab 值可以延长正常磨损阶段 B。例如，把磨合终了的间隙 Δcd 减小到 $\Delta c'd'$，则正常磨损阶段可以延长 a 里程，这样就提高了配合零件的使用寿命。如果磨合间隙仍为 Δcd，在 B 阶段车主合理使用车辆也可以使正常磨损阶段延长 b 里程，这样也可以提高配合零件的使用寿命。

配合零件磨合阶段的磨损量主要与零件表面的加工质量及磨合规范有关。在这个阶段如果使用不当，未正确地执行磨合规范（包括清洁作业、合理选用加有添加剂的专门润滑油等），将影响配合零件的工作期限。

汽车走合期实际上是为了使汽车向正常使用阶段过渡，而在使用中对相互配合的摩擦表面进行磨合加工的工艺过程。在此期间里，零件摩擦表面不平的部分被磨去，逐渐形成了比较光滑的、耐磨而可靠的工作表面，以承受正常的工作负荷。同时，通过磨合，暴露出生产或修理中的缺陷并加以消除，使进入正常使用时的故障率基本趋于稳定。根据总成或部件在这个阶段的工作特点，汽车在走合期时必须对其使用做出专门规定。

（二）汽车在低温条件下的使用

汽车在低温条件下使用的主要问题是发动机启动困难和总成磨损严重。此外，还存在着机件损坏、腐蚀、总成热状态不良、燃油润滑油消耗增大以及轮胎强度降低、行车条件明显变差等问题。

1. 发动机启动困难

气温在－10～15℃范围，发动机均能启动，但在更低的气温下启动时则有一定困难，－40℃以下，不经预热，发动机无法启动。低温启动困难的主要原因有：曲轴旋转阻力矩增加，燃油蒸发性变差，蓄电池工作能力降低。

（1）曲轴旋转阻力矩增加　随着气温下降，发动机润滑油黏度增大，曲轴旋转阻力矩增加，发动机启动转速下降，汽油机汽油不易蒸发，柴油机在压缩终了时缸内温度压力低，启动困难。

（2）燃油蒸发性变差　温度降低，燃油黏度和密度都变大，流动性变差，蒸发、雾化不良。汽油机在 0℃以下启动时，有相当一部分汽油以液态进入汽缸，启动困难。低温对柴油的影响更大，0 号柴油在气温接近 0℃时，黏度明显增大，导致柴油雾化不良，使燃烧性能减弱。当温度进一步降低时，柴油中的石蜡等物质沉淀析出，柴油逐渐失去流动性，轻则供油量减少，重则供油中断。

（3）蓄电池工作能力降低　低温条件下，随着温度降低，蓄电池电解液黏度增大，渗透能力下降，内阻增加；同时，启动电流增大，蓄电池的端电压显著下降，如图 1.4 所示。低温启动因曲轴旋转阻力矩增加，需要的启动功率大，而低温时蓄电池输出的功率反而下降，因此当气温降到一定程度时，启动机无法带动发动机运转。低温启动时，因蓄电池端电压低，火花塞的跳火能量小，发动机不易启动。

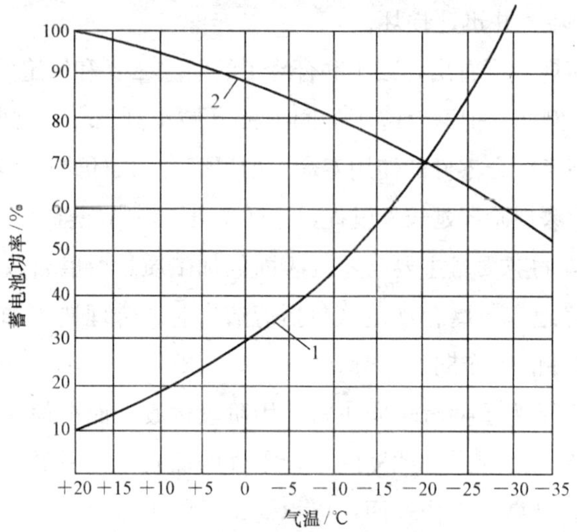

图 1.4　气温对蓄电池启动能力的影响

1—必需的启动功率（蓄电池功率的百分数）；2—蓄电池供给的最大功率

2. 总成磨损严重

试验证明：当气温在−18℃时，发动机启动一次的磨损量相当于汽车正常行驶 210km 的磨损量；在温度−5℃条件下，传动系统的磨损量是 35℃温度时的 10～20 倍。

汽车在低温条件下使用时，各主要总成的磨损均较大，尤其是发动机的磨损更加明显。在发动机的使用周期中，将近一半的汽缸磨损发生在启动过程，冬季启动时汽缸的磨损更大，如图 1.5 所示。低温条件下发动机升温过程长，加快了汽缸的磨损。主要原因是：

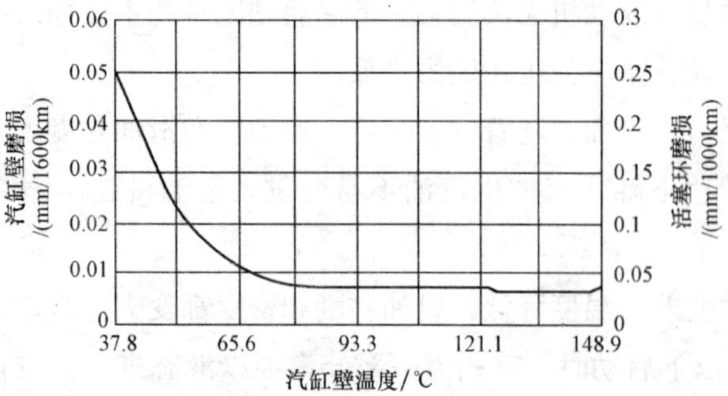

图 1.5　发动机汽缸壁和活塞环磨损与汽缸壁温度的关系

(1) 低温时启动，润滑油黏度大，流动性差，不能及时到达汽缸壁、轴承等摩擦表面，使润滑条件恶化。

(2) 低温条件下燃油汽化不良，大部分燃油以液态进入汽缸，冲刷汽缸壁的润滑油膜，沿缸壁流入曲轴箱，稀释润滑油，使润滑油油性减退。燃油不完全燃烧而形成的碳化合物随废气一起窜入曲轴箱污染润滑油，使润滑条件进一步恶化。

（3）由于温度低，燃烧过程中的水蒸气凝结于缸壁上，并与汽油在燃烧中产生的硫的氧化物生成酸，腐蚀缸壁，造成腐蚀磨损。

（4）在低温时，由于曲轴箱主轴承及连杆轴承与轴颈的膨胀系数不同，使配合间隙变大，加速了轴承、轴颈的磨损。

（5）传动系统各总成在低温条件下的工作温度是以零件摩擦和搅油产生热量形成的，温度上升缓慢，齿轮、轴承得不到及时有效的润滑，加速传动零件的磨损。

3. 油耗量增大

汽车在低温条件下使用时，发动机升温时间长，工作温度低，燃油汽化不良，燃烧不完全，润滑油黏度大，摩擦损失大，发动机输出功率下降，传动系统传动效率下降，汽车行驶阻力增大，导致油耗增大。

4. 零件材料性能变差，容易损坏

低温条件下，材料的物理机械性能将变差。在－30℃以下时，碳钢的冲击韧性急剧下降，铸件变脆，塑料、橡胶变硬、变脆，从而使由这些材料制成的零部件在载荷作用下易于发生损坏。低温条件下，蓄电池电解液易冰冻而不能正常工作；冷却液易结冰，导致散热器和缸体冻裂。

5. 行车条件变坏

低温条件下，道路被冰雪覆盖，轮胎与路面的附着系数显著下降，在行车中制动距离延长，制动时极易发生侧滑；汽车加速或上坡时，驱动轮易打滑。

6. 发动机冷启动排气污染严重

发动机在冷启动阶段由于空气温度低，燃油雾化不好，所以 HC 和 CO 污染严重，特别是温度越低这个问题就越突出。

（三）汽车在高温条件下的使用

高温一般是指日平均气温在 40℃以上的环境。在炎热的夏季，气温高、辐射强度大，使发动机充气系数下降，燃烧不正常，润滑性能变差，供油系统易形成气阻，使发动机工作条件变坏。行车环境温度高，驾乘条件、行车条件变差，表现在以下几方面。

1. 发动机功率下降，油耗增加

（1）充气系数下降　高温条件下，冷却系统的散热能力低，发动机内的温度高，空气密度减小，导致发动机充气系数下降，发动机功率降低。

（2）燃烧不正常　由于发动机温度高，进气终了的温度也高，使发动机在燃烧过程产生的过氧化物活动能量增强，容易发生爆燃和早燃。不正常燃烧时发动机零件的热负荷增大，容易导致零件的热变形甚至裂纹，并加剧磨损。

(3) 润滑油易变质　发动机温度过高，加剧了润滑油的热分解、氧化和聚合过程，不正常燃烧的废气窜入曲轴箱，既污染了润滑油，又使其温度升高。因此，发动机工作温度越高，润滑油越容易变质。

(4) 磨损加剧　在高温条件下，润滑油黏度降低，油性变差；润滑油污染后品质下降，同时不正常燃烧而形成的高温高压使发动机磨损加剧。

(5) 供油系统易气阻　汽车在炎热的夏季或在高原山区行驶，发动机内的温度很高，汽油在管中受热后挥发成气体状态，积存在油管中，阻碍汽油的流动。在汽油泵中的“油气”导致油泵吸油真空度下降，使发动机供油量不足甚至中断供油。

2. 制动系统性能下降

气压制动的汽车，摩擦片的摩擦系数随温度的升高而降低，制动效能随之下降；液压制动的汽车，制动液在高温下可能产生气阻现象。在经常制动的情况下，制动液温度可达100℃以上，导致皮碗膨胀，制动液气阻，致使制动效能下降，影响行车安全。

3. 轮胎爆裂

汽车行驶时，外界气温高，轮胎散热较慢。胎内温度升高使气压增大，容易引起轮胎爆胎。车速越快，轮胎产生的热量越大，越容易爆胎；同时，橡胶老化速度加快，强度降低，也会引起轮胎爆裂。

4. 传动系统总成润滑条件变差

在炎热气候条件下，汽车高负荷连续行驶，变速器、差速器齿轮油的温度会超过120℃，引起齿轮油变质。另外，汽车润滑脂在高温下易流失，使润滑效能下降，严重时容易烧坏齿轮和轴承。

5. 电气设备性能下降

汽车在高温环境中行驶时，因点火线圈过热而使高压火花减弱，容易出现发动机高速断火现象，严重时使点火线圈烧坏，影响汽车正常行驶。环境温度升高时，蓄电池的电化学反应加快，电解液蒸发加快，极板容易损坏，降低蓄电池工作能力；同时易产生过充电现象，严重影响蓄电池的使用寿命。电子元件容易因老化出现短路，造成汽车自燃。

(四) 汽车在高原和山区条件下的使用

汽车在高原行驶时，由于海拔高、空气稀薄、气压低，发动机充气量少，使汽车动力性和燃油经济性下降。汽车低挡爬坡时，发动机易过热；停车时，发动机又很快冷却。所以，发动机应采取良好的冷却和保温措施。汽车在山区行驶时，换挡、制动和转弯次数多，底盘机构的荷载大，轮胎磨损大，应适当缩短维护周期。可能出现的问题有以下几方面。

1. 发动机动力性下降

随着海拔高度升高，气压降低，空气密度减小，使实际充气量减少。因此，发动机功率和扭矩下降（图 1.6）。海拔高度每升高 1000m，功率下降 10%左右。

2. 燃油消耗量增加

汽车在山区或高原条件下使用时，会使按平原条件调整的可燃混合气变浓（图 1.7），海拔高度每增加 1000m，混合气浓度相对增加约 5.6%。

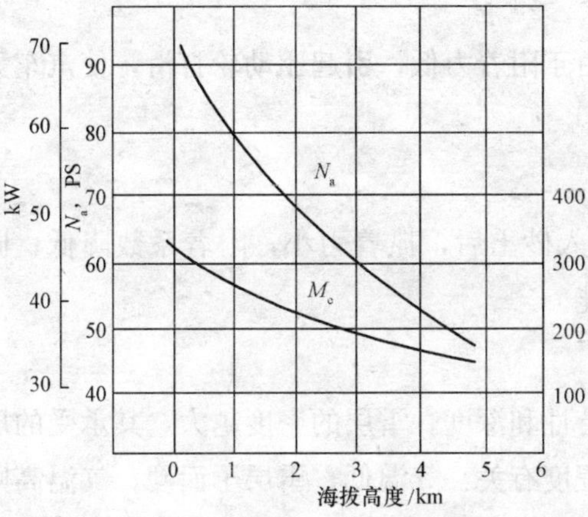

图 1.6　发动机功率、转矩与海拔高度的关系

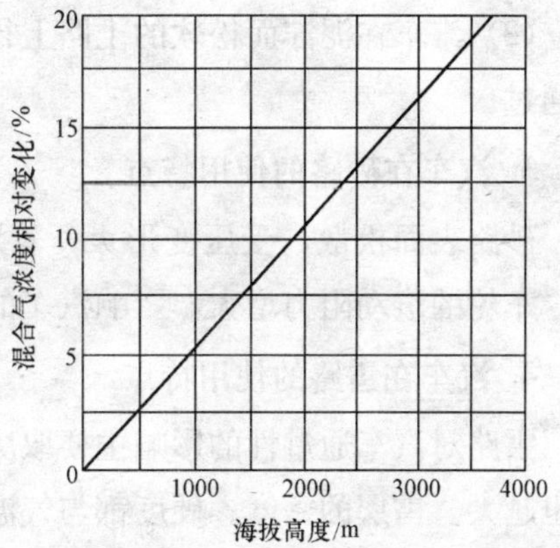

图 1.7　海拔高度对混合气浓度的影响

海拔高度增高还影响到进气管真空度。进气管真空度随海拔升高而降低，将带来分电器真空点火提前装置作用滞后和使真空省油器的作用提前等一系列弊病。另外，因发动机功率不足，汽车经常用低挡大负荷行驶。这些原因都会引起油耗增加。试验表明，经过高原使用调整后，海拔高度每增加 1000m，油耗增加 3%～7%。

3. 润滑油易变质

高原山区行驶的汽车，行驶阻力大，发动机易过热，润滑油黏度变小，氧化速度加快。由于汽油不完全燃烧，过浓的混合气窜入曲轴箱稀释润滑油，加快润滑油变质，发动机润滑条件恶化。

4. 制动性能变差

对气压传动制动系，由于空气稀薄，空气压缩机的生产率下降，而在山区或高原地区制动频繁，耗气量增加。这一矛盾使气压传动制动系工作不可靠。

对液压传动制动系，由于制动液经常处于高温状态，易产生气阻。汽车在山区或高原地区使用，需要经常制动减速，致使摩擦片和制动鼓或摩擦块与制动盘经常处于过热状态，尤其在下长坡时，制动蹄摩擦片温度达到 400℃左右。在这种情况下，摩擦片的摩擦系数急剧下降，严重时可能出现制动失效。此外，由于摩擦片持续高温，使磨损加剧，并常出现碎裂现象。

（五）汽车在无路或坏路条件下的使用

1. 汽车在无路或坏路条件下的使用特点

（1）驱动轮与路面的附着力减小。

（2）车轮的滚动阻力增大。

（3）运行易受突出的障碍物影响。

2. 汽车在土路的使用特点

（1）汽车在松软的土路上行驶时，支承路面将出现残余变形，车轮在路面上形成车辙，使滚动阻力增大。

（2）汽车在泥泞而松软的土路上行驶时，由于附着力低，引起驱动轮打滑，使汽车无法通过。

3. 汽车在砂路的使用特点

砂路表面松散，受压变形大，轮胎花纹嵌入砂土后，抓着力小，附着系数降低；同时，车轮的滚动阻力增大，影响汽车的通过性能。

4. 汽车在雪路的使用特点

雪路对汽车通过性的影响主要取决于雪的特性和深度。雪层的密度越大，其承受的压力也越大。雪层的密度、硬度都与气温和压实程度有关：气温低，雪层干而硬；气温高则相反。

在公路上，被车轮压实后的雪层的厚度为7～10mm时，对汽车正常行驶影响相对较小；如果雪层加厚，特别是松软的雪层会使汽车通过能力明显下降。经验表明，雪层厚度大于汽车离地间隙的1.5倍，雪的密度低于450kg/m^{3}时，汽车便不能通过。气温为−10～−15℃时的雪路主要性能见表1-9。

表1-9　−10～−15℃时的雪路主要性能

雪的状态	密度/（kg/m^3）	滚动阻力系数	附着系数
中等密度雪	250～350	0.1	0.1
密实雪	350～450	0.05	0.2
非常密实雪	500～600	0.03	0.3

5. 汽车在冰路的使用特点

汽车在冰路上行驶时，轮胎与冰面的附着系数非常低。在冬季有冰的道路上，附着系数可降低到0.1以下，但是车轮滚动阻力与在刚性路面上相差不大。为了保证行车安全，在冰路上行驶时的车速要低，行车间隔要大。特别是通过河流或湖泊的冰面时，还需要检查冰层厚度和坚实情况（有无裂缝、气泡或雪的夹层）。

冰层除了表面有一层冰雪外，主要由混浊的上层和透明的下层组成。在检查冰层厚度时，每隔15～25m测量一次这两部分冰层的厚度，并观察冰层的状况。在气温低于0℃情况下，汽车通过冰封的渡口时冰层的最小厚度参见表1-10。

表 1-10　冰层的承受能力

汽车（汽车列车）总质量/kg	冰层厚度/（－1～－20℃，m）	从渡口到对岸的最大距离/m	
		海冰	河冰
≥3500	0.25～0.34	16	19
≥10000	0.42～0.46	24	26
≥40000	0.80～1	38	38

任务实施

一、汽车在一般条件下的使用要求

（一）合理装载

车辆合理装载的内容主要依据《汽车运输业车辆技术管理规定》，具体要求依据《道路车辆外廓尺寸、轴荷及质量限值》（GB 1589—2004）的规定。

车辆按照规定安全合理装载是车辆正确使用的重要内容，是减少车辆故障和零部件损坏、延长车辆使用寿命的重要技术措施。车辆装载应满足以下要求。

1. 车辆外廓尺寸

（1）车辆外廓尺寸限值　汽车、挂车及汽车列车外廓尺寸不应超过表 1-11 规定的最大限值。

表 1-11　汽车、挂车及汽车列车外廓尺寸的最大限值　　单位：mm

<table>
<tr><th colspan="4">车辆类型</th><th>车长①</th><th>车宽</th><th>车高</th></tr>
<tr><td rowspan="12">汽车</td><td colspan="3">三轮汽车②③</td><td>4600</td><td>2000</td><td>2500</td></tr>
<tr><td rowspan="8">货车⑤⑥及半挂牵引车</td><td colspan="2">最高设计车速小于 70km/h 的四轮货车④</td><td>6000</td><td rowspan="8">2500⑧</td><td rowspan="8">4000</td></tr>
<tr><td rowspan="4">二轴</td><td>最大设计总质量≤3500kg</td><td>6000</td></tr>
<tr><td>最大设计总质量＞3500kg，且≤8000kg</td><td>7000⑦</td></tr>
<tr><td>最大设计总质量＞8000kg，且≤12000kg</td><td>8000⑦</td></tr>
<tr><td>最大设计总质量＞12000kg</td><td>9000⑦</td></tr>
<tr><td rowspan="2">三轴</td><td>最大设计总质量≤20000kg</td><td>11000</td></tr>
<tr><td>最大设计总质量 ＞20000kg</td><td>12000</td></tr>
<tr><td colspan="2">四轴</td><td>12000</td></tr>
<tr><td rowspan="3">乘用车及客车</td><td colspan="2">乘用车及二轴客车</td><td>12000</td><td rowspan="3">2500⑧</td><td rowspan="3">4000⑨</td></tr>
<tr><td colspan="2">三轴客车</td><td>13700</td></tr>
<tr><td colspan="2">单铰接客车</td><td>18000</td></tr>
</table>

表 1-11（续）

车辆类型			车长①	车宽	车高
挂车	半挂车⑩	一轴	8600	2500⑧	4000
		二轴	10000⑪		
		三轴	13000⑫		
	中置轴（旅居）挂车		8000		
	其他挂车	最大设计总质量≤10000kg	7000		
		最大设计总质量＞10000kg	8000		
汽车列车	铰接列车		16500⑬	2500⑧⑭	4000⑮
	货车列车		20000		

①挂车车长为挂车最前端至最后端的距离。

②即原三轮农用运输车，下同。

③当采用转向盘转向、由传动轴传递动力、具有驾驶室且驾驶员坐椅后设计有物品放置空间时，车长、车宽、车高的限值分别为 5200mm、1800mm、2200mm。

④指低速载货汽车，即原四轮农用运输车，下同。

⑤车长限值不适用于不以运输为目的的专用作业车。

⑥最大设计总质量不超过 26000kg 的汽车起重机的车长限值为 13000mm。

⑦当货厢与驾驶室分离且货厢为整体封闭式时，车长限值增加 1000mm。

⑧对于货厢为整体封闭式的厢式货车（且货厢与驾驶室分离）、整体封闭式厢式半挂车及整体封闭式厢式汽车列车，以及车长大于 11000mm 的客车，车宽最大限值为 2550mm。

⑨定线行驶的双层客车车高最大限值为 4200mm。

⑩运送不可拆解物体的低平板专用半挂车车宽限值 3000mm；车长限值不适用于运送不可拆解物体的低平板专用半挂车、运送车辆的专用半挂车（但与牵引车组成的列车长度需符合本标准规定）和运送单箱长度大于 12.2m（40 英尺）集装箱的框架式集装箱半挂车。

⑪对于整体封闭式厢式半挂车、集装箱半挂车，以及组成五轴汽车列车的罐式半挂车，车长最大限值为 13000mm。

⑫自 2008 年 1 月 1 日起，在高等级公路上使用的整体封闭式厢式半挂车，车长最大限值为 14600mm。

⑬运送不可拆解物体的低平板列车和运送单箱长度大于 12.2m（40 英尺）集装箱的框架式集装箱列车除外；自 2008 年 1 月 1 日起，与整体封闭式厢式半挂车组成的铰接列车在高等级公路上使用时，车长最大限值为 18100mm。

⑭运送不可拆解物体的低平板挂车列车车宽限值 3000mm。

⑮对于集装箱挂车列车指装备空集装箱时的高度。2007 年 1 月 1 日以前，集装箱挂车列车的车高最大限值为 4200mm。

（2）车辆外廓尺寸的其他要求。

①当汽车或汽车列车处于满载状态、外后视镜底边离地高度小于 1800mm 时，其单侧外伸量不得超出汽车或汽车列车最大宽度处 200mm。外后视镜底边离地高度大于或等于 1800mm 时，其单侧外伸量不得超出汽车或汽车列车最大宽度处 250mm。

②汽车的顶窗、换气装置等处于开启状态时不得超出车高 300mm。

③汽车的后轴与挂车的前轴之间的距离不得小于 3.00m（牵引中置轴挂车除外）。

④汽车和汽车列车（不计具有作业功能的专用装置的突出部分）必须能在同一个车辆通道圆内通过，车辆通道圆的外圆直径 D_1 为25.00m，内圆直径 D_2 为10.60m。汽车和汽车列车由直线行驶过渡到上述圆周运动时，任何部分超出直线行驶时的车辆外侧面垂直面的值（车辆外摆值）T 不得大于0.80m。

2. 货箱栏板高度要求

挂车及二轴货车的货箱栏板高度不得超过600mm，二轴自卸车、三轴及三轴以上货车的货箱栏板高度不得超过800mm，三轴及三轴以上自卸车的货箱栏板高度不得超过1500mm。

3. 车辆的最大允许轴荷值

（1）单轴　汽车及挂车单轴的最大允许轴荷不得超过表1-12规定的最大限值。

表1-12　汽车及挂车单轴的最大允许轴荷的最大限值　　单位：kg

车辆类型			最大允许轴荷的最大限值
挂车及二轴货车	每侧单轮胎		6000①
	每侧双轮胎		10000②
客车、半挂牵引车及三轴以上（含三轴）货车	每侧单轮胎		7000①
	每侧双轮胎	非驱动轴	10000②
		驱动轴	11500

①安装名义断面宽度超过400（公制系列）或13.00（英制系列）轮胎的车轴，其最大允许轴荷不得超过规定的各轮胎负荷之和，且最大限值为10000kg。

②装备空气悬架时最大允许轴荷的最大限值为11500kg。

（2）并装轴　汽车及挂车并装轴的最大允许轴荷不得超过表1-13规定的最大限值。

表1-13　汽车及挂车并装轴的最大允许轴荷的最大限值　　单位：kg

车辆类型			最大允许轴荷的最大限值
汽车	并装双轴	并装双轴的轴距＜1000mm	11500
		并装双轴的轴距≥1000mm，且＜1300mm	16000
		并装双轴的轴距≥1300mm，且＜1800mm	18000①
挂车	并装双轴	并装双轴的轴距＜1000mm	11000
		并装双轴的轴距≥1000mm，且＜1300mm	16000
		并装双轴的轴距≥1300mm，且＜1800mm	18000
		并装双轴的轴距≥1800mm	20000
	并装三轴	相邻两轴之间距离≤1300mm	21000
		相邻两轴之间距离＞1300mm，且≤1400mm	24000

①驱动轴为每轴每侧双轮胎且装备空气悬架时，最大允许轴荷的最大限值为19000kg。

（3）其他类型的车轴　对于其他类型的车轴，其最大允许轴荷不得超过该轴轮胎数乘以3000kg。

4. 车辆总质量限值

（1）最大允许总质量　汽车、挂车及汽车列车的最大允许总质量不得超过各车轴最大允许轴荷之和，且不得超过表 1-14 规定的最大限值。

（2）最大设计总质量　货车、挂车的最大设计总质量不得小于表 1-14 规定的最小限值。

表 1-14　汽车、挂车及汽车列车最大允许总质量的最大限值及最大设计总质量的最小限值　　单位：kg

车辆类型			最大允许总质量的最大限值	最大设计总质量的最小限值
汽车	三轮汽车		2000①	—
汽车	乘用车		4500	—
汽车	客车	二轴客车	18000	—
汽车	客车	三轴客车	25000②	—
汽车	客车	单铰接客车	28000	—
汽车	半挂牵引车	二轴半挂牵引车	18000	—
汽车	半挂牵引车	三轴半挂牵引车	25000②	—
汽车	货车	二轴货车	16000③④	—
汽车	货车	三轴货车	25000②	16000
汽车	货车	具有双转向轴的四轴汽车	31000⑤	24000
挂车	半挂车	一轴半挂车	18000	10000
挂车	半挂车	二轴半挂车	35000	19000⑥
挂车	半挂车	三轴半挂车	40000	28000⑥
挂车	其他挂车	二轴挂车，每轴每侧为单轮胎	12000	8000
挂车	其他挂车	二轴挂车，一轴每侧为单轮胎，另一轴每侧为双轮胎	16000	11000
挂车	其他挂车	二轴挂车，每轴每侧为双轮胎	20000	14000
汽车列车		二轴汽车和一轴挂车组成的汽车列车	27000	—
汽车列车		二轴汽车和二轴挂车组成的汽车列车	35000⑦	—
汽车列车		具有五轴的汽车列车	43000	—
汽车列车		具有六轴的汽车列车	49000	—

①当采用转向盘转向、由传动轴传递动力、具有驾驶室且驾驶员坐椅后设计有物品放置空间时，最大允许总质量最大限值为 3000kg。

②当驱动轴为每轴每侧双轮胎且装备空气悬架时，最大允许总质量的最大限值为 26000kg。

③当驱动轴为每轴每侧双轮胎且装备空气悬架时，最大允许总质量的最大限值为 17000kg。

④对于最高设计车速小于 70km/h 的四轮货车，最大允许总质量的最大限值为 4500kg。

⑤当驱动轴为每轴每侧双轮胎且装备空气悬架时，最大允许总质量的最大限值为 32000kg。

⑥不适用于运送车辆的专用半挂车。

⑦驱动轴为每轴每侧双轮胎并装备空气悬架，且半挂车两轴之间的距离 $d \geqslant 1800$mm 的铰接列车，最大允许总质量的最大限值为 37000kg。

（3）其他要求。

①汽车或汽车列车驱动轴的轴荷不得小于汽车或汽车列车最大总质量的25%。

②四轴汽车（自卸车除外）的最大允许总质量的数值（单位为t）不能超过其最前轴至最后轴距离的数值（单位为m）的5倍。

③挂车及二轴货车的货箱栏板高度不得超过600mm，二轴自卸车、三轴及三轴以上货车的货箱栏板高度不得超过800mm，三轴及三轴以上自卸车的货箱栏板高度不得超过1500mm。

（二）汽车拖挂

（1）汽车拖挂总质量应根据不同使用条件，通过试验后确定。确定不同地区拖挂总质量的原则是：

①平原地区保持直接挡（包括超速挡）作为经常行驶挡位；

②丘陵地区用直接挡（包括超速挡）行使的时间占60%以上，其平均技术速度不低于单车的70%；

③在山区一般坡度路段上可以二挡通过，最大坡度路段可用一挡起步。

（2）机动车牵引挂车应当符合以下规定：

①载货汽车、半挂牵引车、拖拉机只允许牵引一辆挂车。挂车的灯光信号、制动、连接、安全和防护等装置应当符合国家标准。

②小型载客汽车只允许牵引旅游挂车或者总质量700kg以下的挂车，且挂车不得载人。

③载货汽车所牵引的挂车的载质量不得超过载货汽车本身的质量。大中型载客汽车、低速载货汽车、三轮汽车以及其他机动车不得牵引挂车。

（3）汽车拖挂汽车时，只允许拖挂一辆。挂车的载质量不得超过汽车的装载质量。连接装置必须牢固，防护网和挂车的制动器、标杆、标杆灯、制动灯、转向灯、尾灯必须齐全。

（4）技术状况不良的汽车，不允许组织拖挂。

（5）新车或大修车在走合期不允许拖挂。

（6）汽车空载不得拖挂载重汽车。

（7）在实习期内或驾驶操作不熟练的机动车驾驶人驾驶的机动车，不得牵引挂车。

（8）应在道路条件良好的路线上组织拖挂，路况差的不宜拖挂。

（三）汽车主要运行材料的合理使用

1. 车用燃油的选用

（1）车用汽油的牌号及选用。

①车用汽油的牌号。我国生产的汽油是用研究法辛烷值来划分牌号的。2006年，我国所有汽油生产企业一律执行《车用无铅汽油》（GB 17930—2006）的强制性标准，按研

究法辛烷值划分为90号、93号和97号三种牌号。

②车用汽油的选用。车用汽油的选用一般应遵循以下原则。

a. 根据汽车使用说明书的要求，按汽车的压缩比选用汽油牌号。压缩比越大，使用的汽油牌号一般也越高。

b. 在汽油的供应上，若一时不能满足要求，可以用牌号相近的汽油暂时代用，但必须对汽油机进行适当的调整。用辛烷值较低的汽油代替辛烷值较高的汽油时，应适当推迟点火提前角；用辛烷值较高的汽油代替辛烷值较低的汽油时，应适当提前点火提前角。

c. 推广使用加有有效汽油清净剂的无铅汽油。

d. 注意季节变化、车辆使用地区变化等外界条件改变对汽油选择的影响。例如，冬季应选用蒸气压较大的汽油，夏季应选用蒸气压较小的汽油；高原地区应选择蒸气压较小的汽油，平原地区应选择蒸气压稍大的汽油。

(2) 车用轻柴油的牌号及选用。

①车用轻柴油的牌号。根据《轻柴油》(GB 252—2000)，我国车用轻柴油按凝点划分为10号、5号、0号、−10号、−20号、−35号和−50号七种牌号。

②车用轻柴油的选用。车用轻柴油的选用主要考虑环境温度，并应遵循以下原则。

a. 根据柴油使用地区风险率为10%的最低气温选用柴油牌号。风险率为10%的最低气温值在该月中最低气温低于该值的概率为0.1。风险率为10%的最低气温一般应等于或略高于轻柴油的冷滤点。由于柴油的冷滤点一般高于凝点3～6°C，所以，风险率为10%的最低气温在数值上高于其牌号3～6个数即可满足选用要求。有关牌号柴油的适用地区参见表1-15。

表 1-15　各牌号柴油的适用地区

牌　号	适用地区
10号	适用于有预热设备的柴油机
5号	适用于风险率为10%的最低气温在8℃以上的地区使用
0号	适用于风险率为10%的最低气温在4℃以上的地区使用
−10号	适用于风险率为10%的最低气温在−5℃以上的地区使用
−20号	适用于风险率为10%的最低气温在−14℃以上的地区使用
−35号	适用于风险率为10%的最低气温在−29℃以上的地区使用
−50号	适用于风险率为10%的最低气温在−44℃以上的地区使用

b. 在气温允许的条件下尽量选择高牌号柴油。低牌号柴油凝点低，其炼制工艺复杂，生产成本高，而且柴油中凝点越低的成分燃烧性越差，使用时着火延迟期长，越容易发生工作粗暴，所以在气温允许的条件下尽量选用高牌号柴油，真正做到既经济又实用。

c. 注意季节气温变化对用油的影响。对于那些季节气温变化较大的地区，如黑龙江、内蒙古、新疆等，应特别注意季节气温对用油的影响，及时更换用油的牌号。

2. 发动机润滑油的等级及选用

发动机润滑油的主要作用是润滑、冷却、清洗、密封以及防锈。

由于发动机的工作条件恶劣，要完成上述作用，发动机机油应具有良好的使用性能，如一定的黏度和黏度－温度特性、适当的润滑性（油性）、一定的热稳定性和良好的抗氧化安定性、较低的凝点、在氧化燃烧和分解时无胶质沉淀、不含有引起发动机零件腐蚀和磨损的物质、不含机械杂质和水分。

(1) 发动机润滑油的等级　发动机润滑油可分为汽油机润滑油（汽油机油）和柴油机润滑油（柴油机油）。其质量等级在国外广泛采用 SAE（美国机动车工程师学会）黏度分类法和 API（美国石油学会）的使用条件分类法。

根据发动机润滑油的黏度，SAE 黏度等级分为 5W、10W、20W、20、30、40、50，其中字母 W 代表冬季机油品种。此外，还有一种全气候机油（又称多级机油），是用低黏度的基础油加入稠化剂制成的。它用 SAE 等级的双重号码表示，如 SAE5W/30。这种机油在高温时具有与 SAE30 相同的黏度值，而在低温时，它的黏度不超过冬用机油 SAE5W 的黏度值。

根据机油的性能和使用场合，API 将机油分为汽油机系列 SA、SB、SC、SD、SE、SF，柴油机系列 CA、CB、CC、CD。

我国参照 API 分类法制定了内燃机润滑油质量等级分类标准。根据内燃机的特性和使用场合，将润滑油分为 SB 级、SC 级、SD 级、SE 级、SF 级汽油机油和 CA 级、CB 级、CC 级、CD 级柴油机油以及 RA 级、RB 级、RC 级、RD 级二冲程汽油机油。

发动机润滑油的黏度等级在中国按机油黏度等级分类，直接采用美国汽车工程师学会标准——SAEJ300。该标准将机油的动力黏度分为 11 个黏度等级，见表 1-16。

表 1-16　内燃机黏度等级分类表（W 表示冬季润滑油）

黏度等级	在规定温度/℃下的黏度/(MPa·s) 不大于		边界泵送温度/℃不高于	100℃黏度/mm^2	
				不小于	不大于
0W	−30	3250	−35	3.8	
5W	−25	3500	−30	3.8	
10W	−20	3500	−25	4.1	
15W	−15	3500	−20	5.6	
20W	−10	4500	−15	5.6	
25W	−5	6000	−10	9.3	
20				5.6	9.3
30				9.3	12.5
40				12.5	16.3
50				16.3	21.3
60				21.3	26.1

黏度是润滑油的重要质量指标。润滑及密封作用要求机油应有适宜的黏度，以便在摩擦表面上形成足够厚度的油膜；而冷却及清洗作用则要求用低黏度润滑油。所以，应在综合考虑的基础上，正确地选择机油黏度。

（2）发动机润滑油的选用　在选用发动机润滑油时，应做到既熟悉各类牌号机油的规格性能，又熟悉发动机的结构特点、强化程度、使用条件、制造年代，从而正确选用。

内燃机机油质量等级的选用，主要根据内燃机的工作条件来确定。

3. 车辆齿轮油的分级及选用

（1）车辆齿轮油的分级　国外汽车齿轮油大都按SAE黏度分类和API使用性能分类（表1-17）。SAE黏度分类把齿轮油分为75W、80W、85W、90、140、250等牌号；API使用性能分类则把齿轮油分为GL-1至GL-6共6个质量等级。

表1-17　车辆齿轮油API使用性能分类

分类	使用说明	用途
GL-1	在低齿面压力、低滑动速度下的汽车螺旋锥齿轮、蜗轮式驱动桥以及各种手动变速器规定用GL-1级齿轮油。直馏矿物油能满足这类情况的要求，可以加入抗氧剂、防锈剂和消泡剂改善其性能，但不加摩擦改进剂和极压剂	汽车手动变速器，包括拖拉机和载货汽车手动变速器
GL-2	汽车蜗轮式驱动桥，由于其负荷、温度和滑动速度的状况，用GL-1齿轮油不能满足要求，规定用GL-2级齿轮油。通常都加有脂肪类物质	蜗杆传动装置
GL-3	滑动速度和负荷比较苛刻的汽车手动变速器和螺旋锥齿轮的驱动桥规定用GL-3级油。这种使用条件要求润滑油的负荷能力比GL-1和GL-2级油高，但比GL-4级油要低	苛刻条件的手动变速器和螺旋锥齿轮的驱动桥
GL-4	在低速高扭矩、高速低扭矩下操作的各种齿轮，特别是客车和其他各种车用的双曲线齿轮，规定用GL-4级齿轮油，其抗擦性能应等于或优于CRC RGO-105参考油。该级油已做过各种试验证明具有1972年4月ASTM STP说明的性能水平	手动变速器、螺旋锥齿轮和使用条件不太苛刻的双曲线齿轮
GL-5	在高速冲击负荷、高速低扭矩、低速条件下操作的各种齿轮，特别是客车和其他车用的双曲线齿轮，规定用GL-5级齿轮油，其抗擦性能应等于或优于CRC RGO-110参考油。该级油已做过各种试验证明具有1972年4月ASTM STP说明的性能水平	适用于操作条件缓和或苛刻的双曲线齿轮及其他各种齿轮，也可用于手动变速器
GL-6	在高速冲击条件下运转的轿车和其他车辆的各种齿轮，特别是大偏移距的双曲线齿轮，偏移距大于50nm或接近大齿轮直径的25%，规定用GL-6级齿轮油，其抗擦性能应等于或优于参考油L－1000，该级油已做过各种试验，证明具有1972年4月ASTMSTP说明的性能水平	

（2）车辆齿轮油的选用。

①使用性能级别的选择。车辆齿轮油的使用级别，要严格按照汽车使用说明书中规定的齿轮油使用级别，或根据传动机构工作条件的苛刻程度来选择。工作条件主要指齿面压力、滑移速度和油温等，而这些工作条件又取决于传动装置的齿轮类型，所以一般按齿轮类型和传动装置的功能来选择车辆齿轮油的使用性能级别。

一般来说，驱动桥工作条件苛刻，而准双曲面齿轮式主减速器更为苛刻，对齿轮油使用性能要求较高，一定要选择 GL-4 以上的车辆齿轮油。车辆齿轮油一定要选准，否则易导致损坏。例如，我国改革开放之初，对进口车了解不够，西北某地购买了一批日本车，使用普通车辆齿轮油添加在准双曲面齿轮式主减速器，结果造成损坏，向日方索赔，最后调查发现是由于使用不当。汽车手动变速器、转向机构的工作条件比主减速器齿轮温和，普通车辆齿轮油就可以满足其润滑要求，但为了减少用油级别、方便管理，手动变速器、转向机构和后桥可选用同一级别使用性能的齿轮油。

②黏度级别的选择。车辆齿轮油黏度级别的选择，主要根据最低气温和最高油温，并考虑车辆齿轮油换油周期较长的因素。

车辆齿轮油的黏度应既能保证低温下的车辆起步，又能满足油温升高后的润滑要求。例如：黏度级为 75W、80W 和 85W 的车辆齿轮油最低使用温度分别是－40℃、－26℃和－12℃。也就是说，车辆使用地区的最低气温不应低于所选齿轮油的最低使用温度。

（四）车辆驾驶操作基本要求和维护

1. 车辆驾驶操作基本要求

（1）驾驶员必须爱护车辆，严格遵守驾驶操作规程。行车前，做到预热启动、低速升温、低挡起步。行驶中，注意保持温度、及时换挡、保有余力、行驶平稳、安全滑行、合理节油。在拖带挂车时，加强主、挂车之间连接机构的检查，避免冲击。

（2）驾驶员必须完成的日常性工作的主要内容是：坚持三检，即出车前、行车中、收车后检视车辆的安全机构及各部机件连接的紧固情况；保持四清，即保持机油、空气、燃油滤清器和蓄电池的清洁；防止四漏，即防止漏水、漏油、漏气、漏电；保持车容整洁。

（3）交通运输管理部门和运输单位应及时总结推广驾驶操作和日常维护的经验，定期组织检查评比，并将检查评比结果作为考核驾驶员和衡量运输单位技术管理工作水平的依据之一。

2. 车辆维护

车辆维护应贯彻预防为主、强制维护的原则。保持车容整洁，及时发现和消除故障、隐患，防止车辆的早期损坏。

（1）车辆维护作业包括清洁、检查、补给、润滑、紧固、调整等，除主要总成发生故障必须解体时，不得对其进行解体。

（2）车辆的维护分为日常维护、一级维护、二级维护等，维护的主要作业范围及要求如下：

①日常维护。指日常性作业，由驾驶员负责执行。其作业中心内容是清洁、补给和安全检视。

②一级维护。由专业维修工负责执行。其作业中心内容除日常维护作业外，以清洁、润滑、紧固为主，并检查有关制动、操纵等安全部件。

③二级维护。由专业维修工负责执行。其作业中心内容除一级维护作业外，以检查、调整为主，并拆检轮胎，进行轮胎换位。

季节性维护可结合定期维护进行。

④车辆二级维护前应进行检测诊断和技术评定，根据结果确定附加作业或小修项目，结合二级维护一并进行。

⑤车辆的维护必须遵照交通运输管理部门规定的行驶里程或间隔时间，按期强制执行。各级维护作业项目和周期的规定，必须根据车辆结构性能、使用条件、故障规律、配件质量及经济效果等情况综合考虑。随着运行条件的变化，新工艺、新技术的采用，维护项目和周期经交通运输管理部门同意后可及时进行调整。

⑥运输单位和个人的运输车辆，应在交通运输管理部门认定的维修厂（场）进行维护，建立维护合作关系，确保车辆按期维护。

⑦维修厂必须认真进行维护作业，确保维护质量。车辆维护后，应将车辆维护的级别、项目等填入车辆技术档案，并签发合格证。

（五）车辆运输危险货物时的使用

车辆运输危险货物时，必须执行交通部《汽车危险货物运输规则》（JT 617—2004）中关于车辆设备、运输装卸、劳动保护、医疗急救、监督管理的规定。

（1）凡从事道路危险货物运输的单位，必须拥有能保证安全运输危险货物的相应设施设备。

（2）从事营业性道路危险货物运输的单位，必须具有 10 辆以上专用车辆的经营规模，5 年以上从事运输经营的管理经验，配有相应的专业技术管理人员，并已建立健全安全操作规程、岗位责任制，车辆设备保养维修和安全质量教育等规章制度。

（3）直接从事道路危险货物运输、装卸、维修作业和业务管理的人员，必须掌握危险货物运输的相关知识，经当地地（市）级以上道路运政管理机关考核合格，发给《道路危险货物运输操作证》，方可上岗作业。

（4）运输危险货物的车辆、容器、装卸机械及工具，必须符合交通部《汽车危险货物运输规则》（JT 617—2004）规定的条件，经道路运政管理机关审验合格。

（5）在运输危险货物前，了解所运危险品的性质和注意事项，制订安全防范措施。

（6）承运爆炸品、剧毒品、放射性物品及需控温的有机过氧化物、使用受压容器罐（槽）运输烈性危险品，以及危险货物月运量超过 100t，均应于起运前 10 日，向当地道路运政管理机关报送危险货物运输计划，包括货物品名、数量、运输线路、运输日期等。

(7) 在装运危险货物时，要按《汽车危险货物运输规则》规定的包装要求，进行严格检查。不符合规定要求的，不得装运。危险货物性质或灭火方法相抵触的货物严禁混装。

(8) 三轮机动车、全挂汽车列车、人力三轮车、自行车和摩托车不得装运爆炸品、一级氧化剂、有机过氧化物；拖拉机不得装运爆炸品、一级氧化剂、有机过氧化物、一级易燃物品；自卸汽车除二级固体危险货物外，不得装运其他危险货物。

(9) 在运输危险货物的过程中，发生燃烧、爆炸、污染、中毒等事故，驾乘人员必须根据承运危险货物的性质，按规定要求，采取相应的救急措施，防止事态扩大；并应及时向当地道路运政机关部门报告，共同采取措施，消除危害。

(10) 运输易燃、易爆物品时，禁止在车上或周围吸烟或用明火，车上不得乘坐无关人员，在行人稠密或有火源的地方以及高温场所严禁停车。

(11) 在运输过程中要匀速行驶，避免急加速、急减速和紧急制动，油罐车的接地线要触地。

(12) 在运载有毒物品后，应及时冲刷车辆，但严禁在河流、饮用水源处冲刷。

(六) 车辆在通过危险路段等情况下的使用

(1) 车辆在通过危险的路段、渡口、桥梁和遇有临时开沟、设线、水毁、塌方时，必须采取有效的技术措施，保障行车安全。

(2) 机动车行驶中进出非机动车道，通过铁路道口、急弯路、窄路、窄桥时；掉头、转弯、下陡坡时；遇雾、雨、雪、沙尘、冰雹，能见度在 50m 以内时；在冰雪、泥泞的道路上行驶时；牵引发生故障的机动车时，最高行驶速度不得超过 30km/h，其中拖拉机、电瓶车、轮式专用机械车不得超过 15km/h。

(3) 机动车行经漫水路或者漫水桥时，应当停车察明水情，确认安全后，低速通过。

(4) 机动车载运超限物品行经铁路道口的，应当按照当地铁路部门指定的铁路道口、时间通过。

(5) 机动车行经渡口，应当服从渡口管理人员指挥，按照指定地点依次待渡。机动车上下渡船时，应当低速慢行。

二、汽车在特殊条件下的使用要求

(一) 汽车在走合期使用时应采取的技术措施

1. 汽车走合里程

汽车走合期里程取决于零件表面加工精度、装配质量、润滑油的品质、运行条件和驾驶技术等。汽车的走合里程通常为 1000～1500km，相当于 40～60 个工作小时。

第一阶段，即在走合期的头 2～3h 内，因为零件加工表面粗糙，加工后的形状和装配位置都存在一定偏差，配合间隙也较小，所以零件磨损和机械损失很大，零件表面和润滑油的温度也很高。

第二阶段，即走合5～8h时，零件开始形成了较为光滑的工作表面，消耗在摩擦上的机械损失和产生的热量逐渐减少。

第三阶段，零件工作表面的磨合过程逐渐结束，并形成了一层防止配合表面金属直接接触的氧化膜，进入了氧化磨耗过程。

2. 汽车在走合期应采取的主要措施

（1）减载　在走合期内，应选择较好的道路并减载限速运行。一般载货汽车按额定载质量减载20%～25%，并禁止拖带挂车；半挂车按载质量标准减载25%～50%。

（2）限速　装载质量一定的情况下，车速越高，发动机和传动机件的负荷也就越大，因此在走合期内不允许发动机转速过高。走合期汽车的最高行驶速度，一般不应超过40～50km/h。限速行驶是指各挡都要限速，通常按各挡位最大车速下降25%～30%。不同类型的汽车可根据其使用说明书的要求，确定出最高走合速度。

（3）保持正确的驾驶方法　在走合期内，驾驶员必须严格执行驾驶操作规程，保持发动机正常的工作温度和机油压力，严禁拆除发动机限速装置。应经常注意变速器、后桥、轮毂及制动鼓的温度，尽量避免急促、长期地使用行车制动。

（4）加强维护　按规定对汽车进行技术维护作业。走合期技术维护作业的重点是检查、紧固、调整和润滑。要特别注意做好日常维护工作，经常检查、紧固各部外露螺栓、螺母，注意各总成在运行中的声响和温度变化，及时进行调整。

走合期满后，应进行一次走合维护，结合一级维护对汽车进行全面的检查、紧固、调整和润滑作业（更换润滑油），拆除限速片。其作业项目和深度参照制造厂的要求进行。

（二）汽车在低温条件下使用时应采取的技术措施

根据汽车在低温条件下的使用特点，可采取以下措施提高汽车的低温使用性能：

1. 加强技术维护

汽车运行季节转换之前，应结合汽车的定期维护作业，附加作业项目，使汽车适应气候变化了的运行条件。

换入冬季的维护是为了提高汽车在低温、寒冷条件下的适应能力，避免发生意外事故。定期维护以外的附加维护作业项目主要有：安装或维护发动机保温及启动预热装置（如将排气预热调到“冬”字位置）；检查冷却散热装置（节温器、风扇皮带等）是否有效并适当调整；更换冬季用润滑油（脂）及防冻液；检查、调整供油系统、点火系统；做好防滑保护措施的准备等。

2. 预热

在严寒条件下启动发动机前，应对发动机进行充分预热，这是提高燃油的雾化性和蒸发性、改善混合气形成条件、确保发动机在低温条件下的启动性能的重要措施。常用的预热方法有：

（1）热水预热　气温很低时，先用约60℃的温水再用90～95℃的热水加注到冷却系统，打开放水阀边加边放，待放出水流温度达30～40℃时，关闭放水阀。这种预热方式只对汽缸有预热作用，对曲轴箱的预热作用不大。

（2）蒸汽预热　可将蒸汽导入散热器下水管或直接导入发动机冷却液套。采用蒸汽预热时，应控制蒸汽压力（小于等于0.98MPa）。蒸汽不宜直接喷向机件，以免温差过大导致机件炸裂。

（3）电加热预热　用电能加热冷却系统（特别是使用防冻液的汽车）和润滑油很方便。加热器直接插入冷却系统或润滑油内，或以绝缘体包住螺旋电阻丝成封闭式，这样使用更安全。这种方法利用冷却液本身的电阻进行加热，节约了电阻丝并延长了加热器的使用期限，如图1.8所示。

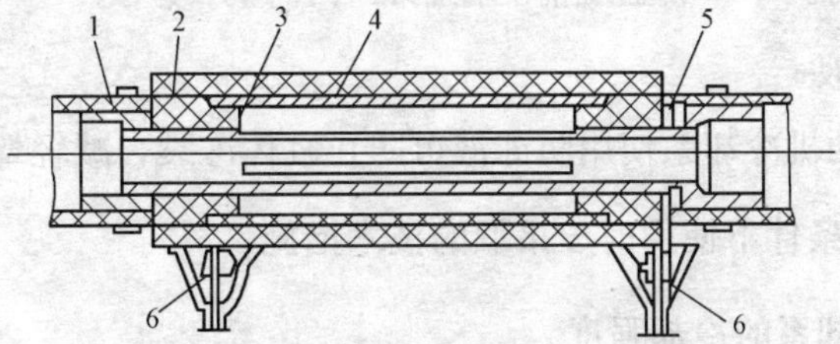

图1.8　管式电极加热器

1—接头；2—绝缘体；3—内电极；4—外电极；5—软管；6—接线柱

预热发动机润滑油的电阻丝加热器的电功率通常为1kW，预热时间需30～60min，每辆汽车消耗电能0.5～1.5 kW·h。预热冷却系统的电极加热器采用24～36V低压电源，电极功率为3 kW左右。如果电能加热器利用电力网的电源时，发动机应搭铁，以保证安全。蓄电池预热通常只有在严寒地区应用，方法是在蓄电池的保温箱底部安放200～300W的电加热器。

（4）红外线辐射加热器预热　红外线是利用煤气或液态煤气在陶瓷或金属网内燃烧时产生的。红外线有很好的穿透性，在向壳体辐射时几乎不与空气作用，也不损失热能，热效率高。煤气压力为1.5～3kPa，预热时，加热器放在发动机或传动系统总成的底部。预热一辆货车的煤气消耗为0.4～1.0m^3，气温在－20℃时预热时间约1h。

3. 改善混合气形成条件

低温启动时开启发动机的进气预热装置，加热进气管道和进气气流。柴油机在低温条件下启动时，可采用低温启动液辅助启动。低温启动液是一种自燃点很低的乙醚混合液，使用时应注意安全。操作要领是：打开发动机罩，一人在车上打开启动开关，使发动机运转，另一人将低温启动液对准空气滤清器喷射，进气冲程时低温启动液随空气进入汽缸，发动机即可启动。有些柴油机设有低温启动液的辅助启动装置，需要时，接通辅助启动装置的电路即可。发动机启动后应立即切断低温启动液电路。

4. 合理使用燃油和润滑油

柴油机应根据气温条件选择低凝点（低牌号）的柴油，或在柴油中掺兑灯用煤油，以改善柴油的低温流动性。润滑系统应换用较低黏度的冬季润滑油或冬夏季通用油。

5. 保温

应切实做好汽车发动机的保温、防冻措施，确保汽车在一定热状态下工作和随时出车。严寒地区对发动机的保温，主要是对发动机和散热器使用保温套，将蓄电池装入夹层（其内应有保温材料）木制的保温箱内，采用双层油底壳或在油底壳外表面封上一层玻璃纤维进行保温。另外还须注意，冬季临时停车时不要将发动机熄火；较长时间停车时应将汽车停在带有暖气的车库中；行车过程中，应开启暖风装置，改善驾驶员和乘员的驾乘环境温度条件；根据发动机冷却液温度情况控制百叶窗的开度等。

6. 正确使用防冻液

在寒冷季节，发动机冷却系使用防冻液可防止缸体冻裂，减轻驾驶员的劳动强度。

（三）汽车在高温条件下使用时应采取的技术措施

1. 提高发动机冷却系的冷却强度

每种汽车的冷却系只能适应一定的使用条件。我国幅员辽阔，从严寒的北方到炎热的南方气候条件差异很大。在高温条件下使用时，需要在结构方面增大冷却系的冷却强度，主要措施是：增加风扇叶片数、直径或叶片角度；提高风扇转速；采用形状过渡圆滑的护风圈等；尽量使气流畅流、分布均匀、阻力小、没有热风回流现象，散热器正面避免无风区，风扇对散热器的覆盖面积要大些。冷却系还可以采用通风良好的发动机罩、罩外吸气、冷却供油系等办法减小吸入空气及燃油温度的变化。

2. 加强技术维护

加强冷却系的维护，清除水垢，保持冷却系良好的冷却效果。行车中勿使发动机过热。在发动机过热、散热器开锅时，应及时停车降温，且注意不要熄火，防止发动机内部过热而发生拉缸事故。

同铸铁和铝相比，水垢导热率很低，会影响冷却系的散热强度。清除冷却系水垢可提高散热能力。此外，还应定期检查节温器的工作情况。

在条件允许的情况下，对于在酷热天连续行驶的车辆，要加装机油散热器和选用优质机油。

在高温地区行驶的汽车，应适当调小充电电流，检查调整蓄电池电解液密度，保持液面高度和通气孔畅通。点火系的火花强度也会因气温升高、点火线圈发热而减弱，宜将点火线圈放在空气流通处。

大型载货汽车和大客车变速器和差速器的油温在高负荷连续行驶的条件下会逐渐升高，在炎热的夏季往往超过 120℃。由于高温将引起传动系润滑油的早期变质，应适当缩短换油周期。滑脂在高温下易流失（熔点温度一般在70℃），特别是对轮毂润滑的润滑脂要按规定周期进行检查和维护。

液压制动系的汽车在经常制动的情况下，制动液温度可达80～90℃，甚至到110℃。为了保证行车安全，应选用高沸点（不低于115～120℃）的制动液。

3. 防止气阻

防止气阻的措施是改善发动机的散热和通风，隔开供油系的受热部位。具体措施如下：

(1) 行车中发生了气阻，可用湿布使汽油泵冷却或将汽车开到阴凉处，降温排除。

(2) 改进汽油泵的结构　现代汽车汽油泵安装在燃油箱内，增加供油以及增设回油管路，均可有效地防治气阻。

(3) 改变汽油泵的安装位置，由原来靠近排气管后侧处，移至排气管前面通风良好处，并在汽油泵与排气管之间加装一块隔热板，以防汽油泵受高温而影响正常工作。

(4) 装用电动汽油泵　电动汽油泵结构简单、工作可靠、不受安装位置的限制（可以远离热源装在汽车大梁外侧），能够有效防止气阻产生。

4. 防止爆震

由于发动机爆震与发动机的进气温度有很大关系，所以可以改变进气方式，降低进气温度，防止爆震。例如，在夏季，东风EQ-1040型汽车满载拖挂行驶时，发动机罩下温度可达60℃。如果把空气滤清器原进气缝隙密闭，另开进气口，用连接管通至水箱侧支撑板处，在支撑板上开口，即改进成前吸式空气滤清器，使进气不受发动机热辐射的影响。在使用中，可适当推迟点火时间，防止爆震。

5. 防止轮胎爆破

轮胎的最高工作速度有统一规定，子午线轮胎胎侧注有速度符号。同一规格轮胎可能生产几种速度的产品，使用中不应超速行驶。

汽车超载也是爆胎的重要原因之一。在炎热的夏季，地面温度高，轮胎因升温而使胎体强度下降。如果超载行驶，容易产生胎面脱胶和胎体爆破的现象。轮胎的负荷能力是以速度为基础的，行驶速度提高，负荷能力应相应减少。轮胎负荷也有标记，如桑塔纳2000型轿车的轮胎型号为195/60R1485H，其中H表示速度符号（210km/h），负荷指数为85，相应的负荷为515kg。

轮胎气压与环境温度有关，胎侧上标注的气压是指常温下的轮胎气压。在汽车行驶过程中，轮胎气压随轮胎温度提高而相应增高。在检查轮胎气压时应注意：停驶后只有当胎里空气温度与环境温度平衡时所测得的轮胎气压才是较为准确的，仅凭轮胎外表温度来判断胎内空气温度是否冷却是很不准确的。一般炎热夏季时应在4h以后测量轮胎气压，再根据需要进行补气。

6. 注意车身维护

漆涂层和电镀层在湿热带地区试验结果表明，漆涂层的主要损坏是老化、褪色、失光、粉化、开裂和起泡等；电镀层的主要损坏是锈斑、脱皮以及锈蚀等。因此，在维修中，应注意喷漆前的除锈和采用耐腐蚀、耐磨性高的涂层，并加强外表养护作业。

（四）汽车在高原和山区条件下使用时应采取的技术措施

在高原地区行驶的汽车，发动机功率下降导致汽车的动力性下降，特别是对功率储备小或汽车列车的影响就更大。提高汽车在高原地区的动力性与燃油经济性的措施如下。

1. 改善发动机性能

（1）根据使用条件合理选购汽车 需经常在高原地区使用时应购置专为高原地区设计制造的高原型汽车。

（2）提高压缩比 经常在高原和山区行驶的车辆，柴油车应选择增压柴油发动机，汽油车（如 EQ1090 汽车）可换装高原专用汽缸盖，以增大发动机压缩比，提高发动机的动力性和经济性。

（3）调整油路 随着海拔高度增加，充气量减小，混合气变浓，燃油燃烧不完全，因此，应根据海拔高度调整循环供油量。

（4）调整电路 海拔高度增大后，发动机压缩终了的压力降低，火焰传播速度降低；又因空气压力降低，使真空提前装置受到影响，导致其在相同工况下提前量减小；同时，压缩终了时缸内压力降低，火焰传播速度减慢。因此，可将点火提前角略提前 2°～3°，也可调整火花塞和断电器触点间隙，以增强火花强度。

（5）蓄电池的维护 汽车在高原和山区使用时，应经常检查蓄电池电解液，补充蒸馏水，调整其密度，以保证蓄电池的技术状况，提高点火系的点火能量。

（6）采用含氧燃油 含氧燃油是指掺有酒精、丙酮及其他含氧化合物的燃油。由于掺入的燃油分子中都含有氧，在燃烧过程中，理论上所需的空气量减小，可补偿因气压低而产生的充气量不足问题。

（7）采用进气增压装置 由于爆燃、排气温度过高等问题，增压技术在汽油机上的应用较为困难。柴油机则无上述问题的限制，因而可在进气系统中安装增压器（一般为废气蜗轮增压），增加发动机的充气量，提高压缩行程终了的压力和温度，改善发动机的动力性和经济性。

（8）改善润滑条件 在高原地区行驶的车辆，其所使用的发动机润滑油应具有良好的黏温特性，以保证发动机在低温时启动性能良好，高温时润滑性能良好。为防止润滑油变质，应保持良好的曲轴箱通风，并采用机油散热器散热。

2. 改善汽车安全性能

山区地形道路复杂，必须采取措施，确保汽车安全行驶。

（1）采用耐高温制动摩擦片 汽车在山区行驶，制动器制动负荷大、温度高、热衰减现象严重。采用耐高温制动摩擦片（摩擦片温度高达 400℃以上时，仍能保证足够的制动力矩），是控制制动器热衰减过快的基础保障。

(2) 对制动器淋水降温　为防止制动器过热，可在下坡前开始对制动器外缘淋水冷却。利用冷却及时带走制动过程的摩擦热量，是控制制动器热衰减过快的有效技术措施。

(3) 利用发动机制动　汽车下长坡时，将变速器挂在上坡时所用挡位上，加速踏板处于较小开度位置，利用发动机的牵制作用控制车速；挡位越低，牵制作用越大，辅助制动效果越明显。

(4) 采用辅助制动器　汽车辅助制动器有电涡流、液体涡流和发动机排气制动等类型，前两种一般用于山区或矿区的重型汽车。

(5) 防止制动系统产生气阻　防止制动系统产生气阻最有效的方法是采用不易挥发的矿油型制动液。国内外的汽车制动液多为醇醚、醇脂合成型。在山区使用的液压制动汽车，可选用具有优异的高温抗气阻性能和低温性能（如国产 JG5 或进口 DOT5 级别）的制动液。

(6) 防止轮胎爆裂　海拔高度升高时，轮胎气压也会升高。在海拔 4000m 时，轮胎气压比在海平面时增加约 50kPa；同时，轮胎传递驱动力较大或速度过高时，轮胎表面温度较高，橡胶强度变差。因此，在高原、山区行车时易爆胎而引发事故。需保持轮胎压力不超过规定值，同时注意轮胎的工作温度。

3. 加强维护

汽车在高原和山区条件使用时，道路复杂，制动系、转向系和变速器等工作频繁，因此必须加强制动系和转向系等的维护工作。

对制动系应注意：检查、调整空气压缩机皮带的紧度；检查、调整车轮制动器蹄一鼓间隙；用气压表或制动试验台检测制动阀等气动组件的技术参数；检测汽车制动性能。对转向系要重视转向盘自由转动量的检查，若超过规定值，则应找到造成间隙过大的部位进行调整。

对在高原和山区条件下使用的汽车，维护周期应适当缩短。

4. 安全驾驶

爬长坡、陡坡时，应注意提前换挡。禁止熄火空挡滑行。

在下长坡时，为了防止制动鼓过热，可采用制动鼓淋水降温装置。在汽车上装贮水器，下长坡之前打开贮水器开关，使其向制动鼓外表面淋水降温。

5. 合理改造

对旧型汽车，可酌情采取改变配气相位、增置辅助制动装置、加装增压器和提高压缩比等改造措施。

（五）汽车在无路或坏路条件下使用时应采取的技术措施

在无路或坏路条件下使用时，改善驱动轮与路面之间的附着条件、减少滚动阻力对提高车的通过性是很重要的。从使用方面改善汽车通过性的措施主要有以下几个。

1. 安装防滑链，提高附着力，防止车轮滑转

在汽车驱动轮上安装防滑链，是提高车轮与路面附着系数的有效措施。防滑链的形式主要取决于路面状况和汽车行驶系统的结构，有普通防滑链和履带链。

普通防滑链（图 1.9）适用于冰雪路面和松软层不厚的土路，在黏土路上，当链齿塞满土时，使用效果则明显下降。履带式防滑链（图 1.10）适用于松软层很厚的土路，它能保证汽车在坏路上，甚至驱动轮陷入土壤或雪内仍可以通过，菱形履带链还具有防侧滑的能力。防滑链的缺点是链条较重，拆装不方便，更重要的是装上防滑链后，汽车的动力性和经济性均下降，在硬路面上行驶冲击大，使轮胎和后桥磨损严重。克服短而难行的无路地段时，宜使用容易拆装的防滑带和防滑块（图 1.11）。

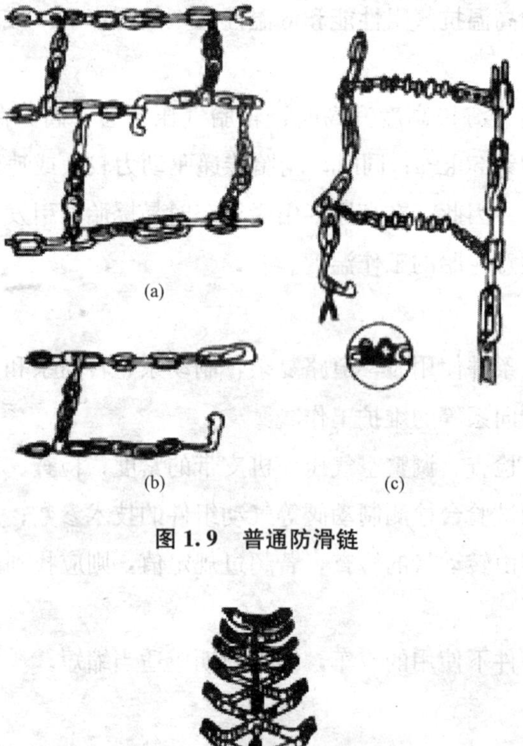

图 1.9 普通防滑链

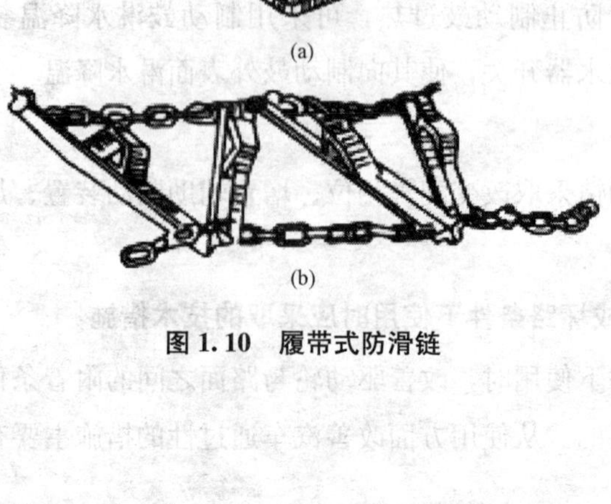

图 1.10 履带式防滑链

(a) (b)

图 1.11 汽车用防滑带和防滑块

(a) 防滑带；(b) 防滑块

2. 采用合理的驾驶方法

在恶劣的道路上行驶时，要选择好线路，尽可能避开泥泞和滑度较大的路面。通过泥泞或翻浆路时，最好一鼓作气地通过，途中不要换挡、停车。被迫停车后再起步时，如是空车，挂中速挡；如是重车，挂低速挡；轻踏加速踏板起步，使驱动力低于附着力，避免打滑。

松软道路附着系数很低，防止侧滑很重要，所以在驾驶时使用制动要特别小心，不准使用紧急制动，转向也不能过急，以免发生侧滑，尤其是坡道或急弯行驶时更要注意。若一旦出现侧滑，首先要抬起加速踏板降低车速，并立即将转向盘向着车轮侧滑的方向转动(在路面允许的条件下)，以防止继续侧滑或发生事故。当车轮已陷入泥泞道路空转时，不可盲目加大加速踏板行程来强行驶出，以免越陷越深。此外，强行驶出易使机件损坏。

3. 合理使用汽车轮胎

汽车轮胎对其通过性具有决定性的影响。为了提高通过性，必须正确选择轮胎的气压、花纹和结构参数等，使汽车的行驶阻力较小，而又能获得最大的附着力。

在松软道路上，汽车轮胎单位面积的压力越大、滚动阻力越大，汽车的通过性就越差。所以，降低轮胎气压、增加轮胎宽度，可降低车轮的滚动阻力，提高汽车的通过性能。当汽车的驱动轮打滑或陷在泥泞路中时，为了减轻单位面积压力，卸下载物也是一种必要的措施；也可使用调压胎，驾驶员在驾驶室内调节轮胎气压，可从正常气压降到极低的气压（49～68.6kPa）。这样，轮胎的接地印迹面积可增大2～3倍，印痕压强相应降低，使汽车在松软和泥泞的道路上的行驶性能得到改善。

轮胎花纹对滚动阻力和附着力的影响很大，要注意正确选择。普通花纹轮胎适合在硬路面上行驶；越野花纹轮胎适合在泥地、松软路面上行驶；而混合花纹轮胎适合在各种路面上行驶。另外，使用断面加宽的特种轮胎——拱形轮胎和宽断面轮胎可以大大提高汽车通过性。

4. 采用自救或他救的方法

车轮已陷入坑时，可根据具体情况自救或他救。他救是用其他车辆拖出已陷入的汽车。无法他救时，可采用自救措施：若车桥没有触地，可将坑铲成斜面垫上碎石、灰渣等，然后用前进或后倒的方法将车驶出；如果车桥壳触地，车轮悬空，可先在车轮下面垫上木板、树枝、碎石等物，再以低速挡驶出；如果驱动轮滑转，可以将绳索绑在树干（或木桩）和驱动轮上，如同绞盘那样使汽车驶出陷坑（图 1.12）。

图 1.12 汽车的自救

1—绞鼓；2—绳；3—木桩

归纳总结

通过本任务的学习，应知常见汽车类型、汽车的编号规则及车辆识别码的含义，掌握汽车在一般条件下的使用要求及汽车在特殊条件下的使用特点；应会识别各种车辆的类型特征、驾驶操作的基本要求和日常维护及汽车在走合期、高温、低温、山区、高原等特殊条件下的合理使用。

知识拓展

汽车在低温条件下使用时，蓄电池的工作能力为什么会明显下降?

（1）随着温度降低，蓄电池的端电压明显下降。在低温条件下，蓄电池的电动势变化不大。对于内电阻来说，其中电解液的电阻将随着温度的降低而显著增加，这是由于温度降低时电解液黏度增加和电化学反应速度下降的缘故。隔板的电阻主要由它的渗透性来决定，木质隔板在温度降低时孔隙会缩小，使硫酸通过困难，故相当于电阻增大。同时，启动时电流很大。因此低温情况下，端电压明显下降。

（2）低温条件下，蓄电池容量显著减小。由于低温下电解液的黏度大，硫酸难以渗入到极板内层，致使极板上的活性物质不能充分利用，所以蓄电池容量会随温度降低而显著减小。

思考与练习

一、填空题

1. VIN 码由______、______和______三部分组成。
2. 汽车按用途分为______和______。
3. 汽车运行条件主要包括______、______和______。
4. 汽车走合期特点是______、______、______、______和______。
5. 汽车在低温条件使用主要存在______和______等问题。
6. 采用______预热方式可以改善混合气形成条件。
7. 汽车在山区条件下行驶时存在______、______和______等问题。

二、问答题

1. 汽车走合期分为哪几个阶段？
2. 改善冷态启动的主要技术途径是什么？
3. 在高原地区改善发动机性能的主要措施是什么？
4. 山区条件下汽车制动系的使用特点及其改进措施分别有哪些？
5. 汽车在高温条件下的使用特点及措施分别有哪些？
6. 汽车在一般条件下的使用要求有哪些？
7. 编码 CA7220、BJ2020S、CA1091 的含义分别是什么？
8. 如何选用发动机润滑油？
9. 如何选用车用汽油？

任务二

汽车技术状况评价

♨知识目标

1. 简单描述汽车技术状况变化的特征与规律；
2. 正确叙述汽车技术状况变化的原因及影响因素；
3. 简单叙述汽车技术状况等级的划分；
4. 正确叙述营运车辆技术等级的评定项目和技术要求。

♨能力目标

1. 会分析汽车使用中汽车技术状况变化的影响原因；
2. 能对营运车辆技术等级进行评定并计算车辆的平均技术等级。

任务介绍

汽车技术状况的评定主要是根据汽车的使用年限、关键项和项次合格率来进行等级划分。按照GB 7258－2004《机动车运行安全技术条件》要求，在评定汽车技术状况时主要从外观和性能两大方面进行评定，具体内容主要包括机动车整车外部情况、汽车的各项性能指标等，其中对发动机、转向系、制动系、照明和信号装置等有关运行安全和排放污染控制、车内噪声及驾驶员耳旁噪声控制等都规定了基本要求。1990年交通部第13号令《汽车运输业车辆技术管理规定》中明确规定交通运输管理部门和运输单位要定期进行汽车综合鉴定，并核实其技术状况等级，以便掌握汽车的技术状况，有计划地安排维修工作。

任务分析

本学习任务在实施中主要包括以下几个过程。

1. 相关知识的学习

通过理论知识的学习，掌握完成本任务需要的理论知识。

2. 汽车技术等级的评定

根据汽车技术等级评定的内容、原则和评定项目的技术要求，进行车辆技术状况等级的划分，并根据评定结果对车辆进行相应维修，确保汽车技术状况良好。

相关知识

一、汽车技术状况变化的特征与规律

1. 汽车技术状况变化的特征

汽车技术状况是指定量测得的、表征某一时刻汽车外观和性能的参数值的总和。

在汽车使用过程中，汽车内部零件之间、零件与工作介质和工作产物之间、汽车与外部环境之间均存在着相互作用，其结果是汽车零件在机械负荷、热负荷和化学腐蚀作用下，产生磨损、发热、腐蚀等一系列的物理和化学变化，使零件尺寸、零件装配位置、配合间隙、表面质量等发生改变。随着汽车行驶里程的增加，汽车技术状况会逐渐变坏，致使汽车的动力性下降、经济性变坏、使用方便性下降和使用可靠性变差，直至最后达到使用极限。其主要外观症状有：

（1）汽车最高行驶速度降低，加速能力和爬坡能力减弱。

（2）制动拖滞或失灵，转向沉重。

（3）燃油和润滑油的消耗量增加。

（4）排黑烟或有异常气味。

（5）行驶中出现振抖、摇摆或异响。

（6）运行中因技术故障而停歇的次数和时间增多。

2. 汽车技术状况变化的规律

汽车技术状况变化的规律是指汽车技术状况与汽车行驶里程或行驶时间的关系。研究汽车技术状况的变化规律，旨在掌握其规律，采取相应措施降低零件磨损速度，延长其使用寿命。一辆新车或大修后的汽车是否能投产及其技术状况的变化规律，通常是研究汽车主要部件磨损规律的指标。两个相配合零件的磨损量随汽车行驶里程的变化规律曲线，称为磨损特性曲线（图 2.1）。

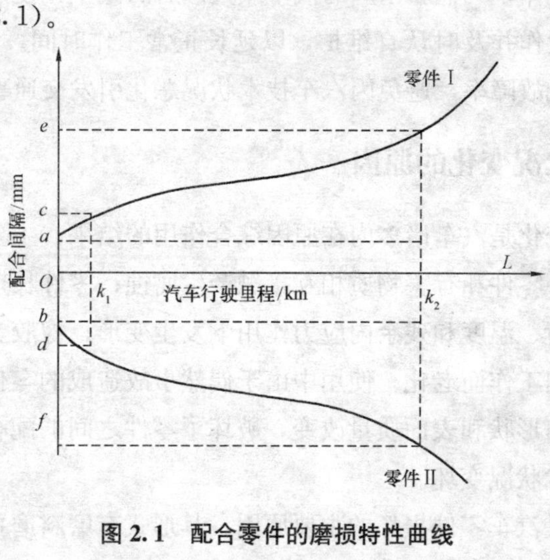

图 2.1　配合零件的磨损特性曲线

零件的自然损坏主要是磨损引起的，且零件在正常情况下的磨损是有规律的。由图2.1可以看出，零件磨损规律可分为三个阶段：

第一阶段（曲线 Ok_1）称为走合期。这一阶段的特征是在较短的行驶里程内，零件的磨损量增长较快；当配合零件配合良好后，磨损量增长速度开始减慢。零件在走合期的磨损量主要与其表面加工质量和走合期的使用有关。

汽车在走合期时，严格执行走合规范，严格遵守操作规程，及时检查调整配合零件的技术状况，更换损坏零件，消除故障隐患，是减少走合期磨损量、达到理想的走合目的的有效措施。

第二阶段（曲线 k_1k_2）称为正常使用期。这一阶段的特征是零件的磨损随汽车行驶里程的增加而缓慢地增长。这是由于经走合后的配合零件，其表面粗糙度和几何形状达到较为理想的状态，载荷分布均匀；加之合适的配合间隙，有利于润滑油膜的形成。

在此期间，严格遵守操作规程，适时适度地对汽车的主要总成进行维护，是延长正常使用期即使用寿命的技术保障。

第三阶段（k_2 以后）称为加速磨损时期。这一阶段的特征是相配合零件的间隙已达到最大允许使用极限，磨损量急剧增加。由于间隙增大，冲击负荷增大，润滑油膜难以维持，从而使磨损量急剧增加到一定程度，出现失去工作能力、异响、漏气等现象，若继续使用则会由自然磨损发展为事故磨损，使零件迅速损坏。汽车的主要总成或部件达到此极限时，应进行大修才能恢复汽车的使用性能。行驶里程 Ok_2，称为大修间隔里程或大修周期。

汽车运行到接近或到达大修间隔里程时，应及时维护、调整、修理和更换损坏的零件，恢复配合零件的配合状态，使之达到或接近原技术标准或要求。经调整、修复的配合零件，一般只能恢复配合间隙和配合要求。换件修理既恢复了配合关系，又恢复了配合零件的尺寸。

根据零件磨损的规律，一辆新出厂的汽车或大修后的汽车，使用前必须按规定进行走合；使用中必须正确操作并及时认真维护，以延长正常工作时间。当磨损达到极限值时，必须修理或更换，降低故障率，避免因汽车技术状况恶化引发交通事故。

二、汽车技术状况变化的原因

汽车技术状况的变化是汽车诸多内在原因综合作用的结果，主要原因有：零件之间相互摩擦产生自然磨损；零件和有害物质相互接触产生腐蚀；零件长期在交变载荷作用下产生疲劳；零件在外载荷、温度和残余内应力作用下发生变形；橡胶、塑料等非金属制品零件和电气元件因长时间工作而老化；使用中由于偶然事故造成的零件损伤等。上述原因导致零件原有尺寸、几何形状和表面质量改变，破坏了零件之间的配合特性和正确位置，从而引起汽车或总成技术状况变坏。

（1）磨损　磨损是汽车零件损坏的主要原因，其形式有磨料磨损、黏着磨损和腐蚀磨损等。

①磨料磨损是零件相互摩擦表面，在坚硬锐利的磨料作用下产生的磨损。磨料包括尘埃、沙土、金属磨屑和积炭等。在零件相互摩擦过程中，磨料的作用会加速零件的磨损，如制动蹄摩擦片与制动鼓的磨损等。

②黏着磨损是当零件接触面承受大荷载、相对滑动速度高、润滑不良时，零件表面在摩擦过程中产生大量的热，使材料强度降低并形成局部热点，零件局部表面都黏结在一起；而黏结点在零件表面的相对运动中又被撕开，使一部分金属从一个零件表面转移到另一个零件表面而造成的零件表面损伤，如汽缸拉缸和曲轴烧瓦等。

③腐蚀磨损是摩擦表面在酸、碱等腐蚀性物质作用下产生的磨损。腐蚀性物质对零件表面的腐蚀会使表面形成薄而脆的氧化层，在摩擦力作用下，氧化层脱落，腐蚀作用进一步向零件深部发展，再形成氧化层。如此，氧化层不断生成，不断脱落，从而造成了零件表面的损伤，如汽缸壁、气门和气门座的磨损等。

（2）疲劳损坏　疲劳损坏是由于零件承受了超过材料疲劳极限的循环应力。在交变载荷作用于零件内部所产生的循环应力作用下，零件表面产生疲劳裂纹，裂纹不断积累、加深、扩展而产生零件的疲劳损坏。易于产生疲劳损坏的零件是承受交变荷载较大的零件，如齿轮面的疲劳点蚀等。

（3）腐蚀损坏　腐蚀损坏产生于与腐蚀性物质接触的零件表面。易于产生腐蚀损坏的主要部件有燃油供给系统和冷却系统的管道、车身和车架等。在汽车运动中，车身外表要受到风沙的磨蚀，而汽车使用环境中的空气湿度、尘埃等对车身和裸露的金属零件也都有一定的腐蚀作用。

（4）塑性变形和损坏　零件所受荷载在内部产生的内应力超过零件材料的弹性极限，就会发生塑性变形；零件在制造和加工过程中产生的残余内应力和零件受热不均而产生的热应力足够大时，也会导致零件塑性变形或加剧塑性变形过程，如汽车超载引起的车轴、车架变形或断裂等。

（5）老化　老化是由于零件材料在物理、化学和温度变化的影响下，逐渐变质或损坏的故障形式。汽车上的橡胶零部件（如轮胎、油封、膜片等）和电气元件（如晶体管、电容器等），长期受环境和温度变化的影响，会逐渐老化而失去原有性能。例如，温度的冷热作用、油类和液体的化学作用以及太阳光的辐射作用等都会使零件老化。在汽车使用过程中，润滑油等液体的性能也会因为氧化、污染而逐渐变差。

因汽车零件和运行材料性能的变化而使汽车技术状况逐渐变坏的现象，不仅发生于汽车使用过程中，也发生于储存过程中。例如，橡胶、塑料等非金属零件因老化而失去弹性，强度下降；燃油、润滑油和制动液等氧化变质产生沉淀；金属零件产生锈蚀；车身表面漆层剥落等。

三、汽车技术状况变化的影响因素

汽车零件的磨损和变形是汽车技术状况变化的主要原因，而影响汽车磨损和变形的因素很多，主要有汽车的结构和使用因素。其中，使用因素主要包括汽车的使用条件、燃油和润滑材料的品质、汽车合理运用的程度以及维修质量等方面。

1. 汽车的结构

汽车结构设计的合理性、制造装配的质量和选用材料的优劣，是提高汽车的技术性能和使用寿命的重要途径。由于汽车结构复杂，各总成、结合件、零件的工作情况差异很大，如果不能完全适应各种运行条件的工作情况，使用过程中就会暴露出某些薄弱环节。

汽车零件和部件结构的设计合理化，可以在很大程度上改善汽车的使用性能和可靠性。国内各汽车制造厂为使各自生产的汽车有较长的使用寿命，长期以来对本厂生产的汽车采用各种方便维修的技术和组织措施，广泛设置“4S”服务维修点，对汽车销售、售后服务、汽车维修和零配件供应实施一条龙服务。这样不仅保证服务质量，而且还能掌握汽车在原设计和制造中的一些缺陷，及时反馈，为进一步改进汽车结构提供有利依据。

2. 汽车的使用条件

影响汽车技术状况变化的使用条件主要包括道路条件、交通状况和气候条件等。

(1) 道路条件　汽车运用的道路条件对汽车技术状况有重要的影响。汽车运行的速度范围、发动机转速控制范围、汽车承受的荷载、操纵（换挡、转向、制动等）次数和强度、燃油消耗以及汽车的磨损等都取决于道路的质量。道路的质量对汽车速度的影响如图2.2所示。各种路面条件对汽车总成使用的影响见表2-1。

在良好的道路上行驶时，汽车的行驶速度得以发挥，燃油经济性较好，零件磨损较小，汽车使用寿命就长；在坏路上行驶的汽车，行驶速度经常变化，换挡次数和制动次数增加，会使离合器、变速器、制动器和前后桥的使用寿命缩短。同时，路面高低不平使汽车底盘各总成承受冲击荷载，且加剧轮胎的磨损。经常在坏路上行驶的汽车，与在一般道路上行驶的同类汽车相比行驶阻力增加、燃油经济性变差，同时发动机经常在大负荷下工作，汽缸内的平均压力和单位行驶里程曲轴转速提高，汽缸磨损加剧。

(2) 交通状况　交通状况对汽车技术状况的变化也有很大的影响。在路面质量和交通状况良好的道路上行驶时，汽车能够经常使用高挡位在经济工况下运行，操纵次数少，因而运行平稳，所承受的冲击荷载大大减轻；而在不良交通状况下，如在城市混合交通状况下，常因车多路窄、交通流量大、交叉路口多而不能以最佳工况运行，因而总成磨损快、寿命短。

(3) 气候条件　气候条件对汽车技术状况的影响，一般在高温和低温时较显著。高温条件会影响汽车各总成的受热状态。气温高时，发动机散热性能变差，易爆燃和早燃；润滑油黏度降低，压力减小，润滑条件恶化，零件磨损加剧；供油系易产生气阻，出现故障，可靠性下降。当气温在40～50℃时，发动机周围的气温可达75℃，会影响点火系的正常工作，也会加速导线的老化。气温过高对轮胎使用寿命的影响非常明显，有资料表明，轮胎胎面的使用寿命与其周围工作气温近似成反比。

低温时，汽油雾化条件差，加剧发动机的磨损；对于某些非金属材料（如塑料、橡胶制品等），严寒可能使之冻裂、硬化或结构强度降低。低温条件对汽车故障的影响如图 2.3 所示。

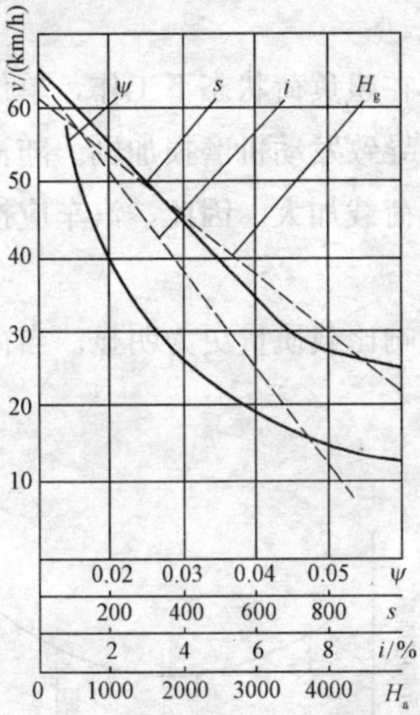

图 2.2　道路质量对汽车速度的影响

ψ—滚动阻力系数；s—路面不平度/（cm/km）；

i—道路纵坡/（%）；H_g—海拔高度/m

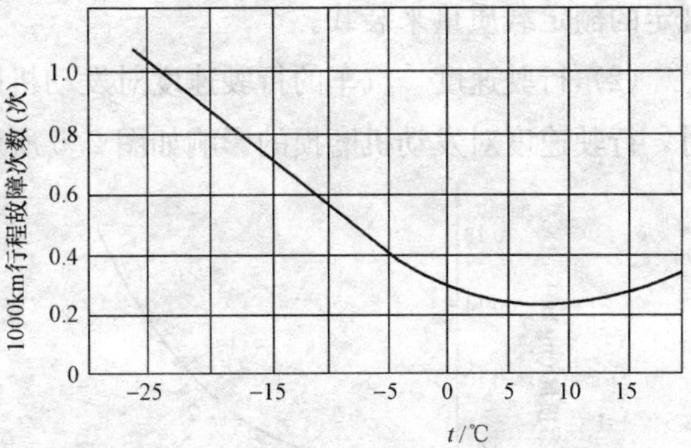

图 2.3　低温条件对汽车故障的影响

表 2-1　路面条件对汽车总成使用的影响

指标	混凝土与沥青路面	沥青矿渣混合路面	碎石路面	卵石路面	天然路面
滚动阻力系数	0.014	0.020	0.032	0.040	0.080
平均技术速度/（km/h）	66	56	36	27	20
每千米行程发动机曲轴平均转速/（r/min）	2228	2561	2628	3185	4822
转向轮转角偏差（市区行驶）	8	9.5	12	15	18
每千米行程离合器使用次数	0.35	0.37	0.49	0.64	1.52
每千米行程制动器使用次数	0.24	0.25	0.34	0.42	0.90
每千米行程变速器使用次数	0.52	0.62	1.24	2.10	3.20
百千米行程内垂直振幅大于 30mm 的振动次数	68	128	214	352	625

3. 燃油和润滑材料的品质

在汽车使用中为保证其正常工作，应合理地选用品质合适的燃油和润滑材料，否则会导致汽车各总成和零件磨损加剧，降低汽车的使用性能，使技术状况迅速恶化。

4. 汽车合理运用的程度

汽车合理运用的程度对汽车技术状况的影响主要表现在汽车的载质量、行驶速度和驾驶技术等方面。

(1) 载质量　载质量的大小影响汽车零件的磨损，从图 2.4 可以看出，汽车载质量增加时，各总成的磨损量均增大，其中以发动机最为明显。

当汽车的实际载质量超过额定载质量时，各总成都在超负荷状态下工作，单位行驶里程的发动机转速升高，冷却系和润滑系工作温度过高，导致发动机磨损加剧。随汽车载质量的增加，变速器低挡使用的次数增多，传动系各总成荷载加大。因此，汽车应按制造厂规定的额定载质量来装载。

(2) 行驶速度　汽车的行驶速度对发动机磨损的影响比载质量更为明显。当荷载一定时，行驶速度对发动机磨损的影响如图 2.5 所示。

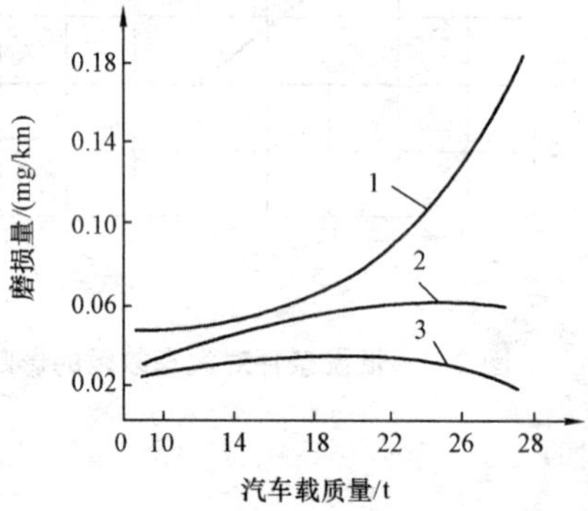

图 2.4　汽车载质量对各主要总成零件磨损的影响

1—发动机的磨损量；2—变速器的磨损量；
3—主减速器的磨损量

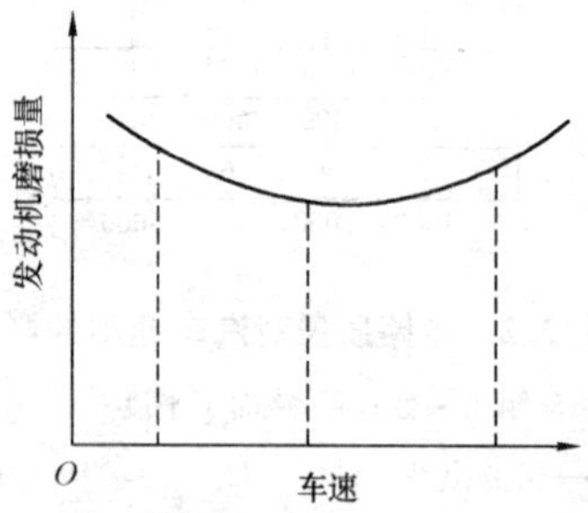

图 2.5　行驶速度对发动机磨损的影响

当汽车行驶速度过高时，发动机处在高转速状态，活塞往复运动加快，汽缸磨损加剧；当行驶速度过低时，发动机润滑条件变差，磨损加剧。高速行驶引起轮胎发热、磨损加剧，制动时需要的制动力加大，且常需紧急制动，因此，制动器磨损加剧。加速滑行比匀速行驶时的发动机磨损量要增加 25%～30%。

为了减少零件磨损，必须控制行车速度，正确选用挡位。注意根据道路情况合理选择行驶路线和车速，保证汽车经常处于最佳工作状态，从而减缓汽车技术状况的恶化，延长其使用寿命。

(3) 驾驶技术　驾驶技术直接影响汽车零件的使用寿命。驾驶技术高超的驾驶员，经常采用诸如预热升温、轻踩缓抬、均匀中速、行驶平稳、及时换挡、爬坡自如、正确滑行、掌握温度和避免紧急制动等一整套正确合理的操作方法，所以，在对汽车行驶速度的控制、变速器挡位的使用和燃油消耗等方面都有明显优势，使汽车各总成基本上长期处于较有利的工作状态，从而能延长其使用寿命。

5. 维修质量

汽车维修质量对于合理使用汽车、延长其使用寿命和保持其原有使用性能，是极为关键的因素。汽车各总成和机构应及时进行维修作业，这样不仅能减少零件磨损，避免工作中发生异响，同时使之操作方便灵活，保证行车安全。

任务实施

一、营运车辆技术状况的评价

营运车辆是指从事道路客货运输的经营性车辆，2004 年交通部颁布了《营运车辆技术等级划分和评定要求》（JT/T 198—2004），具体的评定规则如下。

1. 评定原则

（1）营运车辆应达到《营运车辆综合性能要求和检验方法》（GB 18565—2001）规定的要求。

（2）营运车辆技术等级评定项目和技术要求按 JT/T 198—2004 的相关规定执行。

（3）营运车辆技术等级评定的检测方法应按 GB 18565—2001 规定的方法执行。

2. 等级划分

（1）一级：JT/T 198—2004 相关内容中分级的项目应达到规定的一级技术要求；没分级的项目应为合格。

（2）二级：JT/T 198—2004 相关内容中至少有 3 项应达到规定的一级技术要求；没分级的项目应为合格。

（3）三级：JT/T 198—2004 相关内容中分级的项目应达到三级技术要求；没分级的项目应为合格。

二、汽车技术状况等级的划分

汽车在使用过程中，其技术状况变化的程度，随行驶里程或使用时间的长短不同和运行条件、使用强度、维修质量的不同有很大的差异。交通部颁布的《汽车运输业车辆技术管理规定》要求：为掌握汽车的技术状况，合理地组织和安排运力，科学地编制汽车维修计划，各省、自治区、直辖市交通厅（局）应负责制定“车辆技术状况等级鉴定制度”，各级交通运输管理部门应负责汽车技术状况等级鉴定的组织工作与监督检查，运输单位至少每半年要对运输汽车进行一次汽车技术状况等级鉴定，并根据有关标准将汽车技术状况划分等级，以便于汽车的合理运行和科学管理。

1. 汽车技术状况等级划分标准

《汽车运输业车辆技术管理规定》第 17 条明确了汽车技术状况等级划分的标准，规定汽车按技术状况分为一级车、二级车、三级车和四级车。

（1）一级车——完好车　新车行驶到第一次定额大修间隔里程的 2/3 和第二次定额大修间隔里程的 2/3 以前（例如，第一次大修间隔里程为 180000km，第二次大修间隔里程为 120000km，则处于第一次大修间隔里程 120000km 以内或第二次大修间隔里程

80000km以内，才属于一级车）；汽车各主要总成的基础件和主要零部件坚固可靠，技术性能良好，发动机运转稳定，无异响，动力性能良好，燃油、润滑油消耗不超过定额标准，废气排放和噪声符合国家标准；各项装备齐全、完好，在运行中无任何保留条件，即可随时出车参加运输工作的汽车。

(2) 二级车——基本完好车　技术状况处于基本完好的汽车。二级汽车的主要使用性能和技术状况或行驶里程都低于一级车的要求，但符合国家标准《机动车运行安全技术条件》(GB 7258—2004) 的规定，能随时参加运输工作。

(3) 三级车——需修车　送大修前最后一次二级维护后的汽车、正在大修或待更新尚在行驶的汽车。

(4) 四级车　四级车是指预计在短期内不能修复或无修复价值的汽车。

2. 汽车平均技术等级

汽车平均技术等级是综合体现汽车运输企业技术管理水平、技术装备素质和企业发展后劲的主要经济技术指标之一，标志着汽车运输企业所有车辆的平均技术状况。单辆汽车技术等级评定后，企业所有汽车的平均技术等级 S 可按下式求出：

$$S=\frac{1\times S_1+2\times S_2+3\times S_3+4\times S_4}{S_1+S_2+S_3+S_4}$$

式中　S——平均技术等级；

S_1——一级车的数量；

S_2——二级车的数量；

S_3——三级车的数量；

S_4——四级车的数量。

3. 营运车辆技术等级的评定项目和技术要求

营运车辆技术等级的评定项目和技术要求见表2-2。

表2-2　营运车辆技术等级的评定项目和技术要求

<table>
<tr><th rowspan="2">序号</th><th rowspan="2">项目</th><th colspan="3">技术要求</th></tr>
<tr><th>一级</th><th>二级</th><th>三级</th></tr>
<tr><td>1</td><td>整车装备与外观</td><td colspan="3"></td></tr>
<tr><td rowspan="2">1.1</td><td rowspan="2">整车装备与标志</td><td colspan="3">(1) 整车装备应齐全、完好、有效，各连接部件紧固完好，车体应周正。(2) 车辆的结构不得任意改造。(3) 营运车辆的车顶、车门、车身、风窗玻璃等部分的标志应统一，齐全有效，并符合有关规定</td></tr>
<tr><td>(4) 车体外缘左右对称部位（在离地高1.5m以内测量）高度差不大于20mm；左右轴距差不大于轴距的1.2/1000</td><td colspan="2">(4) 车体外缘左右对称部位（在离地高1.5m内测量）高度差不得大于40mm；左右轴距不得大于轴距的1.5/1000</td></tr>
</table>

表 2-2（续一）

序号	项目	技术要求		
		一级	二级	三级
1.2	车架、车身、驾驶室	（1）车身和驾驶室的技术状况应能保证驾驶员有正常的工作条件和客货安全。（2）车身和驾驶室应坚固耐用，车架、车身与驾驶室不得有开裂、锈蚀和明显变形，螺栓和铆钉不得缺少或松动，车身与车架的连接应安装牢固。（3）车身外部和内部都不应有任何可能使人致伤的尖锐凸起物。（4）驾驶室和乘客舱所有内饰材料应具有阻燃性。（5）驾驶室必须保证驾驶员的前方视野和侧方视野。车窗玻璃不允许张贴妨碍驾驶员视野的附加物及镜面反光遮阳膜。（6）表面无锈迹、无脱掉漆		
1.3	车门、车窗、刮水器	（1）车门和车窗应启闭轻便，不得有自行开启现象，锁止可靠，玻璃升降器应完好。（2）前风窗应装备刮水器。刮水器应能正常工作，刮水器关闭时刮片应能自动返回至初始位置。		
		（3）玻璃应完好无损		（3）玻璃不得缺损
1.4	驾乘坐椅	（1）货箱的栏板和地板应平整；客车车身与地板应密合，应有防止发动机废气进入车厢内部的有效措施。（2）地板和坐椅应具有足够的强度，坐椅和扶手应安装牢固可靠。乘客坐椅间距不得采用沿滑道纵向调整的结构。（3）车长大于 6m 的客车同方向坐椅的座间距不得小于 650mm，面对面坐椅的座间距不得小于 1200mm		
1.5	卧铺[①]	卧铺客车的卧铺应采用“1＋1”或“1＋1＋1”纵向布置（与车辆前进方向相同），卧铺宽度应不小于 450mm，卧铺纵向间距应不小于 1400mm，相邻卧铺的间距应不小于 350mm		
1.6	行李架（舱）[①]	中级、中级以上车长大于或等于 9m 的营运客车和卧铺客车车身顶部不得设置行李架，应设置符合有关标准要求的行李舱。其他客车需设置车外顶行李架时，其顶架载荷按每个乘客 10kg 行李核定，且行李架长度不得超过车长的 1/3		
1.7	安全出口[①]、安全带	安全出口： （1）车长大于 6m 的客车，如车身右侧仅有一个供乘客上下的车门时，应设置安全门或安全窗。卧铺客车应设置车顶安全出口。其卧铺布置为上、下双层时，侧窗布置应为上下双排。使用安全门时应保证不用其他器具即可将其向外推开。安全出口的数量及位置应符合有关规定。（2）安全门应满足下列要求：一是安全门的净高不得小于 1250mm，净宽不得小于 550mm；二是门铰链应在门前端，向外开启角度应不小于 100°，并能在此角度下保持开启，同时设有开启报警装置；三是通向安全门的通道宽度应不小于 300mm，不足 300mm 时，允许采用迅速翻转坐椅等方法加宽通道；四是车内外应设应急开门把手，车外把手距地面高度应不大于 1800mm；五是关闭时应能锁止；六是在安全门或安全窗处应有醒目的红色标志和操纵方法，字体高度应不小于 20mm。（3）安全窗应满足下列要求：一是安全窗和安全顶窗的面积应不小于 $3\times10^5mm^2$，且能内接一个 400mm×600mm 的椭圆；车辆后端面的安全窗的面积应不小于 $4\times10^5mm^2$，且能内接一个 500mm×700mm 的矩形；二是安全窗应易于向外推开或用手锤击破玻璃，在其附近应备有便于取用的击碎出口玻璃的专用工具。 汽车安全带： （1）座位数小于或等于 20（含驾驶员坐椅，下同）或者车长小于或等于 6m 的载客汽车和最大设计车速大于 100km/h 的载货汽车和牵引车的前排座位必须装置汽车安全带。长途客车和旅游客车的驾驶员坐椅及前面没有坐椅或护栏的坐椅应安装汽车安全带。安全带应有认证标志。（2）卧铺客车的每个铺位均应安装两点式汽车安全带。（3）汽车安全带应可靠有效，安装位置应合理，固定点应有足够的强度		

表 2-2（续二）

序号	项目	技术要求		
		一级	二级	三级
1.8	车厢、地板、护轮板（挡泥板）	（1）货箱的栏板和地板应平整；客车车身与地板应密合，应有防止发动机废气进入车厢内部的有效措施。（2）轿车应装有护轮板，挂车后轮应有挡泥板，其他车辆的所有车轮均应有挡泥板		
1.9	车轮、轮胎	（1）轮胎胎面不得有因局部磨损而暴露出轮胎帘布层。轮胎的胎面和胎壁上不得有长度超过 25mm 或深度足以暴露出轮胎帘布层的破裂和割伤。（2）同一轴上轮胎规格和花纹应相同，轮胎规格应符合车辆出厂时的规定，同一轴上轮胎外径的磨损程度应大体一致。（3）汽车转向轮不得装用翻新的轮胎。（4）汽车装用的轮胎应与其最大设计车速相适应。（5）轮胎负荷不应超过该轮胎的额定负荷，轮胎的充气压力应符合该轮胎承受负荷时规定的压力。（6）最大设计车速超过 120km/h 的车辆，其车轮应做动平衡，并应符合有关技术要求。（7）轮胎螺母和半轴螺母应完整齐全，并应按规定力矩紧固。（8）车辆总成的横向摆动量和径向跳动量：总质量小于或等于 4500kg 的汽车不得大于 5mm；其他车辆不得大于 8mm。		
		（9）微型车辆胎冠花纹深度不小于 3.2mm，其他车辆转向轮的胎冠花纹深度不小于 3.5mm，其余轮胎花纹深度不小于 2.5mm。		（9）轮胎的磨损：轿车和挂车胎冠上花纹深度不得小于 1.6mm；其他车辆转向轮的胎冠花纹深度不得小于 3.2mm，其余轮胎胎冠花纹深度不得小于 1.6mm
1.10	悬架装置	（1）钢板弹簧不得有裂纹和断片现象，其弹簧形式和规格应符合产品使用说明书的规定。中心螺栓和 U 形螺栓应紧固。（2）减震器应齐全有效。（3）车桥与悬架之间的各种拉杆和导杆不得变形，各接头和衬套不得松旷和移位		
1.11	传动系、车桥	传动系： （1）离合器踏板自由行程应符合原厂规定的该车技术条件的有关规定。（2）离合器踏板力应不大于 300N。（3）离合器应接合平稳，分离彻底，工作时不得有异响、抖动和不正常打滑等现象。（4）变速器和分动器，换挡时齿轮啮合灵便，互锁、自锁、倒挡锁装置有效，不得有乱挡和自动跳挡现象，换挡时变速杆不得与其他部件干涉。运行中无异响。（5）传动轴在运转时不得发生振抖和异响，中间轴承和万向节不得有裂纹和松旷现象。（6）驱动桥工作应正常且无异响 车桥：前、后桥不得有变形和裂纹		
1.12	转向节及臂，横、直拉杆及球销	转向节及臂，转向横、直拉杆及球销应无裂纹和损伤，并且球销不得松旷。对车辆进行改装或修理时，横直拉杆不得拼焊		
1.13	制动装置（行车、应急、驻车）	（1）车辆应具有行车制动、应急制动和驻车制动功能。（2）行车制动系制动踏板的自由行程应符合该车原厂规定的有关技术条件。（3）车辆的行车制动必须采用双管路或多管路。（4）检查汽车是否具有有效的应急制动装置		
1.14	螺栓、螺母紧固	（1）轮胎螺母和半轴螺母应完整齐全，并应按规定力矩紧固。（2）中心螺栓和 U 形螺栓应紧固		

表 2-2（续三）

序号	项目	技术要求		
		一级	二级	三级
1.15	灯光数量、光色、位置	（1）所有前照灯的近光都不得眩目。（2）汽车和挂车的外部照明和信号装置的数量、位置、光色、最小几何可见角度等应符合 GB 4785 的有关规定。（3）全挂车应在挂车前部的左右各装一只红色标志灯，其高度应比全挂车的前栏板高出 300～400mm，距车厢外侧应小于 150mm。（4）车辆应装置后回复反射器，车长大于 10m 的车辆应安装侧回复反射器，汽车列车应装有侧回复反射器。回复反射器应能保证夜间在其正面前方 150m 处用汽车前照灯照射时，在照射位置就能确认其反射光。（5）装有前照灯的车辆应有远近光变换装置，并且当远光变为近光时，所有的远光应同时熄灭。同一辆车上的前照灯不允许左、右的远、近灯光交叉开亮。（6）车辆的前位灯、后位灯、示廓灯、挂车标志灯、牌照灯和仪表灯应能同时启闭，当前照灯关闭和发动机熄火时仍能点亮。（7）空载高为 3m 以上的车辆应安装示廓灯。（8）车辆应安装一只或两只后雾灯，只有当远光灯、近光灯或前雾灯打开时，后雾灯才能打开。后雾灯可以独立于任何其他灯而关闭。后雾灯可以连续工作，直至位置灯关闭时为止，之后一直处于关闭状态，直至再次打开。车辆（挂车除外）可以选装前雾灯。（9）车辆应装有危险报警闪光灯，其操纵装置应不受电源总开关的控制。危险报警闪光灯和转向信号灯的闪光频率为 1.5Hz±0.5Hz；启动时间应不大于 1.5s。（10）汽车及挂车均应安装侧转向灯，若汽车前转向灯在侧面可见时则视为满足要求。铰接式车辆每一刚性单元必须装有至少一对侧转向灯		
1.16	信号装置与仪表	（1）车辆仪表板上应设置与行驶方向相适应的转向指示信号和蓝色远光指示信号灯。（2）仪表板上应设置仪表灯。仪表灯点亮时，应能照清仪表板上所有仪表并不得眩目。（3）各种客车应设置车厢灯和门灯。车长大于 6m 的客车应至少有两条车厢照明电路，仅用于进出口处的照明电路可作为其中之一。当一条电路失效时，另一条应能正常工作，以保证车内照明，但不得影响驾驶员的视线和其他机动车的正常行驶。（4）车辆照明和信号装置的任一条线路出现故障，不得干扰其他线路的正常工作。（5）车辆前、后转向信号灯、危险报警闪光灯及制动灯白天距 100m 可见，侧转向信号灯白天距 30m 可见；前、后位置灯、示廓灯和挂车标志灯夜间好天气距 300m 可见；后牌照灯夜间好天气距 20m 能看清牌照号码。制动灯的亮度应明显大于后位灯。（6）车长大于 6m 的客车应设置电源总开关，分线路保险完善的客车除外。（7）车速里程表、水温表、机油压力表、电流表、燃油表、气压表等各种仪表和信号装置应齐全有效		
1.17	漏气、漏油、漏水、漏电	（1）汽车上各连接件无漏油、渗水和漏气现象。（2）发电机技术性能应良好。蓄电池应保持常态电压。所有电气导线应捆扎成束、布置整齐、固定卡紧、接头牢固，并有绝缘套，在导线穿越孔洞时需设绝缘套管		
1.18	底盘异响	车辆运行中底盘应无异响		
1.19	发动机异响	发动机运转应无异响，运转和加速时不得有回火放炮现象		
1.20	润滑	（1）各部润滑良好，发动机机油压力应符合该车有关技术条件的规定。（2）变速箱、后桥等总成和部件的润滑油的规格和用量应符合规定		
1.21	灭火器	营运车辆应装备与其相适应的有效灭火装置，灭火装置应安装牢靠并便于取用		

表 2-2（续四）

序号	项目	技术要求		
		一级	二级	三级
1.22	车内外后视镜、前下视镜	（1）车辆（挂车除外）必须在左右各设置一面后视镜；车长大于 6m 的平头客车和平头载货汽车车前应设置一面下视镜。轿车和客车驾驶室内应设置一面内后视镜。（2）车辆车外后视镜的安装位置和角度应保证看清车身左右外侧、车后 50m 以内的交通情况。前下视镜应能看清风窗玻璃前下方长 1.5m、宽 3m 范围内的情况。（3）车内外后视镜和前下视镜应易于调节，并能有效保持其位置。（4）安装在外侧距地面 1800mm 以下的后视镜，当行人等接触该镜时，应具有缓和冲击的功能		
1.23	侧面、后下部防护装置②	（1）总质量大于 3500kg 的载货汽车和挂车两侧必须装备侧面防护装置，但本身结构已能防止行人和骑车人等卷入的汽车和挂车除外。（2）除牵引车和长货挂车以外的汽车及挂车，空载状态下其车身或无车身底盘总成的后端离地间隙大于 700mm 时，必须装备能有效防止其他机动车和非机动车等从车辆后下方嵌入的防护装置		
2	动力性			
2.1	驱动轮输出功率	表 1“汽车驱动轮输出功率的限制”中额定值的要求	表 1“汽车驱动轮输出功率的限制”中允许值的要求	

表 1　汽车驱动轮输出功率的限制

车辆类型	车辆系列		额定扭矩工况			额定功率工况		
			检测车速/(km/h)	校正驱动轮输出功率占额定扭矩功率的比值/%		检测车速/(km/h)	校正驱动轮输出功率占额定功率的比值/%	
				一级	二级、三级		一级	二级、三级
货车	1010、1020	汽油车	60	75	50	90	65	40
	1030、1040	汽油车	60	75	50	90	65	40
		柴油车	55	75	50	90	70	45
	1050、1060	汽油车	60	75	50	90	65	40
		柴油车	50	75	50	80	70	45
	1070、1080	柴油车	50	75	50	80	70	45
	1090	汽油车	40	75	50	80	70	45
		柴油车	55	75	50	80	70	45
	1100、1110、1120、1130	柴油车	50	70	45	80	65	40
	1140、1150、1160	柴油车	50	75	50	80	65	40
	1170、1190	柴油车	55	75	50	80	65	40

表 2-2（续五）

序号	项目	技术要求		
		一级	二级	三级
2.1	驱动轮输出功率			

表 1（续）

车辆类型	车辆系列		额定扭矩工况			额定功率工况		
			检测车速/（km/h）	校正驱动轮输出功率占额定扭矩功率的比值/%		检测车速/（km/h）	校正驱动轮输出功率占额定功率的比值/%	
				一级	二级、三级		一级	二级、三级
半挂列车	10t	汽油车	40	75	50	80	70	45
		柴油车	50	75	50	80	70	45
	15t、20t	柴油车	45	70	45	70	65	40
	25t	柴油车	45	75	50	75	65	40
客车	6600	汽油车	60	70	45	85	60	35
		柴油车	45	75	50	75	65	40
	6700	汽油车	50	65	40	80	60	35
		柴油车	55	70	45	75	60	35
	6800	汽油车	40	65	40	85	60	35
		柴油车	45	70	45	75	60	35
	6900	汽油车	40	65	40	85	60	35
		柴油车	60	70	45	85	60	35
	6100	汽油车	40	65	40	85	60	35
		柴油车	40	70	45	85	60	35
	6110	汽油车	40	65	40	85	60	35
		柴油车	55	70	45	80	60	35
	6120	柴油车	60	65	40	90	60	35
轿车	夏利、富康和 7160 以下排量的轿车		95/65	65/60	40/35	—	—	—
	桑塔纳和 7160 系列及以上排量的轿车		95/65	70/65	45/40	—	—	—

注：1. 5010 系列～5040 系列厢式货车和罐式货车驱动轮输出功率的允许值按同系列普通货车的允许值下调 2%，其他系列厢式货车和罐式货车驱动轮输出功率的允许值按同系列普通货车的允许值下调 4%；车辆系列号以“3”开头的自卸车和其他系列的专用货车参照同系列厢式货车和罐式货车的规定执行；

2. 1010 和 1020 系列柴油车的检测车速和限值要求参照同系列汽油车的规定执行；

3. 6130 系列客车的检测车速和限值要求参照 6120 系列客车的规定执行；

4. 半挂列车是核定载质量分类；

5. 轿车栏中两组限值，“/”左边的数值是变速箱在直接挡时的限值，右边的数值是变速箱在三挡时的限值，两组限值取其中一组限值进行检测和评定

表 2-2（续六）

<table>
<tr><th rowspan="2">序号</th><th rowspan="2">项目</th><th colspan="3">技术要求</th></tr>
<tr><th>一级</th><th>二级</th><th>三级</th></tr>
<tr><td>2.2</td><td>滑行性能</td><td colspan="3">
（1）用底盘测功机检测时，按 GB 18565—2001 中 12.5.1 规定的方法测得的初速为 30km/h 的滑行距离，应符合表 2 的规定。（2）路试检测时，按 GB 18565—2001 中 12.5.2 规定的方法测得的初速为 30km/h 的滑行距离应符合表 2 的规定：
表 2　车辆滑行距离要求
<table>
<tr><th>汽车整备质量 M/kg</th><th>双轴驱动车辆的滑行距离/m</th><th>单轴驱动车辆的滑行距离/m</th></tr>
<tr><td>M<1000</td><td>≥104</td><td>≥130</td></tr>
<tr><td>1000≤M≤4000</td><td>≥120</td><td>≥160</td></tr>
<tr><td>4000<<i>M</i>≤5000</td><td>≥144</td><td>≥180</td></tr>
<tr><td>5000<<i>M</i>≤8000</td><td>≥184</td><td>≥230</td></tr>
<tr><td>8000<<i>M</i>≤11000</td><td>≥200</td><td>≥250</td></tr>
<tr><td>M>11000</td><td>≥214</td><td>≥270</td></tr>
</table>
（3）按 GB 18565—2001 中规定的方法测得的滑行阻力 Ps，应符合
$Ps \leqslant 1.5\% \times M \times g$
式中　Ps——滑行阻力，N；M——汽车的整备质量，kg；g——重力加速度，9.8m/s²
（4）车辆的滑行性能符合（1）、（2）或（3）中其中一项即为合格
</td></tr>
<tr><td>3</td><td>燃油经济性</td><td colspan="3"></td></tr>
<tr><td>3.1</td><td>等速百千米油耗</td><td>不大于该车型制造厂规定的相应车速等速百千米油耗的 103%</td><td colspan="2">不大于该车型制造厂规定的相应车速等速百千米油耗的 110%</td></tr>
<tr><td>4</td><td>制动性</td><td colspan="3"></td></tr>
<tr><td>4.1</td><td>制动力</td><td colspan="3">
（1）汽车在制动试验台上测出的制动力应符合表 3 的规定：
表 3　台试制动力要求
<table>
<tr><th colspan="2">制动力总和与整车重量的百分比/%</th><th colspan="2">轴制动力与轴荷的百分比/%</th></tr>
<tr><th>空载</th><th>满载</th><th>前轴</th><th>后轴</th></tr>
<tr><td>≥60</td><td>≥50</td><td>≥60*</td><td>—</td></tr>
<tr><td colspan="4">* 和满载状态下测试均应满足此要求。</td></tr>
</table>
（2）台试时的制动气压和制动踏板力要求：
满载检验时：
气压制动系：气压表的指示气压≤额定工作气压。
液压制动系：踏板力，座位数小于或等于 9 的载客汽车≤500N；其他车辆≤700N。
空载检验时：
气压制动系：气压表的指示气压≤600kPa。
液压制动系：踏板力，座位数小于或等于 9 的载客汽车≤400N；其他车辆≤450N
</td></tr>
</table>

表 2-2（续七）

序号	项目	技术要求		
		一级	二级	三级
4.2	制动力平衡	在制动力增长全过程中同时测得的左右轮制动力差的最大值，与全过程中测得的该轴左右轮最大制动力中大者之比，对前轴不得大于16%，对后轴不得大于20%；当后轴制动力小于后轴轴荷的60%时，在制动力增长全过程中，同时测得的左右轮制动力之差的最大值不得大于后轴轴荷的5%		在制动力增长全过程中同时测得的左右轮制动力差的最大值，与全过程中测得的该轴左右轮最大制动力中大者之比，对前轴不得大于20%。对后轴：当后轴制动力大于或等于后轴轴荷的60%时不得大于24%；当后轴制动力小于后轴轴荷的60%时，在制动力增长全过程中同时测得的左右轮制动力差的最大值不得大于后轴轴荷的8%
4.3	制动协调时间	汽车制动协调时间（指在急踩制动时，从踏板开始动作至制动力达到“台试制动力要求”规定的制动力75%时所需的时间）：对于采用液压制动系的车辆不得大于0.35s；对于采用气压制动系的车辆不得大于0.56s		
4.4	车轮阻滞力	进行制动力检测时，各轴的阻滞力均不得大于该轴轴荷的2.5%	进行制动力检测时，车辆各轮的阻滞力均不得大于该轴轴荷的5%	
4.5	驻车制动	当采用制动试验台检验车辆驻车制动的制动力时，车辆空载，乘坐一名驾驶员，使用驻车制动装置，驻车制动力的总和应不小于该车在测试状态下整车质量的20%；对总质量为整备质量1.2倍以下的车辆，限值为15%		
5	转向操纵性			
5.1	转向轮横向侧滑量	（1）前轴采用非独立悬架的汽车，转向轮的横向侧滑量，用侧滑仪（包括单、双板）按GB 18565—2001中12.4.2规定的方法检测时，侧滑量值应不大于5m/km。（2）前轴采用独立悬架的汽车，可以以前轮定位参数值符合原厂规定的该车有关技术条件为合格		
5.2	转向盘最大自由转动量	最大设计车速大于或等于100km/h的汽车为15°，最大设计车速小于100km/h的汽车为20°	最大设计车速大于或等于100km/h的汽车为20°；最大设计车速小于100km/h的汽车为30°	
5.3	悬架特性③	对于最大设计车速大于或等于100km/h、轴载质量小于或等于1500kg的载客汽车，应按GB 18565—2001中12.4.3规定的方法进行悬架特性检测： （1）用悬架检测台按12.4.3.1规定的方法检测时，受检车辆的车轮在受外界激励振动下测得的吸收率（被测汽车共振时的最小动态车轮垂直载荷与静态车轮垂直载荷的百分比值）应不小于40%，同轴左右轮吸收率之差不得大于15%。（2）用平板检测台按12.4.3.2规定的方法检测时，受检车辆制动时测得的悬架效率应不小于45%，同轴左右轮悬架效率之差不得大于20%		
6	前照灯			
6.1	发光强度	汽车每只前照灯远光光束发光强度应达到如下要求： 两灯制——12000cd；四灯制——10000cd。 测试时，电源系统可处于充电状态。 采用四灯制的汽车，其中两只对称的灯达到两灯制的要求时，视为合格		

表 2-2（续八）

序号	项目	技术要求		
		一级	二级	三级
6.2	光速照射位置	（1）在检验前照灯的近光光束照射位置时，前照灯在距离屏幕前 10m 处，光束明暗截止线转角或中点的高度应为 $0.6H \sim 0.8H$（H 为前照灯基准中心高度），其水平方向位置要求向左向右偏均不得超过 100mm。（2）四灯制前照灯其远光单光束的照射位置，前照灯在距离屏幕 10m 处，光束中心离地高度为 $0.85H \sim 0.90H$，水平位置要求左灯向左偏不得大于 100mm，向右偏不得大于 170mm；右灯向左或向右偏均不得大于 170mm。（3）汽车装用远光和近光双光束灯时以调整近光光束为主。对于只能调整远光单光束的灯，调整远光单光束		
7	排放污染物控制			
7.1	汽油车怠速污染物排放④	轻型 CO≤3.5%；HC≤ 700×10^{-6}；重型 CO≤4.0%；HC≤ 1000×10^{-6}	见表 4	

表 4　汽油车（二、三级）怠速污染物排放

车辆类型	轻型车		重型车	
	CO /%	HC /($\times10^{-6}$)*	CO /%	HC /($\times10^{-6}$)*
1995 年 7 月 1 日前生产的在用汽车	4.5	1200	5.0	2000
1995 年 7 月 1 日后生产的在用汽车	4.5	900	4.5	1200

*HC 容积浓度值按正己烷当值

序号	项目	一级	二级	三级
7.2	汽油车双怠速污染物排放④	M_1 类怠速：CO≤0.7%；HC≤135×10^{-6} 高怠速：CO≤0.25%；HC≤90×10^{-6} N_1 类怠速：CO≤0.85%；HC≤180×10^{-6} 高怠速：CO≤0.45%；HC≤130×10^{-6}	见表 5	

表 5　汽油车（二、三级）双怠速污染物排放

车辆类型	轻型车		重型车	
	CO /%	HC /($\times10^{-6}$)*	CO /%	HC /($\times10^{-6}$)*
2001 年 1 月 1 日以后上牌照的 M_1^{**} 类车型	0.8	150	0.3	100
2002 年 1 月 1 日以后上牌照的 N_1^{***} 类车型	1.0	200	0.5	150

*HC 容积浓度值按正己烷当值。

**M_1 指车辆设计乘员数（含驾驶员）不超过 6 人，且最大总质量不超过 2500kg。

***N_1 还包括设计乘员数（含驾驶员）超过 6 人，且最大总质量超过 2500kg，但不超过 3500kg 的 M 类车辆

序号	项目	一级	二级、三级	
7.3	柴油车自由加速烟度⑤	R_b≤3.6	1995 年 7 月 1 日以前生产的在用汽车：烟度值 R_b≤4.7 1995 年 7 月 1 日以起生产的在用汽车：烟度值 R_b≤4.0	
7.4	柴油车排气可见污染物⑤	光吸收系数（m^{-1}）：2.2	2001 年 1 月 1 日以后上牌照的在用车：光吸收系数（m^{-1}）：2.5 2001 年 1 月 1 日以后上牌照的在用车：光吸收系数（m^{-1}）：3.0	

表 2-2（续九）

<table>
<tr><th rowspan="2">序号</th><th rowspan="2">项目</th><th colspan="3">技术要求</th></tr>
<tr><th>一级</th><th>二级</th><th>三级</th></tr>
<tr><td>8</td><td>喇叭声级</td><td colspan="3">汽车喇叭声级在距车前 2m、离地高 1.2m 处用声级计量时，其值应为 90～115dB（A）</td></tr>
<tr><td>9</td><td>车辆防雨密封性①</td><td colspan="3">符合 QC/T 476 有关规定
表 6 客车防雨密封性限值
<table>
<tr><th colspan="2">客车类型</th><th>限制（分）</th></tr>
<tr><td colspan="2">轻型客车</td><td>≥93</td></tr>
<tr><td rowspan="4"></td><td>旅游客车</td><td>≥92</td></tr>
<tr><td>团体客车</td><td>≥90</td></tr>
<tr><td>城市客车</td><td>≥88</td></tr>
<tr><td>长途客车</td><td>≥80</td></tr>
<tr><td rowspan="4"></td><td>旅游客车</td><td>≥90</td></tr>
<tr><td>团体客车</td><td>≥88</td></tr>
<tr><td>城市客车</td><td>≥87</td></tr>
<tr><td>长途客车</td><td>≥87</td></tr>
<tr><td>特大型客车</td><td>铰接式客车</td><td>≥84</td></tr>
</table></td></tr>
<tr><td>10</td><td>车速表示值误差</td><td>车速表示值误差 0～+15%，即当实际车速为 40km/h 时，车速表指示应为 40～46km/h</td><td colspan="2">车速表指示车速 V_1 与实际车速 V_2 之间应符合下列关系式：
$0 \leqslant V_1 - V_2 \leqslant (V_2/10) + 4$
即当实际车速为 40km/h 时，车速表指示应为 40～48km/h</td></tr>
</table>

①用于载客汽车。

②用于载货汽车。

③用于对最大设计车速大于或等于 100km/h、轴载质量小于或等于 1500kg 的载客汽车。

④按 GB 18352 通过型式认证装配点燃式发动机的轻型汽车，应进行双怠速试验；其他装配点燃式发动机的车辆应进行怠速试验。

⑤按 GB 18352 通过型式认证装配压燃式发动机的轻型汽车，应进行排气可见污染物试验；其他装配压燃式发动机的车辆应进行自由加速烟度试验

说明：此表按中华人民共和国交通行业标准《营运车辆技术等级划分和评定要求》（JT/T 198—2004）中技术等级评定项目和技术要求编制。

归纳总结

通过本任务的学习，应知汽车技术状况变化的特征和规律、汽车技术状况变化的影响因素、汽车技术状况等级的划分与评定项目和技术；应会合理使用汽车以保持汽车良好的技术状况、评定车辆技术等级及计算车辆平均技术等级。

知识拓展

掌握汽车技术状况变化对汽车合理使用有何影响？

在汽车实际使用中，汽车技术状况变化表现为渐发性和突发性两种。掌握渐发性的变化规律，汽车故障是可以预测的，并且可以通过维护和修理措施防止故障的发生。在实际使用中，汽车技术状况的随机变化不可避免，也必然导致汽车定期检测、维护作业超前或滞后进行，这样势必造成大量的人力、物力和财力的浪费。只有掌握汽车技术状况随机变化规律，才能合理制定汽车定期检测、维护的作业周期，确定作业工作量，提高汽车检测、维护作业的质量，延长汽车的使用寿命。

思考与练习

一、填空题

1. 磨损是汽车零件损坏的主要原因，其形式有________、________和________。
2. 汽车技术状况变化规律是汽车技术状况和________的关系。
3. 汽车按技术状况分为________、________、________和________四个等级。
4. 影响汽车技术状况变化的因素有________、________、________、________和________。
5. 外界温度降低时，发动机磨损量________。

二、问答题

1. 汽车在实际使用中，根据什么来判断汽车技术状况发生了变化？
2. 汽车在坏路条件下行驶时，会对汽车技术状况产生怎样的影响？
3. 汽车技术状况等级划分的标准是什么？
4. 如何确定营运车辆的技术等级？

项目二

汽车使用性评价指标及检测

项目导入

汽车使用性是指汽车在一定的使用条件下，能发挥最大工作效率的能力，主要包括汽车的动力性、汽车的燃油经济性、汽车的行驶平顺性、汽车的通过性和汽车的污染危害性等基本性能。此外，还包括汽车的可靠性、汽车的使用方便性、汽车的保养修理简便性等。本项目设有汽车动力性评价指标及检测、汽车燃油经济性评价指标及检测、汽车行驶平顺性评价指标、汽车通过性评价指标和汽车污染危害性评价指标及检测几个教学任务。

汽车使用性是汽车选型配备的主要依据，也是汽车运用的先决条件，是由决定汽车利用效率和方便性的结构特征表征的。汽车的使用范围日益扩大，汽车使用性能必须不断改善，以适应其在各种道路、天气条件下运行。对于不同用途的汽车，其使用性要求的侧重点也各不相同。

任务三

汽车动力性评价指标及检测

♨知识目标

1. 正确叙述汽车动力性的评价指标；
2. 正确理解汽车的最高车速、加速能力和最大爬坡度；
3. 明确汽车动力性的检测项目及方法；
4. 了解汽车动力性的检测设备。

♨能力目标

1. 能正确描述汽车动力性的评价指标；
2. 能分析汽车的最高车速、加速能力和最大爬坡度；
3. 能运用汽车动力性的检测项目及方法；
4. 能使用汽车动力性的检测设备。

任务介绍

汽车是一种高效率、高机动性的运输工具，其运输的高效率是由其在各种使用条件下的平均速度来体现的。影响汽车行驶平均速度的最主要的使用性能是汽车的动力性。

汽车的动力性是指汽车在良好的路面上直线行驶时，由汽车受到的纵向外力决定的、所能达到的平均行驶速度。它表示汽车以最大可能的平均行驶速度运送货物或乘客的能力。汽车的动力性是汽车各种性能中最重要、最基本的性能。通过本任务的学习，应掌握汽车动力性的基本含义、评价指标及影响因素，掌握动力性能的检测方法。

任务分析

本学习任务在实施中主要包括以下过程。

1. 相关知识的学习

通过理论知识的学习，掌握完成本任务需要的理论知识。

2. 汽车动力性检测的方法

利用汽车动力性检测设备，规范检测车辆的动力性，并具有安全、环保方面的意识。

汽车动力性检测可以在试车场或实际路面上进行，通过测定最高车速、原地起步加速时间、超车加速时间、最大爬坡度、发动机最大输出功率、底盘输出最大驱动功率等参数，评价汽车的动力性是否符合要求。

相关知识

一、汽车动力性评价指标

汽车动力性是指汽车在行驶中能达到的最高车速、加速能力和最大爬坡能力，是汽车的基本使用性能之一。汽车检测部门一般常用汽车的最高车速、加速能力、最大爬坡度、发动机最大输出功率、底盘输出最大驱动功率作为动力性评价指标。

1. 汽车最高车速 v_{max}（km/h）

最高车速是指汽车以厂定最大总质量状态在风速小于等于 3m/s 的条件下，在干燥、清洁、平坦的混凝土或沥青路面上，能够达到的最高稳定行驶速度。它对于长途运输车辆平均行驶速度的影响最大。

我国高速公路上的最高车速规定为 120km/h，所以国产轿车的最高车速在 160km/h 以内较合适。

按我国的规定，以 1.6km 长的试验路段的最后 500m 作为最高车速的测试区。在实际使用中，各级公路均规定了设计最高时速，如高速公路为 80～100km，一级公路为 60～80km，二级公路为 40～80km，三级公路为 30～60km，四级公路为 20～40km（山区道路设计速度相对较低，平原道路设计速度相对较高）。表 3-1 为某些车辆最高车速。

表 3-1　某些车辆最高车速　　单位：km/h

车型	奥迪	上海通用 GS	广州雅阁 3.0LV6	捷达 AT 都市先锋	富康 988	上海帕萨特 B5	奇瑞 1.6L	风神 7200
最高车速	228	200	200	190	182	195	168	192

2. 汽车加速能力 t（s）

汽车加速能力是指汽车在行驶中迅速增加行驶速度的能力，通常以时间来衡量，以汽车加速时间来评价。加速时间是指汽车以厂定最大总质量状态在风速小于等于 3m/s 的条件下，在干燥、清洁、平坦的混凝土或沥青路面上，由某一低速加速到高速所需的时间。

（1）原地起步加速时间　亦称起步换挡加速时间，系指用规定的低速起步，以最大加速度（包括选择适当的换挡时机）逐步换到最高挡位后，加速到某一规定的车速所需的时间，如 0～50km/h，对轿车常用 0～80km/h，0～100km/h；或用规定的低挡起步，以最大加速度逐步换到最高挡后，达到一定距离所需的时间，其规定的距离一般为 0～400m，

0～800m，0～1000m。起步加速时间越短，动力性越好。

（2）超车加速时间　亦称直接挡加速时间，指用最高挡或次高挡，由某一预定车速开始，全力加速到某一高速所需的时间。超车加速时间越短，其高速挡加速性能越好。

我国对汽车超车加速性能没有明确规定，但是在《汽车大修竣工出厂技术条件》（GB 3798—2005）中规定，大修后带限速装置的汽车以直接挡空载行驶，从初速 20km/h 加速到 40km/h 的加速时间，应符合表 3-2 规定。

表 3-2　从初速 20km/h 加速到 40km/h 的加速时间

发动机标定功率与汽车自重之比（马力/吨）	加速时间/s
10～15	＜30
16～20	＜25
21～25	＜20
26～50	＜15
＞50	＜10

自动变速箱的动力消耗以及传动效率比较低。因此，在其他条件相同的前提下，手动变速箱的车辆加速性能以及最高时速都要比自动变速箱的车更高。

这里特别要指出的是，加速性能的测试与驾驶员的驾车换挡技术、环境有密切的联系。驾驶员技术水平的不同，行驶路面的不同，甚至气候条件的不同，所反映出来的加速时间也会不同。车厂给出的参数往往是样车所能达到的最佳值，因此对于用户来说，这个参数仅能作为参考。

3. 最大爬坡度 i_{max}（%）

汽车的爬坡能力是用汽车在良好路面上的最大爬坡度 i_{max} 表示的。最大爬坡度是指汽车满载（或某一载质量）时用最低挡在风速不大于 3m/s 的条件下，在干燥、清洁、良好的混凝土或沥青路面上等速行驶所能克服的最大道路纵向坡度，受力如图 3.1 所示。由于受道路坡道条件限制，汽车综合性能检测站通常不做汽车爬坡测试。

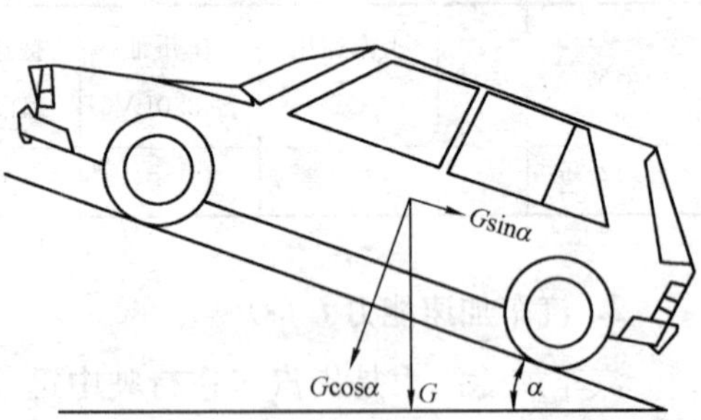

图 3.1　车辆爬坡受力示意图

最大爬坡度代表了汽车的极限爬坡能力，它应比实际行驶中遇到的道路最大坡度超出很多。这是因为应考虑到在实际坡度行驶时，在坡道上停车后顺利起步加速、克服松软坡道路面的大阻力、克服坡道上崎岖不平路面的局部大阻力等要求。

越野汽车要在无路或坏路条件下行驶，因而爬坡能力是一个很重要的指标，它的最大爬坡度可达 60%即 31°左右。

轿车动力性较载货汽车好，爬坡能力强，且主要在良好路面行驶，一般不强调其爬坡能力（一般爬坡能力在20%左右）。

载货汽车经常在各种不同道路行驶，必须要求有足够的爬坡能力。载货汽车的最大爬坡度一般约为30%（即16.7°，tan16.7=0.30）。

特别提示：

汽车的最高车速、加速能力和最大爬坡度适用于做汽车定型试验评价车辆动力性的指标。

4. 发动机最大输出功率 P_{max}

发动机最大输出功率是指发动机在全负荷状态下用来带动维持运转所必需的附件时所输出的功率，又称总功率。此时被测发动机一般不带空气滤清器、冷却风扇等附件。新出厂发动机的最大输出功率一般指发动机的额定功率。额定功率是制造厂根据发动机具体用途，发动机在全负荷状态和规定的额定转速下所规定的功率。在国外，有些厂家所谓的额定功率是指发动机在额定转速下输出的净功率，常在额定功率后注有“净”字，以示区别。净功率是指在全负荷状态下，发动机带有全套附件时所输出的功率。

汽车发动机最大输出功率是汽车动力性的基本参数。汽车在使用一定时期后，技术状况发生变化，发动机的最大输出功率变小，所以用其变小的差值评价发动机技术状况下降的程度。我国《汽车技术等级评定标准》就是按在用汽车的发动机最大输出功率与额定功率相比较小于75%时，将该车技术状况定位三级。但应注意，在汽车综合性能检测站用无外载测功法或底盘测功机所测定的发动机功率，必须换算为总功率后才能与额定功率比较。

5. 底盘输出最大驱动功率 DP_{max}

底盘输出最大驱动功率是指汽车在使用中行驶时，驱动轮输出的最大驱动功率（相应的车速在发动机额定转速附近）。

底盘输出最大驱动功率一般简称为输出功率，是实现克服行驶阻力的最大能力，是汽车动力性评价的一项重要指标。汽车在使用过程中，发动机本身、发动机附件及传动系统的技术状况都会下降，其底盘输出的最大功率将因此减小。

二、汽车动力性分析

确定汽车的动力性，就是确定汽车沿行驶方向的运动情况。为此，需要掌握沿汽车行驶方向作用于汽车的各种外力，即驱动力与行驶阻力。根据这些力的平衡关系建立汽车行驶方程式，就可以估算汽车的最高车速、加速度和最大爬坡度。

汽车的行驶方程式为

$$F_t = \sum F \tag{3-1}$$

式中　F_t——驱动力，N；

$\sum F$——行驶阻力之和，N。

驱动力是由发动机的转矩经传动系传至驱动轮上得到的；行驶阻力有滚动阻力、空气阻力、加速阻力和坡度阻力。下面分别研究驱动力和行驶阻力，并最后把 $F_t=\sum F$ 这一行驶方程式加以具体化，以便研究汽车的动力性。

（一）汽车的驱动力

如图 3.2 所示，汽车发动机产生的有效转矩 M_e，经过汽车传动系传到驱动轮上，此时作用在驱动轮上的转矩 M_t 便产生一个对地面向后的圆周力 F_o。根据作用力与反作用力原理，地面对驱动轮产生一个向前的反作用力 F_t，F_t 即为驱动汽车的外力，称为汽车的驱动力。其大小为

$$F_t=\frac{M_t}{r} \tag{3-2}$$

式中 M_t——作用于驱动轮上的转矩，N·m；

r——车轮半径，m。

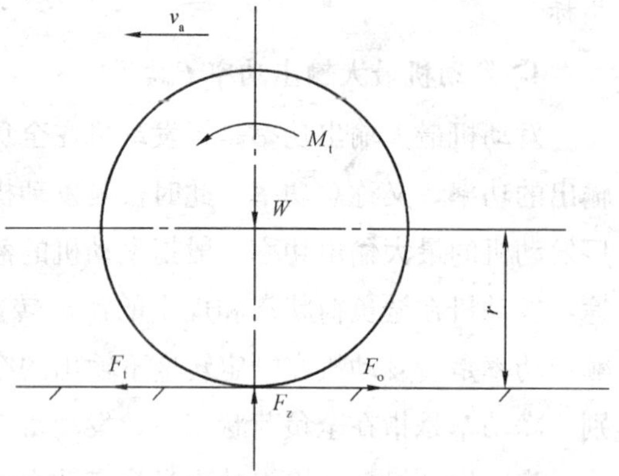

图 3.2 汽车的驱动力

若发动机输出的有效转矩为 M_e，变速器的传动比为 i_k，主减速器的传动比为 i_o，传动系的效率为 η_T，则上式可表示为

$$F_t=\frac{M_e i_k i_o \eta_T}{r} \tag{3-3}$$

对于装有分动器、轮边减速器和液力传动等装置的汽车，应计入相应的传动比和机械效率。

由上式可知，汽车的驱动力 F_t 与发动机的有效转矩、传动系的各传动比及传动系的机械效率成正比，与车轮半径成反比。

1. 发动机的有效转矩

发动机的有效转矩可根据其使用外特性确定。使用外特性曲线是带上全部附件时发动机在试验台架做出的。

台架试验是在发动机工况相对稳定，即保持水、机油温度于规定的数值，并且在各个转速不变的情况下测得的转矩、油耗数值。在实际使用中，发动机的工况常是不稳定的，发动机的热状况、可燃混合气的浓度与台架试验有显著差异。所以，在不稳定工况下，发动机所提供的有效功率要比稳定工况时低 5%～8%。由于发动机工况变化时有效功率不易测量，所以在进行动力性估算时，一般沿用台架试验稳定工况时所测得的使用外特性中的有效功率和有效转矩曲线。

2. 传动系的机械效率

发动机的有效功率为 P_e，经传动系在传动过程中损失功率为 P_T，则驱动轮得到的功率仅为 (P_e-P_T)，那么传动系机械效率定义为

$$\eta_T=\frac{P_e-P_T}{P_e}=1-\frac{P_T}{P_e} \tag{3-4}$$

传动系内损失的功率 P_T 是在离合器、变速器、传动轴、主减速器、驱动轮轴承等处机械损失和液力损失功率的总和，其中变速器和主减速器损失的功率所占比例最大。

机械损失是指齿轮传动副、轴承、油封等处的摩擦损失，其大小主要决定于啮合齿轮的对数、传递转矩的大小及装配加工的精度等。

液力损失是指消耗于润滑油的搅动、润滑油与旋转零件表面的摩擦等的功率损失。其大小主要决定于转速、润滑油黏度、工作温度和油面的高度等。

虽然 η_T 受到多种因素影响，但在动力性计算时，只把它取为常数。一般轿车取 0.9～0.92，单级主传动载货车取 0.85，驱动形式为 4×4 的汽车取 0.85，驱动形式为 6×6 的汽车取 0.8。

3. 车轮半径

充气轮胎的车轮，在不同状况下有不同的半径。处于无负荷状态下的车轮半径称为自由半径；在车辆自重作用下，轮心到地面的距离称为静力半径 r_s；在满载行驶状态，根据车轮滚过的圈数 n_w 和汽车驶过的距离 S（m）计算出来的半径称为滚动半径 r_r，即

$$r_r=\frac{S}{2\pi n_w} \tag{3-5}$$

显然，对汽车作运动学分析时，应采用滚动半径 r_r；而作动力学分析应采用静力半径 r_s；作粗略分析时，通常不计其差别，统称车轮半径 r，即认为

$$r_r \approx r_s \approx r \tag{3-6}$$

4. 汽车的驱动力图

一般用根据发动机外特性确定的驱动动力与车速之间的函数关系曲线 F_t-v_a 来全面表示汽车的驱动力，称为汽车的驱动力图。设计中的汽车有了发动机的外特性曲线、传动系的传动比、传动效率、车轮半径等参数后，即可用驱动力公式 $F_t=\frac{M_e i_k i_o \eta_T}{r}$ 求出各个挡位的 F_t 值，再根据发动机转速与汽车行驶速度之间的关系求出 v_a，即可求得各个挡位的 F_t-v_a 曲线，称为汽车的驱动力图。它直观地显示了驱动力随车速变化的规律。对应于不同的挡位，有不同的驱动力图。

在发动机使用外特性曲线，传动系传动比、传动效率、车轮半径等参数已知或确定后，就可做出汽车的驱动力图，如图 3.3 所示。

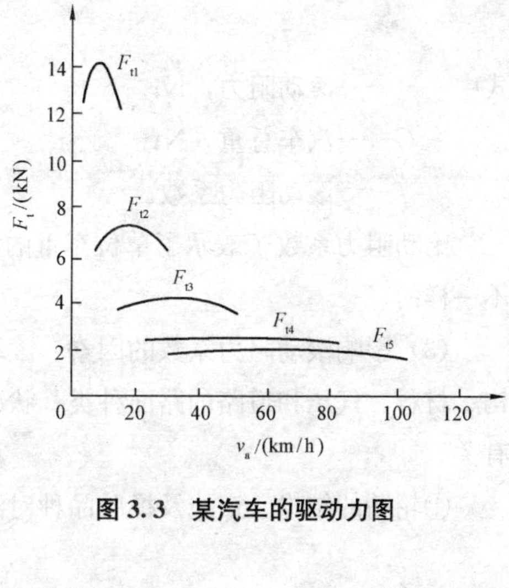

图 3.3　某汽车的驱动力图

步骤如下：

(1) 建立直角坐标，横坐标为车速 v_a，纵坐

标为驱动力 F_t。

(2) 在使用外特性曲线上每隔 200～400r/min 取下点（M_e、n），并计算在某一挡位下，发动机处于各状态时的驱动力和车速。ν_a 的计算公式如下：

$$\nu_a \approx 0.377\frac{rn}{i_k i_o} \tag{3-7}$$

(3) 在 $F_t-\nu_a$ 坐标上做出相应的点，将所得的点连成圆滑的曲线，就得到了该挡位下的驱动力曲线。对应不同的挡位，有不同的驱动力曲线。

由于所做的驱动力图是根据发动机使用外特性曲线制成，可表示该挡位在该速度下的最大的驱动力，当节气门开度减小时，相对应的驱动力也减小，故曲线下方的区域都可成为汽车的实际工作区。

（二）汽车的行驶阻力

汽车在水平道路上等速行驶时必须克服来自地面的滚动阻力 F_f 和来自空气的空气阻力 F_w；当汽车在坡道上上坡行驶时，还必须克服重力沿坡道方向的分力，称为上坡阻力 F_i；汽车加速行驶时还需要克服其惯性力，称为加速阻力 F_j。因此汽车行驶的总阻力为

$$\sum F = F_f + F_w + F_i + F_j \tag{3-8}$$

上述各阻力中，滚动阻力和空气阻力是在任何行驶条件下都存在的。上坡阻力和加速阻力仅在一定行驶条件下存在；在水平道路上等速行驶时就没有加速阻力和上坡阻力。

1. 滚动阻力

(1) 滚动阻力的产生　滚动阻力是当车轮在路面上滚动时，两者之间相互作用力以及相应的轮胎和支撑面变形所产生的能量损失的总和。它包括道路塑性变形损失、轮胎弹性迟滞损失和其他损失，如轴承、油封损失、悬架零件间摩擦和减震器内损失等。

汽车在松软路面上行驶时，滚动阻力主要是由路面变形引起的；汽车在硬路面上行驶时，滚动阻力主要是由轮胎变形引起的。

(2) 滚动阻力的计算　汽车滚动阻力一般以下式计算：

$$F_f = G \times f \tag{3-9}$$

式中　F_f——滚动阻力，N；

G——汽车总重，N；

f——滚动阻力系数。

滚动阻力系数 f 表示了单位车重的滚动阻力。汽车在不同路面上的滚动阻力系数值是不一样的。

(3) 影响滚动阻力系数的因素　滚动阻力系数的数值由试验确定。其数值与轮胎的结构、材料、气压和道路的路面种类、状况以及使用条件（如行驶速度与受力情况）等因素有关。

①轮胎的结构、帘线及橡胶品种对滚动阻力都有影响。在保证轮胎有足够的强度和寿

命的前提下，减少帘布层数，可以使胎体减薄而减小滚动阻力系数。子午线轮胎因帘线层数少，其滚动阻力系数较一般轮胎的滚动阻力系数小，而且随车速的变化小。胎面花纹磨损的轮胎比新轮胎的滚动阻力系数小。

②轮胎气压对滚动阻力系数影响很大。气压降低时，在硬路面上轮胎变形大，因此滚动阻力系数增大；气压过高，在软路面上行驶时，路面产生很大塑性变形，将留下轮辙，同样使滚动阻力系数增大。

③路面的种类和状况不同，使滚动阻力系数在很大范围内变化。坚硬、平整而干燥的路面，滚动阻力系数最小。路面不平，滚动阻力系数将成倍增长。这是因为路面不平会引起轮胎和悬架机构的附加变形及减震器内产生的阻力会成倍地消耗能量。松软路面由于塑性变形很大，使滚动阻力系数增加很多。

车速在 50km/h 以下时，不同路面上的滚动阻力系数见表 3-3。

表 3-3　不同路面上的滚动阻力系数

路面类型	滚动阻力系数	路面类型	滚动阻力系数
良好的沥青或混凝土路面	0.010～0.018	压紧土路（潮湿）	0.050～0.150
一般的沥青或混凝土路面	0.018～0.020	泥泞土路（雨季或解冻期）	0.100～0.250
碎石路面	0.020～0.025	干沙路面	0.100～0.300
良好的卵石路面	0.025～0.030	湿沙路面	0.060～0.150
坑洼的卵石路面	0.035～0.050	结冰路面	0.015～0.030
压紧的土路（干燥）	0.025～0.035	压紧的雪道	0.030～0.050

④行车速度对滚动阻力系数影响很大。如图 3.4 所示，车速在 100km/h 以下时，滚动阻力系数变化不大，在 100 km/h 以上时增长较快。车速达到某一高速时，如 150～200km/h，轮胎将发生驻波现象，即轮胎周缘不再是圆形而呈明显的波浪状。出现驻波后，滚动阻力系数显著增加；而且轮胎的温度也很快增加，胎面与轮胎帘布层会产生脱落，出现爆胎现象，这对高速行驶的车辆很危险。

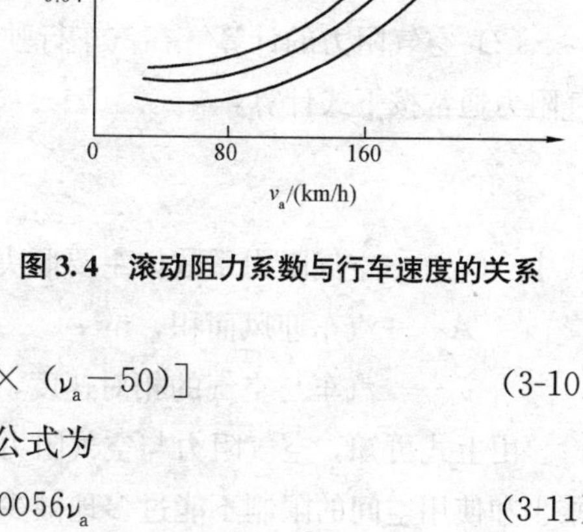

图 3.4　滚动阻力系数与行车速度的关系

在进行汽车动力性分析时，一般取良好硬路面滚动阻力系数值。对于轿车，当 $v_a<50$km/h 时，$f=0.0165$；当 $v_a>50$km/h 时，f 值可按下式估算：

$$f=0.0165\times[1+0.01\times(v_a-50)] \tag{3-10}$$

载货汽车轮胎气压高，行驶速度低，f 值估算公式为

$$f=0.0076+0.000056v_a \tag{3-11}$$

在使用中轮胎气压不足，前后轴的平行性差，前轮定位失准等都会使滚动阻力系数增加。当有侧向力作用时，地面对轮胎产生侧向反作用力，引起轮胎的侧向变形，滚动阻力系数将大幅度增加，如在转弯行驶时系数较大。

应用表 3-3 时，对于轿车，轮胎气压较低，轮胎变形较大，其滚动阻力系数值应偏向上限；对于载货汽车，轮胎气压较高，其滚动阻力系数值应偏向下限。

2. 空气阻力

汽车在空气介质中行驶时，受到的空气作用力在行驶方向上的分力称为空气阻力。

（1）空气阻力的组成　空气阻力包括摩擦阻力和压力阻力两大部分。摩擦阻力是由于空气的黏性在车身表面产生的切向力的合力在行驶方向的分力，与车身表面粗糙度及表面积有关。

压力阻力是作用在汽车外形表面上的法向压力的合力在行驶方向上的分力。它包括下列几部分：

①形状阻力。汽车行驶时，空气流经车身，在汽车前方空气相对被压缩，压力升高，车身尾部和圆角处空气压力较低，形成涡流，引起负压。由汽车前后部压力差所引起的阻力称为形状阻力。形状阻力大小与车身主体形状有很大关系，如车头、车尾的形状及挡风玻璃的倾角等。

②干扰阻力。凸出于车身表面的部分所引起的空气阻力，如门把手、后视镜、翼子板、悬架导向杆、驱动轴等都会产生干扰阻力。

③诱导阻力。诱导阻力是指汽车上下部压力差（即升力）在水平方向的分力。

④内循环阻力。发动机冷却系、车身内通风等需空气流经车体内部时形成的阻力。

摩擦阻力、形状阻力、干扰阻力、诱导阻力、内循环阻力的合力在汽车行驶方向上的分力即为空气阻力。以轿车为例，这几部分阻力所占比例见表 3-4。

表 3-4　空气阻力的组成

组成	摩擦阻力	形状阻力	干扰阻力	诱导阻力	内循环阻力
比例	8%～10%	55%～60%	12%～18%	5%～8%	10%～15%

（2）空气阻力的计算　在汽车行驶速度范围内，无风的情况下以速度 ν_a 行驶，此时空气阻力通常按下式计算：

$$F_w = \frac{C_D A \nu_a^2}{21.15} \tag{3-12}$$

式中　C_D——空气阻力系数，主要取决于车身形状；

A——汽车迎风面积，m^2；

ν_a——汽车与空气的相对速度，m/s。

由上式可知，空气阻力与空气阻力系数 C_D 及迎风面积 A 成正比。但迎风面积 A 值受乘坐和使用空间的限制不能过多地减少，所以降低空气阻力系数 C_D 是降低空气阻力的主要手段。

(3) 空气阻力系数 C_D　空气阻力系数 C_D 的值和汽车外形关系极大，这就要求汽车外形的流线型好。C_D 值可通过风洞试验测定。根据现代空气动力学的原理，轿车车身常采用下列方法降低 C_D 值，如图 3.5 所示：

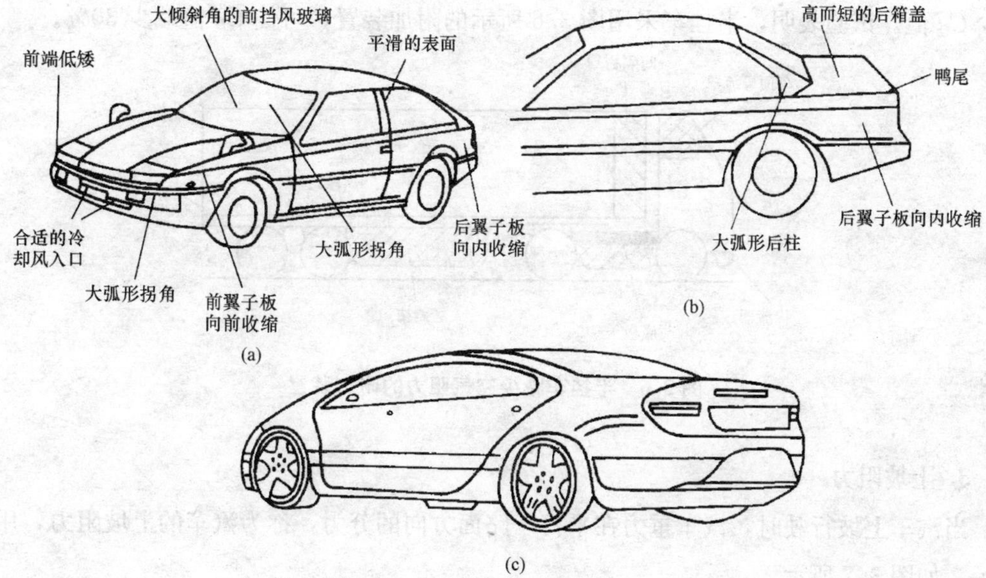

图 3.5　轿车车身常采用的降低 C_D 值的方法

①整车。在汽车侧视图上，车身应前低后高，呈 1°～2°。这可减少流入汽车底部的空气量，使 C_D 值下降，并可减少升力。在俯视图上，车身两侧应为腰鼓形，前端呈半圆状，后端有些收缩。

②车身前部。发动机罩向前下方倾斜，面与面的交接处为大圆弧的圆柱面。挡风玻璃为圆弧状，尽可能“躺平”且与中部拱起的车顶盖圆滑过渡。前后支柱应圆滑，窗框高出玻璃面的程度应尽可能小。尽量用埋入式大灯、小灯和门把，灯的玻璃罩与车头、车尾组成圆滑的整体。后视镜等凸出物的形状应接近流线型。拱形保险杠与车头连成连续圆滑的整体。在保险杠之下安装合适的扰流板。

③汽车后部。在汽车侧视图上，后窗玻璃与水平线呈 25°夹角以下的称为快背式车身；呈 25°～50°夹角的称为舱背式车身。其后端的扰流板具有阻滞作用，使流过车身上表面气流的速度降低，从而降低了垂直于后窗表面的负压力的绝对值，使空气阻力减小。

在外观上有行李箱的称为折背式车身，它的后窗玻璃与水平线尽可能呈 30°角，并采用短而高的行李箱，应有鸭尾式机构，见图 3.5（b)。

④车身底部。所有零部件在车身下应尽量齐平，最好有平滑的底板盖住底部。盖板从车身中部或从车轮以后上翘约为 6°角，这可顺利地引导车身下的气流流向尾部，减少在车尾后形成的涡流，使 C_D 值下降。

⑤发动机冷却进风系统。恰当地选择进出风口位置、尺寸和形状，设计好通风道，在保证冷却效果的前提下，尽量减少气流内循环阻力。

随着高速公路的发展，载货汽车的外形设计也采用了减少 C_D 值的方法。驾驶室顶盖、挡风玻璃及前脸在侧视图上具有大的圆弧，特别是整个驾驶室装用导流板装置，可大幅度减少 C_D 值。试验表明，半挂车采用图 3.6 所示的附加装置，可使 C_D 值减少 30%。

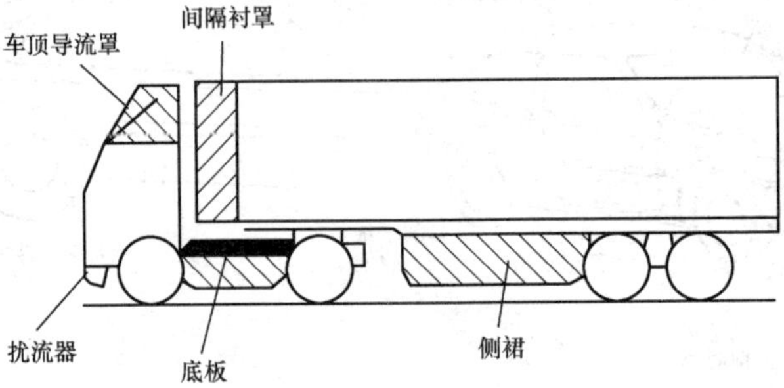

图 3.6　半挂车减少空气阻力的附加装置

3. 上坡阻力

当汽车上坡行驶时，汽车重力在平行于路面方向的分力，称为汽车的上坡阻力，用 F_i 表示，如图 3.7 所示。

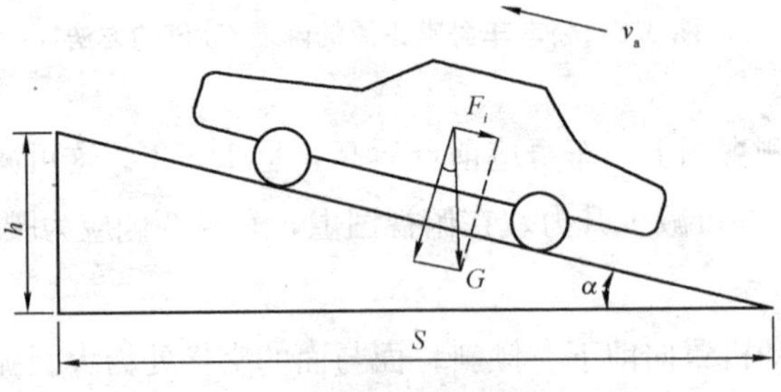

图 3.7　汽车的上坡阻力

F_i 与汽车重力及坡度角 α 的关系为

$$F_i = G\sin\alpha \tag{3-13}$$

坡度角 α 常用坡高 h 与底长 s 之比的百分数来表示，即

$$i = \frac{h}{s} \times 100\% \times \tan\alpha \tag{3-14}$$

我国各级公路及高速公路允许的纵向坡度一般较小。

当 α 在 10°～15°时，可认为 $\sin\alpha \approx \tan\alpha$，则 $F_i = G$。

由于上坡阻力与滚动阻力均属于与道路有关的阻力，而且均与车质量成正比，故有时把这两种阻力合在一起称为道路阻力，用 F_ψ 表示，即

$$F_\psi = F_f + F_i \tag{3-15}$$

在坡道上，F_f 为

$$F_f = fG\cos\alpha \tag{3-16}$$

所以，F_ψ 为

$$F_\psi = G(f\cos\alpha + \sin\alpha) \tag{3-17}$$

令　$\psi = f\cos\alpha + \sin\alpha$，$\psi$ 称为道路阻力系数，表示单位车质量的道路阻力。当 α 较小时，$\psi = f + i$，则

$$F_\psi = G\psi \tag{3-18}$$

4. 加速阻力

汽车加速行驶时，需要克服其加速运动时的惯性力，即加速阻力 F_j。为便于计算，通常把汽车的质量分为平移质量和旋转质量两部分。加速时不仅平移的质量产生惯性力，旋转的质量还要产生惯性力偶矩。为便于计算，一般把旋转质量的惯性力偶矩转化为平移质量的惯性力，并以系数 δ 作为计入旋转质量惯性力偶矩后的汽车质量换算系数，因而汽车加速阻力 F_j 可写成

$$F_j = \delta \frac{G}{g} \times \frac{dv}{dt} \tag{3-19}$$

式中　δ——汽车旋转质量换算系数（$\delta > 1$）；

G——汽车质量，N；

g——重力加速度，m/s^2；

$\frac{dv}{dt}$——行驶加速度，m/s^2。

δ 主要与飞轮的转动惯量、车轮的转动惯量以及传动系的传动比有关。

（三）汽车行驶方程及驱动条件

1. 汽车的行驶方程

汽车只有克服各种行驶阻力才能正常行驶。表示汽车驱动力与行驶阻力之间关系的等式，称为汽车的驱动力平衡方程，即汽车的行驶方程为

$$F_t = F_f + F_w + F_i + F_j \tag{3-20}$$

或者

$$\frac{M_e i_k i_o \eta_r}{r} = Gf\cos\alpha + \frac{C_D A v_a^2}{21.15} + G\sin\alpha + \delta \frac{G}{g} \times \frac{dv}{dt} \tag{3-21}$$

上式说明了汽车行驶中驱动力与行驶阻力的平衡关系；当上式两边的力发生变化时，汽车的运动状态不同：

（1）若 $F_t > F_f + F_w + F_i$ 时，汽车将加速行驶。

（2）若 $F_t = F_f + F_w + F_i$ 时，汽车将等速行驶。

（3）若 $F_t < F_f + F_w + F_i$ 时，汽车将无法起步或减速行驶直至停车。

所以汽车行驶的第一个条件为

$$F_t \geqslant F_f + F_w + F_i \tag{3-22}$$

该式被称为汽车的驱动条件，它是汽车行驶的必要条件，但还不是汽车行驶的充分条件。

当发动机的转速特性、变速器的传动比、主减速比、传动效率、车轮半径、空气阻力系数、汽车迎风面积以及汽车质量等初步确定后，便可使用该式分析在附着性能良好的典型路面（混凝土、沥青路面）上汽车的行驶能力，即确定汽车在节气门全开时可能达到的最高车速、加速能力和爬坡能力。

为了清晰而形象地表明汽车行驶时的受力情况及其平衡关系，一般将汽车行驶方程式用图解法来进行分析，即在汽车驱动力图上把汽车行驶中经常遇到的滚动阻力和空气阻力曲线也画上，做出汽车驱动力—行驶阻力平衡图，并以它来确定汽车的动力性。

图 3.8 为一辆有四挡变速器汽车的驱动力—行驶阻力平衡图。图上既有各挡的驱动力，又有滚动阻力以及滚动阻力和空气阻力叠加后得到的行驶阻力曲线。

2. 汽车的驱动力—行驶阻力分析

从汽车的驱动力—行驶阻力平衡图（图 3.8）上可以清楚地看出不同车速时驱动力和行驶阻力之间的关系。汽车以最高挡行驶时的最高车速，可以直接在图上找到。显然，F_{t5} 曲线与 $F_f + F_w$ 曲线的交点便是 $v_{a(max)}$。因为此时驱动力和行驶阻力相等，汽车处于稳定的平衡状态。图中最高车速为 175km/h。

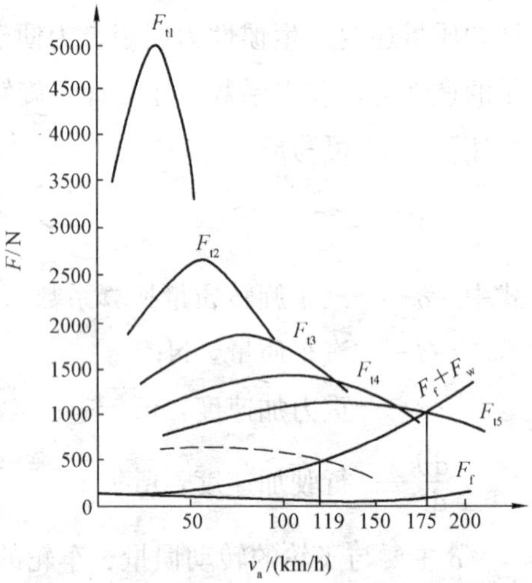

图 3.8　汽车的驱动力—行驶阻力平衡图

从图 3.8 中还可以看出，当车速低于最高车速时，驱动力大于行驶阻力。这样，汽车就可以利用剩余的驱动力加速或爬坡。当需要在 119km/h 等速行驶时，驾驶员可以关小节气门开度（图下部虚线），此时发动机只用部分负荷特性工作，相应地得到虚线所示的驱动力曲线以使汽车达到新的平衡。

汽车的加速能力可用它在水平良好路面上行驶时能产生的加速度来评价。加速度的大小与汽车行驶的挡位和速度有关。低挡时，加速度较大；同一挡位速度较低时，加速度较大。但由于加速度的数值不易测量，实际中常用加速时间来表明汽车的加速能力。例如，用直接挡行驶时，由最低稳定速度加速到一定距离或 $80\% v_{a(max)}$ 所需的时间表明汽车的加速能力。

汽车的上坡能力用最大爬坡度表示。汽车最大爬坡度是指汽车满载、节气门全开、以最低挡在良好路面上行驶，所能克服的最大道路坡度 $i_{1(max)}$。

当汽车以全部剩余驱动力克服最大坡度时，加速度为 0，此时的驱动力平衡方程为

$$F_i = F_t - (F_f + F_w) \tag{3-23}$$

式中　$F_i = G\sin\alpha$，$F_f = Gf\cos\alpha$。

因为 F_f 的数值本身较小，而且当 α 较小时，$\cos\alpha \approx 1$，故可认为

$$G\sin\alpha = F_t - (F_f + F_w) \tag{3-24}$$

该式中 $F_t - (F_f + F_w)$ 的数值可由驱动力—行驶阻力平衡图上相应线段的长度按比例尺而得到，并按下式求出道路坡度角：

$$\alpha = \arcsin\frac{F_t - (F_f + F_w)}{G} \tag{3-25}$$

再求坡度

$$i = \tan\alpha$$

一挡最大爬坡度由 $\alpha_{1(\max)} = \arcsin\dfrac{F_{t1(\max)} - Gf}{G}$ 换算出 $i_{1(\max)}$ 值。

应当指出，上述确定的汽车动力性指标，尚未考虑附着条件的限制。

（四）汽车行驶的附着条件及附着力

1. 汽车行驶的附着条件

从以上分析可知，要提高汽车的动力性，可以采用增加发动机转矩、加大传动系传动比等措施以增大汽车的驱动力来实现。但是这些措施只有在驱动轮与路面不发生滑转现象时才有效。如果驱动轮在路面滑转，则增大驱动力只会使驱动轮加速旋转，地面切向反作用力并不会增加，汽车仍不能行驶。这种现象说明地面作用在驱动轮上的切向反作用力受地面接触强度的限制，并不能随意加大，即汽车行驶除受驱动条件制约外，还受轮胎与地面附着条件的限制。

地面对轮胎切向反作用力的极限值称为附着力，记做 F_φ。在硬路面上附着力取决于轮胎与路面间的相互摩擦，它与驱动轮法向作用力 F_z 成正比，常写成

$$F_\varphi = F_z \times \varphi \tag{3-26}$$

该式中 φ 称为附着系数，它是由轮胎和路面的结构特性决定的，表示轮胎与路面的接触强度。

在硬路面上，附着系数反映了轮胎与路面的摩擦作用。当轮胎与路面接触时，路面的坚硬微小凸起能嵌入变形的轮胎中，增加轮胎与路面的接触强度，对轮胎滑转有一定的阻碍作用。

在松软路面上，附着系数 φ 值不仅取决于轮胎与土壤间的摩擦作用，同时还取决于土壤的抗剪切强度。因为只有当嵌入轮胎花纹沟槽的土壤被剪切脱开基层时，轮胎在接地面积内才产生相对滑动，车轮才发生相对滑转。

因此，地面切向反作用力不能大于附着力，否则会发生驱动轮滑转，汽车将不能行驶，即必须满足以下条件：

$$F_t \leqslant F_\varphi = F_z \times \varphi \tag{3-27}$$

这就是汽车行驶的第二个条件——附着条件。综合汽车的驱动条件与附着条件得

$$F_f+F_w+F_i\leqslant F_t\leqslant F_z\times\varphi \tag{3-28}$$

这就是汽车行驶的必要与充分条件，称为汽车行驶的驱动—附着条件。

2. 汽车的附着力

汽车的附着力 F_φ 取决于附着系数以及地面作用于驱动轮的法向反作用力 F_z。

(1) 附着系数　附着系数主要取决于路面的种类与状况、轮胎的结构和气压以及其他一些使用因素。

①路面种类与状况。坚硬路面的附着系数较大，路面的坚硬微小凸起部分嵌入轮胎的接触面，使接触强度增大。因长期使用，已经磨损和风化的路面附着系数会降低。气温升高时，路面硬度下降，附着系数也会下降；路面被细沙、尘土、油污等覆盖时，也会使附着系数下降。

松软土壤的抗剪切强度较低，其附着系数较小。潮湿、泥泞的土路，土壤表层因吸水量多，抗剪切强度更差，附着系数下降很多，是汽车越野行驶困难的原因之一。

路面的结构对排水能力也有很大影响。路面的宏观结构应具有一定的不平度而且有自动排水的能力；路面的微观结构应粗糙而且有一定的尖锐棱角，以穿透水膜直接与胎面接触。

②轮胎的结构与气压。轮胎花纹对附着系数的影响也较大。具有细而浅花纹的轮胎在硬路面上有较好的附着能力；具有宽而深花纹的轮胎在软路面上，使汽车附着能力有所提高。增加胎面的纵向花纹，在干燥的硬路面上，由于接触面积减小，附着系数会有所下降；但在潮湿的路面上有利于挤出接触面中的水分，可以改善附着能力。

为了提高轮胎的“抓地”能力，现在的轮胎胎面上常有纵向的曲折大沟槽，胎面边缘上有横向沟槽，既使轮胎在纵向、横向均有较好的“抓地”能力，又提高了在潮湿地面上的排水能力。宽断面和子午线轮胎由于与地面的接触面积增大，附着系数较高。

轮胎的磨损会使胎面花纹深度减小，附着系数将显著下降。

降低轮胎气压可使硬路面上附着系数略有增加，所以采用低压胎可获得较好的附着性能。在松软的路面上，降低轮胎气压，则轮胎与土壤的接触面积增加，胎面凸起部分嵌入土壤的数目也增多，因而附着系数显著提高。若同时增加车轮轮辋的宽度，则效果更好。对于潮湿的路面，适当提高轮胎气压，使轮胎与路面的接触面积减小，有助于挤出接触面间的水分，使轮胎得以与路面较坚实的部分接触，进而提高附着系数。

③汽车行驶速度。汽车行驶速度提高时，多数情况下附着系数是降低的。在硬路面上提高行驶速度时，由于路面微观凹凸构造来不及与胎面完善地嵌合，所以附着系数有所降低。在潮湿的路面上车速提高时，由于接触面间的水分来不及排出，所以附着系数显著降低。在软土壤上，由于高速车轮的动力作用于容易破坏土壤的结构，所以提高行驶速度对附着系数产生极不利的影响。只有在结冰的路面上，车速高时，与轮胎接触的冰层受压时

间短，因而在接触面间不容易形成水膜，故附着系数略有提高。但要特别注意，在冰路上提高行驶速度会使行驶稳定性变差。

④车轮相对于地面的滑转率。车轮相对于地面的滑转率即

$$S=\frac{r\omega-\nu_a}{r\omega} \tag{3-29}$$

式中 r——车轮半径；

ω——车轮角速度；

ν_a——车速。

驱动轮纵向附着系数及侧向附着系数与滑转率的关系如图 3.9 所示。当驱动轮滑转率 S_X 从 0 开始增加时，纵向附着系数 φ_X 也随之增加，当 S_X 达到 S_T（一般为 0.08～0.30）时，纵向附着系数达到最大值 $\varphi_{X(max)}$。此后，如果 S_X 继续增加，纵向附着系数 φ_X 反而随之下降，当 S_X 达到 1 时，即车轮发生纯滑转时，其纵向附着系数要远远小于 $\varphi_{X(max)}$，所以从动力性上考虑，驱动轮的滑转率最好处于 S_T 的一个小邻域内；但同时考虑到车辆侧向附着系数随纵向滑转率的增大而急剧减小，所以从侧向附着系数上考虑，并注意到车辆的方向稳定性，一般认为驱动轮的最佳滑转率在小于 S_T 的范围内，可取在 0.08～0.15。

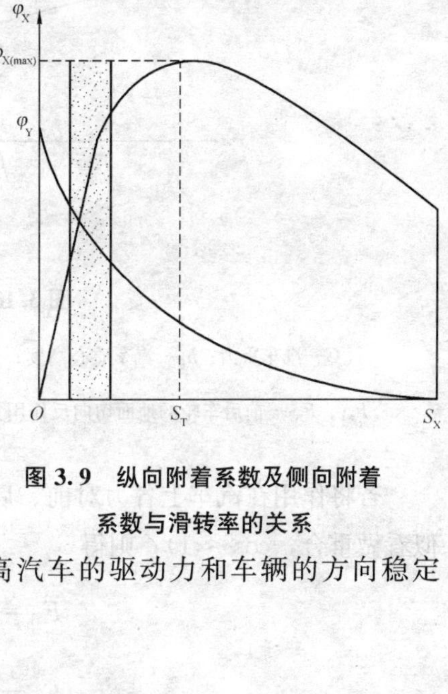

图 3.9　纵向附着系数及侧向附着系数与滑转率的关系

⑤汽车驱动防滑控制系统 Anti-Slip Regulation（ASR）或称汽车牵引力控制系统 Traction Control System（TCS）就是通过控制车轮的滑转率从而提高汽车的驱动力和车辆的方向稳定性的。

汽车驱动防滑控制的主要控制方式有：

a. 发动机输出转矩调节。通过减小点火提前角，减少供油或暂停供油，从而使发动机输出转矩减少，S_T 降低。

b. 驱动轮制动力矩调节。在车轮发生打滑时，驱动轮上施加制动力矩，使车轮转速降至最佳的滑转率范围内。

c. 差速器锁止控制。当路面两侧附着系数 φ 差别较大时，附着系数低的一侧驱动轮发生滑转时，电子控制装置驱动锁止阀一定程度地锁止差速器，使附着系数高的一侧驱动轮的附着系数得以充分发挥，车速和行驶稳定性获得提高。

d. 离合器或变速器控制。离合器控制是指当发现汽车驱动轮发生过度滑转时，减弱离合器的接合程度，使离合器主、从动盘出现部分相对滑转，从而减小传输到半轴的发动机输出转矩；变速器控制是指通过改变传动比来改变传递到驱动轮的驱动转矩，以减小驱动轮滑转程度。

综上所述，附着系数受一系列因素的影响。在一般动力性计算中只用附着系数的平均值。在良好的混凝土或沥青路面上，路面干燥时附着系数 φ 值为 0.7～0.8；路面潮湿时 φ 值为 0.5～0.6；干燥的碎石路 φ 值为 0.6～0.7；干燥的土路 φ 值为 0.5～0.6；潮湿的土路 φ 值为 0.2～0.4。

(2) 车轮的地面法向反作用力　附着力与地面对车轮的法向反作用力成正比，而驱动轮的地面反作用力与汽车的总体布置、行驶状况及道路坡度有关。图 3.10 为汽车加速上坡时的受力图。

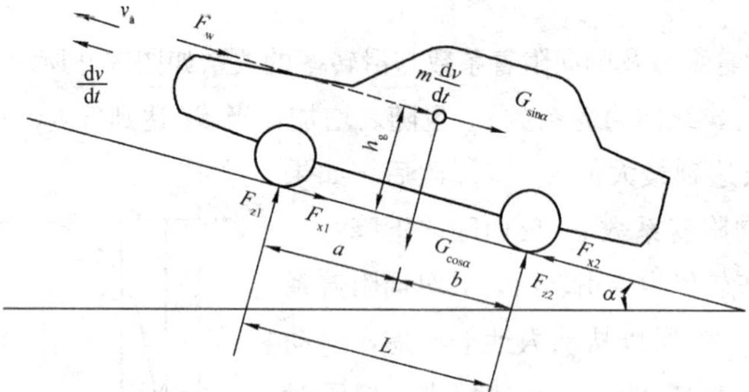

图 3.10　汽车加速上坡时的受力图

G—汽车重力；h_g—汽车质心高度；$\frac{dv}{dt}$—汽车加速度；F_{z1}、F_{z2}—前后车轮的地面法向反作用力；F_{x1}、F_{x2}—前后车轮的地面切向反作用力；L—汽车轴距；a、b—汽车质心到前后轴的距离；α—坡度角

若将作用在汽车上各力对前、后轮与道路接触中心取力矩（将质心与空气阻力中心近似看做重合，$\cos\alpha \approx 1$），则得

$$F_{z1}=\frac{Gb-(F_i+F_j+F_w)h_g}{L} \tag{3-30}$$

$$F_{z2}=\frac{Ga+(F_i+F_j+F_w)h_g}{L} \tag{3-31}$$

式（3-30）和式（3-31）中，$\frac{Gb}{L}$、$\frac{Ga}{L}$为汽车在水平路面上静止时前、后轴上的静载荷，$\frac{(F_i+F_j+F_w)h_g}{L}$为行驶中产生的动载荷。当汽车上坡或加速时，前轮载荷减小，而后轮载荷增加；汽车下坡或减速时，载荷变化与之相反。

由此可见，在一定附着系数的路面上，不同驱动方式的汽车具有不同的汽车附着力。后轮驱动的汽车在上坡和加速时，其驱动轮的法向反作用力大，驱动轮的附着力大，能得到的驱动力大，其加速能力和上坡能力好。

只有四轮驱动汽车才有可能充分利用整部汽车的重力来产生汽车附着力。当四轮驱动汽车前、后驱动轮的附着力分配刚好等于其前、后车轮法向反作用力的分配时，得到的附着力最大。

（五）汽车驱动力—行驶阻力平衡图

只要汽车行驶，汽车行驶阻力中的滚动阻力 F_f 和空气阻力 F_w 就存在。在良好典型路面上，汽车驱动力与这两个阻力之差就是汽车可用于克服坡道阻力 F_i 或是汽车加速需要克服的加速阻力 F_i。这就是所谓的汽车驱动力和汽车行驶阻力的平衡。

为了形象地说明汽车行驶时驱动力和行驶阻力的关系，通常将汽车驱动力 F_t 以及始终存在的两个行驶阻力 F_f 和 F_w 绘制成力和车速的关系曲线图，称为汽车驱动力—行驶阻力平衡图，如图 3.11 所示。这样就可利用图解法来分析汽车的动力性。

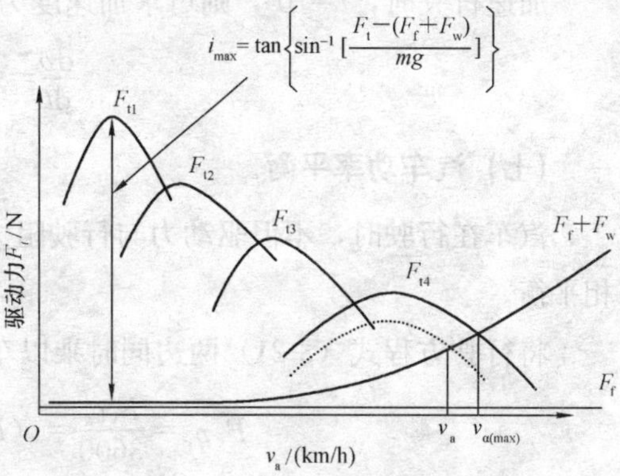

图 3.11　汽车驱动力—行驶阻力平衡图

（六）汽车动力特性图

由汽车行驶方程式（3-21），可导出

$$D=\frac{F_t-F_w}{G}=\frac{F_i+F_f}{G}+\frac{\delta m}{G}\times\frac{dv}{dt}=(f+i)+\frac{\delta}{g}\times\frac{dv}{dt}=\psi+\frac{\delta}{g}\times\frac{dv}{dt} \tag{3-32}$$

D 被定义为汽车动力因数。以 D 为纵坐标、汽车车速 v_a 为横坐标绘制不同挡位的 $D-v_a$ 的关系曲线图，即汽车动力特性图，如图 3.12 所示。

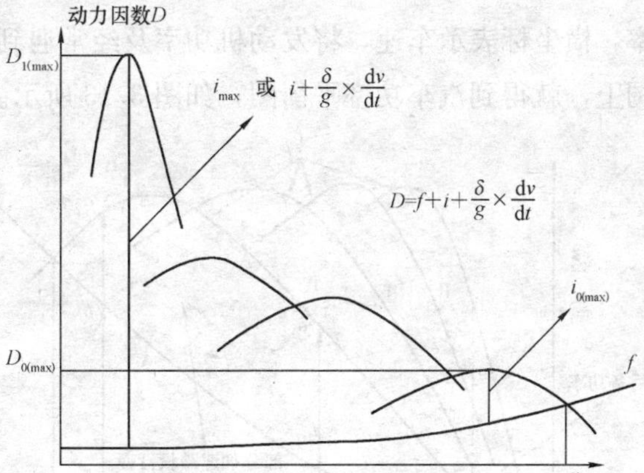

图 3.12　汽车动力特性图

当汽车最大坡度上行驶时，有 $\frac{dv}{dt}=0$，$D_{1(max)}=f\cos\alpha_{max}+\sin\alpha_{max}$。由于 $\cos\alpha_{max}=\sqrt{1-\sin^2\alpha_{max}}$，则最大爬坡角度 α_{max} 为

$$\alpha_{max}=\sin^{-1}\frac{D_{1(max)}-f\sqrt{1-D^2_{1(max)}+f^2}}{1+f^2} \tag{3-33}$$

根据 $i_{max}=\tan\alpha_{max}$ 换算成最大爬坡度。对于直接挡位，由于坡度角较小，则可简化为

$$i_{max}=D_{max} \tag{3-34}$$

加速行驶时，$i=0$，则可求加速度为

$$\frac{dv}{dt}=\frac{\delta}{g}(D-f) \tag{3-35}$$

（七）汽车功率平衡

汽车在行驶时，不但驱动力与行驶阻力平衡，而且发动机输出功率也与行驶阻力功率相平衡。

将行驶方程式（3-21）两边同时乘以车速，则

$$P_e\eta_T=\frac{F_i v_a}{3600}=(F_f+F_w+F_i+F_j)\frac{v_a}{3600} \tag{3-36}$$

或者写成

$$\begin{aligned} P_e &=\frac{1}{\eta_T}\left(Gf\cos\alpha+G\sin\alpha+\frac{C_D A v_a^2}{21.15}+\delta m\frac{dv}{dt}\right)\frac{v_a}{3600} \\ &=\frac{1}{\eta_T}\left(\frac{Gfv_a\cos\alpha}{3600}+\frac{Gv_a\sin\alpha}{3600}+\frac{C_D A v_a^3}{76140}+\frac{\delta m v_a}{3600}\frac{dv}{dt}\right) \\ &=\frac{1}{\eta_T}(P_f+P_w+P_i+P_j) \end{aligned} \tag{3-37}$$

式中，P_f、P_w、P_i 和 P_j 分别为滚动阻力功率、空气阻力功率、坡道阻力功率和加速阻力功率。

用纵坐标表示功率，横坐标表示车速，将发动机功率及经常遇到的阻力功率对车速的关系绘制在直角坐标图上，就得到汽车功率平衡图，如图 3.13 所示。

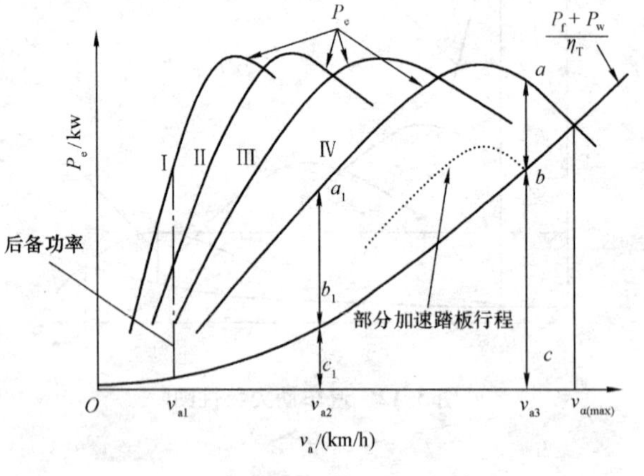

图 3.13 汽车功率平衡图

$P_e—v_e$ 曲线可根据发动机外特性 $P_e(v_e)$ 或者 $P_e=\frac{T_{tq}n_e}{9549}$ 和车速 $v_a=0.377\frac{n_e}{i_0 i_g}$ 绘制出来。由图 3.13 可见，不同挡位时，发动机功率不变，但是各挡功率曲线对应的速度范围

不同。低挡时速度低且变化范围小；高挡时速度高且变化范围大。

对于低速行驶，P_f 近似为斜线。高速行驶时，由于滚动阻力系数是速度的线性方程甚至二次方程，所以滚动阻力功率是车速的二次或三次函数，即滚动阻力随车速提高而增加很快。P_w 是车速的三次函数。所以，常见阻力功率曲线$\frac{P_f+P_w}{\eta_T}$是斜率随车速急剧增加的曲线，而且速度越高越明显。实际上，汽车速度超过 100km/h 时，滚动阻力功率远小于空气阻力（$P_f \ll P_w$），可以忽略前者的作用；在低速时则相反。

利用功率平衡图可求得汽车在良好平直路面上的最高车速 $v_{a(max)}$，在该平衡点，发动机输出功率与常见阻力功率相等，发动机处于 100%负荷率状态。另外，通过功率平衡图也可容易地分析在不同挡位和不同车速条件下汽车发动机功率的利用情况。假设汽车在良好平直的路面上以等速 v_{a3} 行驶，此时阻力功率为$\frac{P_f+P_w}{\eta_T}=\overline{bc}$，发动机功率克服常见阻力功率后的剩余功率为

$$P_s+P_e-\frac{1}{\eta_T}(P_f+P_w)=\overline{ab} \tag{3-38}$$

则该剩余功率 P_s 被称为后备功率。

如果驾驶员仍将加速踏板踩到最大行程，则后备功率 ab 就被用于加速或者克服坡道阻力。为了保持汽车以等速 v_{a3} 行驶，必须减少加速踏板行程，使得功率曲线为图中虚线，即在部分负荷下工作。另外，当汽车速度为 v_{a1} 和 v_{a2} 时，使用不同挡位，汽车后备功率也不同。

汽车后备功率越大，汽车的动力性越好。利用后备功率也可确定汽车的爬坡度和加速度。功率平衡图也可用于分析汽车行驶时的发动机负荷率，有利于分析汽车的燃油经济性。

（八）影响汽车动力性的结构因素

从对汽车行驶方程式的分析中知道，汽车的动力性与汽车结构参数和使用条件密切相关。对汽车动力性的影响主要有以下几方面。

1. 发动机参数的影响

发动机功率越大，汽车的动力性越好。设计中发动机最大功率的选择必须保证汽车预期的最高车速。最高车速越高，要求的发动机功率越大，其后备功率也大，加速爬坡能力必然较好。但发动机功率不宜过大，否则在常用条件下，发动机负荷过低，燃油消耗增加。

单位汽车质量所具有的发动机功率称为比功率或功率利用系数。

发动机外特性曲线形状对动力性也有较大的影响。图 3.14 为两台发动机的外特性曲线，但其最大功率与其相对应的转速相等。由图可见，外特性曲线 1 的后备功率较大，使汽车具有较大的加速能力和爬坡能力，因而动力性能较好。同时，换挡次数可以减少，因

而有利于提高汽车的平均行驶速度。

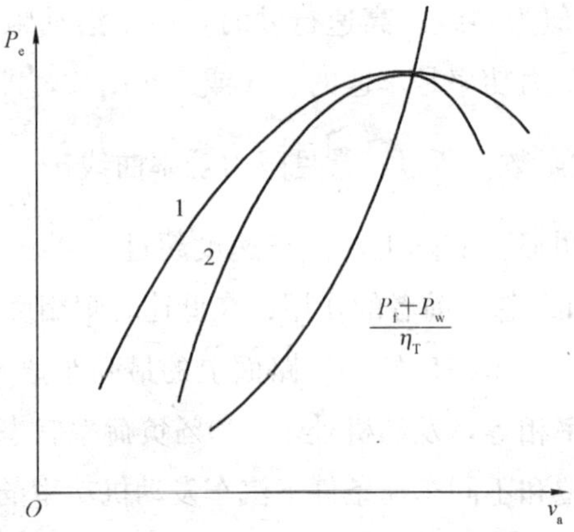

图 3.14 外特性曲线形状不同的汽车动力平衡图

2. 传动系参数的影响

(1) 传动系机械效率 传动系机械效率越高，传动损失越小，发动机有效功率更多地转变为驱动功率，汽车动力性好。目前可在润滑油中加入减磨添加剂和选用黏度适当且受温度影响小的润滑油，这些对提高传动效率都有明显效果。

(2) 主减速器传动比 当变速器处于直接挡时，主减速器传动比将直接影响汽车的动力性。

图 3.15 为表示其他条件相同而主减速器传动比不同的直接挡功率平衡图，只有当 $i_0=i''_0$ 时，汽车的最高车速 $v_{a(max)}$ 等于发动机最大功率相对应的车速，即 $v_{a(max)}=v_P$ 最高，此时得到的 $v_{a(max)}$ 最大。其他条件不变，使主减速器传动比 i_0 增大还是减小，都将使汽车的最高车速降低。

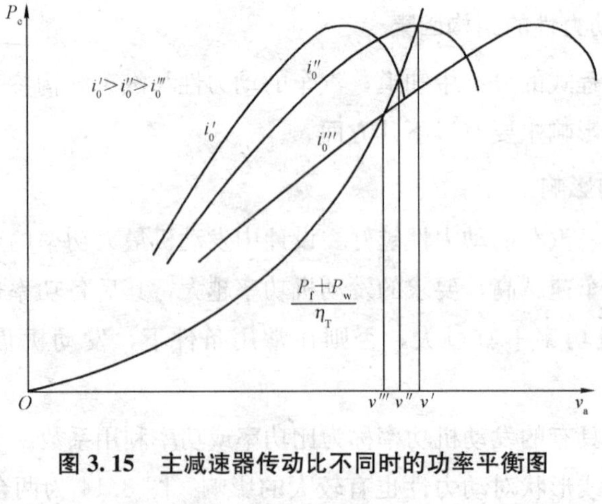

图 3.15 主减速器传动比不同时的功率平衡图

(3) 变速器的挡数 变速器挡数增加，发动机在接近最大功率工况下工作的机会增加，发动机的平均功率利用率高，可得到的后备功率大。例如，在两挡变速器的一挡与直接挡之间增加两个挡位时（图 3.16），汽车的最高车速和最大爬坡度均不变。但在一定的速度范围，可利用的后备功率增大了（图中影线表示区域），有利于汽车的加速和爬坡。

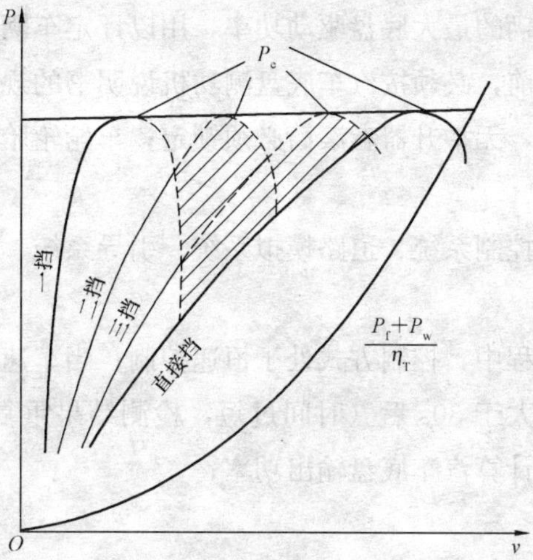

图 3.16　变速器的挡数对汽车动力性的影响

(4) 变速器传动比　变速器一挡传动比对汽车动力性影响最大。传动比越大，汽车的最大爬坡度越大。但必须满足附着条件，当一挡发出最大驱动力时，驱动轮不应产生滑转。

变速器各挡的传动比应按等比级数分配。这样，汽车在换挡加速过程中功率利用程度最高，加速时间最短。另外，减小空气阻力系数，减轻汽车的质量，选用滚动阻力系数小的轮胎，将使汽车的行驶阻力减小、动力性得到改善。

三、汽车动力性检测

汽车动力性检测项目主要有加速性能检测、最高车速检测、滑行性能检测、发动机输出功率检测、汽车底盘输出功率检测。检测方法可以分为台试与路试两种。动力性检测可依据的标准有：

《营运车辆技术等级划分和评定要求》(JT/T 198—2004)；

《汽车大修竣工出厂技术条件》(GB 3798—2005)；

《汽车修理质量检查评定准则与发动机大修》(GB/T 15746.2—1995)。

(一) 台架试验检测法

汽车动力性台架试验的方式，主要是用无负荷测功仪检测发动机功率，用底盘测功机检测汽车的最大输出功率、最高车速和加速能力。室内台架试验不受气候、驾驶技术等客观条件的影响，只受测试仪本身测试精度的影响。测试条件易于控制，所以汽车检测站广泛采用汽车动力性室内台架试验方式。

为了取得精确的测量结果，要考虑底盘测功机在测试过程中本身随转速变化所消耗的功率，以及不同尺寸的车轮在不同转速下测功机滚筒的滚动阻力系数值。

1. 汽车底盘输出功率的检测方法

通过底盘测功检测车辆的最大底盘驱动功率，用以评定车辆的技术状况等级。

（1）在动力性检测之前，必须按汽车底盘测功机说明书的规定进行试验前的准备。台架举升器应处于升起状态，无举升器者滚筒必须锁定；车轮轮胎表面不得夹有小石子或坚硬之物；

（2）汽车底盘测功机控制系统、道路模拟系统、引导系统、安全保障系统等必须工作正常；

（3）在动力性检测过程中，控制方式处于恒速控制；当车速达到设定车速（误差应在±0.5km/h）且稳定时间大于30s后（时间过短，检测结果重复性较差），计算机方可读取车速与驱动力数值，并计算汽车底盘输出功率；

（4）输出检测结果。

2. 发动机功率的检测方法

用发动机无外载检测仪检测发动机功率，使用方便，检测快捷。在规范操作前提下，可对发动机动力性检测并管理有效数据，还可以用于同一发动机调试前后、维修前后的功率对比，因此也得到广泛使用。

（1）启动发动机并预热至正常状态，与此同时接通无外载测功仪电源，连接传感器；

（2）按仪器使用说明书进行操作；

（3）从测功仪上读取（或算出）发动机的功率值；

（4）数据处理。

①目前底盘测功机显示的数值，有的是功率吸收装置的吸收功率的数值，有的则是驱动轮输出的最大底盘输出功率 $P_{D(max)}$ 的数值。对于显示功率吸收装置所吸收功率 P_g 数值的，在检测结果的数据处理时，必须增加汽车在滚筒上滚动时滚动阻力所消耗的功率 P_f、台架机械阻力消耗的功率 P_t 及风冷式功率吸收装置的风扇所消耗的功率 P_s，其计算式应为

$$P_{D(max)}=P_g+P_f+P_t+P_s \tag{3-39}$$

②检测发动机最大输出功率 P_{max}的数据处理。根据《营运车辆技术等级划分和评定要求》(JT/T 198—2004) 的规定，所测发动机最大输出功率应与发动机的额定功率相比较。为此，发动机最大输出功率的计算式应为

$$P_{max}=P_1+P_2+P_{D(max)} \tag{3-40}$$

所以，在测得底盘最大输出功率之后，应增加传动系消耗功率 P_2 及附件消耗功率 P_1，这样才可以确定发动机最大输出功率 $P_{D(max)}$；若该发动机额定功率为净功率，不包含发动机附件消耗功率 P_1，则处理后发动机最大输出功率 P_{max}的数值为 $P_{max}=P_2+P_{D(max)}$。

用发动机无负荷测功仪测得的发动机功率 P 为净功率，若该汽车发动机的额定功率为

总功率，而不是净功率，则所测得的功率 P 应加发动机附件消耗功率 P_1 后才可与额定功率相比较。

（二）道路试验检测法

通过道路试验分析汽车动力性能，其结果接近实际情况。汽车动力性在道路试验中的检测项目一般有高速挡加速时间、起步加速时间、最高车速、陡坡爬坡车速、长坡爬坡车速，有时为了评价汽车的拖挂能力，还进行汽车牵引力检测。另外，有时为了分析汽车动力平衡问题，采用高速滑行试验测定滚动阻力系数 f 及空气阻力系数 C_D。但由于道路试验受到道路条件、风向、风速、驾驶技术等因素的影响，而且这些因素可控性差，同时还需要按规定条件选用或建造专门的道路等，所以汽车维修、检测部门一般不采用道路试验进行动力性检测。

道路试验可依据的标准有：

汽车动力性路试基本规范按照《汽车道路试验方法通则》（GB/T 12534—1990）进行；

汽车最高车速试验按照《汽车最高车速试验方法》（GB/T 12544—1990）的有关规定进行；

汽车加速性能试验按照《汽车加速性能试验方法》（GB/T 12543—2009）的有关规定进行；

汽车爬陡坡试验按照《汽车爬陡坡试验方法》（GB/T 12539—1990）的有关规定进行；

汽车牵引力性能试验按照《汽车牵引力性能试验方法》（GB/T 12537—1990）的有关规定进行。

任务实施

一、检测仪器与实施要求

（一）汽车底盘测功机的作用与类型

1. 汽车底盘测功机的作用

底盘测功机是一种不解体检验汽车性能的检测设备，它是通过在室内台架上模拟汽车道路行驶工况的方法来检测汽车的动力性，而且还可以测量多工况排放指标及油耗。底盘测功机通过滚筒模拟路面，通过功率吸收加载装置来模拟道路行驶阻力，通过飞轮的转动惯量来模拟汽车的转动惯量和直线运动质量的惯量，故能进行符合实际的复杂循环试验，因而得到广泛应用。近年来电子计算机的高速发展，为数据的采集、处理及试验数据的结果分析提供了有效的手段，同时为模拟道路状态准备了条件，加速了底盘测功机的发展，加上各类专用软件的开发和应用，使汽车底盘测功机得到了广泛的推广。

2. 汽车底盘测功机的类型

底盘测功机分为单滚筒式底盘测功机和双滚筒式底盘测功机。单滚筒式底盘测功机的滚筒直径大、制造和安装费用大，但其测试精度高，一般用于制造厂和科研单位；双滚筒式底盘测功机的滚筒直径小、设备成本低、使用方便，但测试精度稍差，一般用于汽车使用、维修行业及汽车检测站、检测线。

（二）汽车底盘测功机的基本结构

汽车底盘测功机一般由滚筒装置、测功装置、测速装置、飞轮机构、控制与指示装置等构成，其机械部分的结构如图 3.17 所示。

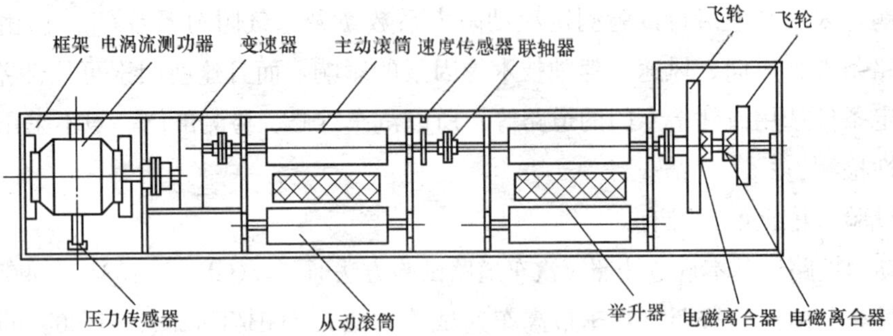

图 3.17　底盘测功机机械部分结构示意图

1. 滚筒装置

滚筒装置的作用相当于能够连续移动的路面。测功试验时，汽车驱动轮驱动滚筒旋转。如前所述，底盘测功机的滚筒装置有单滚筒式和双滚筒式两种类型（图 3.18）。

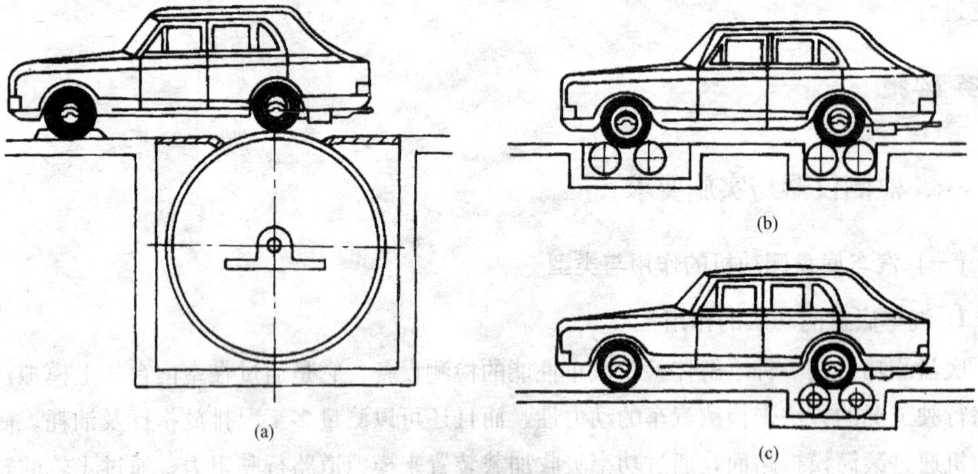

图 3.18　滚筒装置的结构类型

(a) 单轴单滚筒式；(b) 双轴双滚筒式；(c) 单轴双滚筒式

（1）单滚筒式试验台　单滚筒式试验台的滚筒多采用硬质木料或钢板制成，其直径一般为 1500～2500mm，表面曲率越小，轮胎与滚筒表面间的滑转率越小，行驶阻力越小，因而精度高。但单滚筒式试验台制造成本高，占地面积大，同时对车轮在滚筒上的要求严格，而车轮中心与滚筒中心在垂直平面内的对中又比较困难，故使用不太方便。

（2）双滚筒式试验台　双滚筒式试验台的滚筒多采用钢质材料制成，其直径一般在185～400mm之间，由于曲率半径小，滚筒表面曲率大，因而轮胎与滚筒表面的接触面积较在平路上行驶时小得多；接触面间比压和变形大，滑转率大，从而使滚动阻力增大，测试精度低。在较高试验车速下，轮胎的滚动功率损失可达到所传递功率的15%～20%。但双滚筒式底盘测功机具有车轮在滚筒上安放定位方便和制造成本低等优点，因而适用于汽车维修和诊断企业，尤其是单轮双滚筒式试验台应用广泛。

双滚筒式试验台还有主动、从动滚筒之分，与测功器相连的滚筒为主动滚筒，左右两个主动滚筒之间装有联轴器；左右两个从动滚筒处于自由状态。

不管哪种类型的滚筒，均经过平衡试验，并通过滚动轴承安装在框架上。框架是底盘测功机机械部分的基础，安装在地坑内。

2. 测功装置

测功装置用于吸收和测量汽车驱动轮的输出功率，通常称为测功器。测功装置也是一个加载装置，可模拟汽车在道路上行驶时所受的各种阻力，使车辆受力情况如同在道路上行驶时一样。

底盘测功机常用的测功器有水力测功器、电力测功器和电涡流测功器几类。由于水力测功器功率吸受装置的可控性较差，而电力测功器成本较高，所以汽车检测站和维修企业使用的底盘测功机多采用电涡流测功器。

电涡流测功器主要由转子和定子构成：转子与滚筒相连，定子可绕其主轴线摆动。图3.19为水冷电涡流测功器的结构示意图。

定子内部沿圆周布置有励磁线圈和涡流环，转子在励磁线圈和涡流环内转动。转子的外圆上加工有均匀分布的齿与槽，齿顶与涡流环间留有一定的空气隙。

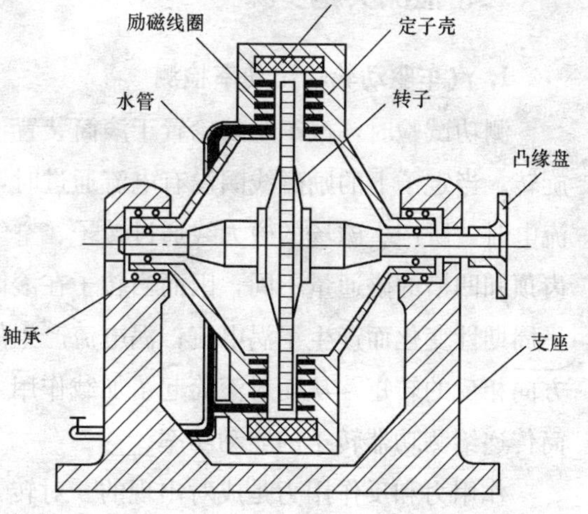

图3.19　水冷电涡流测功器的结构示意图

当励磁线圈上有直流电通过时，在其周围产生磁场，磁场的磁力线通过转子、空气隙、涡流环和定子形成闭合磁路，分布在齿顶处的磁通密度大，分布在齿槽处的磁通密度小。当转子转动时，通过涡流环上任何一点的磁力线呈周期性的变化，因而在涡流环上任何一点都产生了感应涡电流。该涡电流与产生它的磁场的相互作用而产生了对车轮的制动力矩，因而测功器吸收驱动轮的输出功率，同时也对滚筒加了载。只要改变磁线电流的大小，就可以自由地控制测功器产生的制动力矩。

定子外壳上装有测力杠杆，并与安装在杠杆下方的压力传感器构成测力装置，以测出汽车驱动轮的驱动力。

3. 测速装置

测速装置一般由速度传感器、中间处理装置和指示装置构成。常用测速传感器有光电式、磁电式和测速发电机等类型，通常安装在从动滚筒一端，随从动滚筒一起转动，把滚筒的转速转变为电信号。该电信号经放大送入处理装置，换算为车速（km/h）并在指示装置上显示出来。底盘测功机在进行测功试验、加速试验、等速试验、滑行试验和燃油经济性试验时，都必须对试验车速进行测试。

4. 飞轮机构

飞轮机构用于模拟汽车在道路上行驶时的动能，常采用离合器以实现与滚筒的自由接合。飞轮机构通常具有一组多个飞轮，其飞轮机构的转动惯量及其在各个飞轮上的分配应与所测车型进行加速能力试验和滑行能力试验的要求相适应。

5. 控制与指示装置

底盘测功机的控制装置与指示装置常做成一体，构成控制柜，安放在机械部分的左前方易于操作和观察的位置。如果测功装置和测速装置均为电测式，那么指示装置可直接显示驱动轮的输出功率。如果测功装置为机械式，那么指示装置仅能显示驱动车轮的驱动力，驱动轮输出功率需根据所测出的驱动力和试验车速换算才能得到。

二、检测实施步骤

1. 汽车驱动轮输出功率检测

测功试验时，汽车驱动轮置于滚筒装置上，驱动滚筒旋转并经滚筒带动测功器的转子旋转。当定子上的励磁线圈没有电流通过时，转子不受制动力矩作用；而励磁线圈通以直流电时，所产生磁场的磁力线通过转子、空气隙、涡流环和定子构成闭合磁路。由于通过齿顶和凹槽的磁通量不同，因而当转子在滚筒带动下旋转时，通过涡流环任一点的磁通量呈周期性变化而产生了涡电流；涡电流产生的磁场与励磁场相互作用，产生了与转子旋转方向相反的转矩，从而对滚筒起了加载作用。测出该转矩和转子转速，便可据此得到由滚筒传递给测功器转子的驱动功率。

作用力和反作用力是成对出现的。对转子施加制动力矩的同时，定子受到与制动力矩大小相同但方向相反的力矩的作用，力图使可绕主轴摆动的定子顺着转子旋转方向摆动。在测功器定子上安装定长度的测力杠杆，并在其端部下方安装压力传感器，压力传感器便会受压力作用而产生与此成正比的电信号。显然，该压力与杠杆长度（压力传感器至测功器主轴的距离）之积便是定子（或转子）所受力矩的数值。在滚筒稳定旋转时，该力矩与驱动轮驱动力对滚筒的驱动力矩相等。据此，可求出车轮作用在滚筒（其半径为已知常数）上的驱动力的大小。

由压力传感器和测速传感器传来的电信号输入到控制装置，经计算机处理后，在指示装置上显示出功率（kW）、驱动力（kN）和车速（km/h）的数值。显然，三者间具有如下关系：

$$P_k=\frac{F\times v_a}{3600} \tag{3-41}$$

式中　P_k——驱动轮输出功率，kW；

F——驱动轮驱动力，kN；

v_a——试验车速，km/h。

在底盘测功机上测得的驱动轮输出功率取决于发动机输出功率、传动系传动效率、滚动阻力损失功率和试验台传动效率等因素。由于受滚筒表面曲率的影响，驱动轮在底盘测功机滚筒上的滚动阻力比在良好路面上行驶时的滚动阻力大，由滚动阻力所消耗的功率可达所传递功率的15%～20%；在传动系统技术状况良好的情况下，汽车传动系统的功率损失占发动机输出功率的10%～20%，其具体数值取决于传动系统的类型。资料表明：检测在用汽车的驱动轮输出功率时，轿车若能达到发动机输出功率的70%，载货汽车和客车若能达到其发动机输出功率的60%（双级主传动器）、65%（单级主传动器），即可说明传动系技术状况良好。底盘测功机驱动轮功率检测标准，可根据在用汽车发动机功率检测标准（不低于原额定功率的75%）、传动系统效率和滚动阻力损失功率的试验结果合理确定。

2. 传动系统传动效率检测

把汽车驱动轮输出功率与发动机输出的有效功率进行比较，可按下式求出传动系的传动效率：

$$\eta=\frac{P_k}{P_e} \tag{3-42}$$

式中　P_k——驱动轮输出功率；

P_e——发动机有效功率。

正常情况下，汽车传动系的机械效率值见表3-5。

表3-5　汽车传动系的机械效率

汽车类型		传动效率
轿车		0.90～0.92
货车和大客车	单级主减速器	0.90
	双级主减速器	0.84
4×4越野汽车		0.85
6×6越野汽车		0.80

利用试验台反拖可测得传动系统所消耗的功率。在惯性式底盘测功机或带有储能飞轮可模拟汽车在相应车速下行驶动能的底盘测功机上，若在测得汽车驱动车轮的输出功率后

立即踩下离合器踏板，储存在飞轮系统中的汽车行驶动能会反过来拖动汽车驱动轮和传动系运转，运转阻力作用于滚筒，因此底盘测功机可测得反拖驱动轮和传动系消耗的功率。如果将同一车速下驱动轮输出功率与反拖驱动轮和传动系统所消耗的功率相加，就可求得该车速所对应的发动机转速下发动机的输出功率，根据发动机输出功率和汽车驱动轮输出功率可得到传动系的机械效率。

3. 汽车加速能力和滑行能力检测

底盘测功机对汽车加速能力（加速时间）和滑行距离的测试精度，首先取决于飞轮机构、滚筒装置及其他旋转部件的旋转动能是否与道路试验时汽车在相应车速下的动能相一致。

汽车在底盘测功机上试验时，驱动轮驱动滚筒旋转，但整车处于静止状况。这样，要测试汽车在一定速度区间内的加速时间，必须以具有相应转动惯量的飞轮机构模拟汽车行驶时的动能。汽车在滚筒上加速时，滚筒及飞轮机构转速的提高使滚筒飞轮机构的旋转动能相应增加，从而消耗驱动轮输出功率，表现为汽车的加速阻力。滚筒圆周速度从某一值上升到另一值的时间与汽车路试时在相应速度区间的加速时间相对应。加速时间的长短则反映其加速能力的大小。

汽车以某一车速在滚筒上作滑行试验时，汽车驱动轮首先带动滚筒装置、飞轮机构以相应转速旋转，此时滚筒装置和飞轮机构具有的动能与汽车道路试验时具有的动能相等。摘挡滑行后，储存在滚筒装置和飞轮机构的动能释放出来，驱动汽车驱动轮和传动系旋转，滚筒继续转过的圆周长与汽车路试时的滑行距离相对应。滑行距离长短可反映汽车传动系传动阻力的大小，据此可判断汽车传动系的技术状况。

4. 其他项目检测

除以上检测诊断项目外，利用底盘测功机滚筒装置作为活动路面，以测功机的制动力矩模拟汽车的行驶阻力，则凡是汽车在运行中进行的检测和诊断项目，在配备所需仪器设备后均可在底盘测功机上进行。例如，利用油耗计测试汽车在各种工况下的使用油耗；利用废气分析仪测试汽车在各种工况下的废气成分和烟度；利用发动机综合测试仪测试发动机点火提前角或供油提前角，观测发动机点火波形或柴油机供油波形；利用异响诊断分析仪诊断各总成或系统的异响；通过测功机的测速装置检查车速表的指示值以及检测各总成工作温度和电气设备工作情况等。

归纳总结

近年来，随着车辆技术的进步和生活节奏的加快，汽车动力性越来越成为人们选择车辆时的重点考虑因素之一。通过本任务的学习，应了解汽车动力性的评价指标、影响汽车动力性能的因素；掌握汽车动力性的检测项目、检测方法、检测标准，并能对检测结果进行分析。

知识拓展

各类型汽车要求的主要使用性能见表 3-6。

表 3-6　各类型汽车要求的主要使用性能

汽车种类	主要使用性能
小轿车	速度性能、乘坐舒适性、安全性、使用方便性、可靠性
载货汽车	容量、经济性、可靠性与维修方便性、安全性、动力性
公共汽车	容量、使用方便性、耐久性、可靠性、维修方便性、安全性、经济性
大型客车	容量、使用方便性、乘坐舒适性、速度性能、安全性、可靠性与维修方便性
越野车与特种车	使用方便性、安全性、速度性能、可靠性与维修方便性、越野性

我国较为广泛采用的汽车使用性能量标见表 3-7。

表 3-7　汽车使用性能量标

使用性能		量标和评价参数
容载量		额定装载质量、单位装载质量、货厢单位有效容积、货厢单位面积、座位数和可站立人数
动力性		最高车速、加速能力、爬坡能力、平均行驶速度
使用方便性	操纵方便性	每百千米平均操纵作业次数、操作力（N）、驾驶员坐椅可调程度、照明、灯光、视野、信号完好
	出车迅速性	汽车启动暖车时间
	乘客上下车和货物装卸方便性	车门和踏板尺寸及位置、货厢地板高度、货厢栏板可倾翻数、有无随车装卸机具
	可靠性和耐久性	大修间隔里程、主要总成的更换里程、可靠度、故障率、故障停车时间
	维修性	维护和修理工时、每千公里维修费用、对维修设备的要求
	防公害性	噪声级、排放量、电波干扰
燃油经济性		最低燃油消耗、平均最低燃油耗量
速度性能		动力性、平均技术速度
越野性、机动性		汽车最低离地间隙、接近角、离去角、纵向通过半径、前后轴荷分配、轮胎花纹及尺寸、轮胎对地面单位压力、前后轮辙重合度、低速挡的动力性、驱动轴数、最小转弯半径
安全性	稳定性	纵向倾翻条件、横向倾翻条件
	制动性	制动效能、制动效能恒定性、制动时方向稳定性
乘坐舒适性	平顺性	振动频率、振动加速度及变化率、振幅

提高汽车动力性的方法如下。

（1）提升发动机最大功率或提升发动机扭矩　提升发动机扭矩是最直接的，不过提升了发动机最大功率，发动机扭矩也会有相应提升，因为功率和扭矩不是相互独立而是相互联系着的。

（2）适当增大传动系传动比　例如，增加主减速器传动比（俗称换大尾牙），即完全的杠杆原理，增加最终传到驱动轮的转矩，从而增大驱动轮驱动力。增加传动系传动比的结果是：加速时间减小，最高车速有所降低，油耗增加。

（3）换滚动阻力系数小的轮胎　在这里要提醒的是，要明白使汽车行驶的力是驱动轮作用于地面、地面给驱动轮的反作用力，是这个反作用力使汽车行驶的，而不是轮胎的滚动阻力。轮胎的滚动阻力是由于轮胎的弹性变形，在滚动趋势下车轮与地面接触，在前进方向上由于地面支持力分布得不均等，支持力合力的作用点偏离车轮中心而产生的阻碍车轮前进的阻力偶。滚动阻力是以阻力偶的形式存在的。除了轮胎的材料和结构外，平时还要注意胎压是否正常，这也是影响轮胎滚动阻力的重要因素。

（4）减小车的质量　减小车身质量，减小发动机附件质量，减小飞轮质量，减小车轮质量。减小汽车上旋转部件的质量对减小加速阻力是很有效的。

实训　汽车动力性检测

通过本实训的进行，巩固有关对汽车动力性评价指标、底盘测功机的结构和基本工作原理及技术要求等理论知识，掌握底盘测功机的使用方法。

<table>
<tr><td rowspan="2">实训名称</td><td rowspan="2">汽车动力性检测</td><td>姓名</td><td></td><td>班级</td><td></td></tr>
<tr><td>日期</td><td></td><td>序号</td><td></td></tr>
<tr><td colspan="6">一、实训目的
掌握底盘测功机的使用方法并能够按照要求检测汽车动力性相关参数。
二、实训器材
底盘测功机 1 台，整车 1 辆。
三、实训要求
1. 能够说明汽车动力性的检测项目、方法及技术要求。
2. 了解底盘测功机的结构和基本工作原理，掌握底盘测功机的使用方法。
3. 能够按照检测项目和方法进行检测并分析结果。
四、实训步骤
1. 环境条件、台架、测试车辆均应符合测试前的技术要求。
2. 按标准规定相应车型的检测速度，在底盘测功机上设定速度 V_m 或 V_p。
3. 将被检测汽车驱动轮置于底盘测功机滚筒上，启动汽车，逐步加速并换至直接挡的最低车速稳定运转。
4. 将油门踏板踩到底，测定 V_m 或 V_p 工况的驱动轮输出功率。
5. 测取读数。待汽车速度在设定的检测速度下稳定 15s 后，方可记录仪表显示的输出功率值。实际检测速度与设定检测速度的允差为±0.5km/h。
6. 在读数期间，扭矩变动幅度应不超过±4%。
7. 记录环境状态下的检测数据。
8. 计算驱动轮输出功率的限值，将计算结果与国家标准进行对比，说明汽车动力性的合格条件。
五、实训报告
完成实训报告并分析检测结果。</td></tr>
</table>

<table>
<tr><td colspan="9">汽车动力性检测评分表</td></tr>
<tr><td rowspan="2">基本信息</td><td>姓名</td><td></td><td>学号</td><td></td><td>班级</td><td></td><td>组别</td><td></td></tr>
<tr><td>规定时间</td><td></td><td>完成时间</td><td></td><td>考核日期</td><td></td><td>总评成绩</td><td></td></tr>
<tr><td rowspan="8">任务工单</td><td rowspan="2">序号</td><td rowspan="2" colspan="2">步骤</td><td colspan="2">完成情况</td><td rowspan="2">标准分</td><td rowspan="2" colspan="2">评分</td></tr>
<tr><td>完成</td><td>未完成</td></tr>
<tr><td>1</td><td colspan="2">考核准备：
车辆：
仪器设备：</td><td></td><td></td><td>10</td><td colspan="2"></td></tr>
<tr><td>2</td><td colspan="2">车辆操作（挡位、加速踏板、车速等）</td><td></td><td></td><td>20</td><td colspan="2"></td></tr>
<tr><td>3</td><td colspan="2">试验台操作</td><td></td><td></td><td>20</td><td colspan="2"></td></tr>
<tr><td>4</td><td colspan="2">数据测量</td><td></td><td></td><td>10</td><td colspan="2"></td></tr>
<tr><td>5</td><td colspan="2">数据计算分析</td><td></td><td></td><td>10</td><td colspan="2"></td></tr>
<tr><td>6</td><td colspan="2">结论</td><td></td><td></td><td>10</td><td colspan="2"></td></tr>
<tr><td colspan="2">5S</td><td colspan="4"></td><td>5</td><td colspan="2"></td></tr>
<tr><td colspan="2">沟通表达</td><td colspan="4"></td><td>5</td><td colspan="2"></td></tr>
<tr><td colspan="2">实训报告</td><td colspan="4"></td><td>10</td><td colspan="2"></td></tr>
</table>

任务四

汽车燃油经济性评价指标及检测

♨知识目标

1. 正确叙述汽车燃油经济性的评价指标；
2. 正确叙述汽车燃油经济性的计算方法；
3. 正确叙述汽车燃油经济性的影响因素；
4. 正确描述汽车燃油经济性的试验方法。

♨能力目标

1. 会分析汽车燃油经济性的评价指标；
2. 会汽车燃油经济性的计算方法；
3. 会分析汽车燃油经济性的影响因素；
4. 会汽车燃油经济性的试验方法。

任务介绍

汽车燃油经济性是指汽车在一定的使用条件下，以最少的燃油启动消耗量完成单位运输工作的能力，它是汽车的主要使用性能之一。

石油是现代工业特别是交通运输的主要能源。各国汽车运输所消耗的石油产品几乎占石油开采量的40%。我国汽车运输每年消耗的汽油约占汽油总产量的90%，柴油约占其产量的7%，总消耗量约占成品油的1/3。在汽车运输成本中，燃油启动消耗费用占20%～30%。所以，节约燃油启动就意味着汽车运输成本的降低和经济效益的提高。节约汽车用燃油启动已经成为汽车制造业和汽车运输业的一个重要任务。

任务分析

本学习任务在实施中主要包括以下几个过程。

1. 相关知识的学习

通过理论知识的学习，掌握完成本任务需要的理论知识。

2. 汽车燃油经济性检测的方法

利用汽车燃油经济性检测设备，规范地检测车辆的燃油经济性，同时要有安全、环保方面的意识。汽车燃油经济性检测可以在试车场或实际路面上进行，通过测定单位行驶里程的燃油消耗量、消耗单位燃油所行驶的里程数、单位运输工作量的燃油消耗量、燃油消耗定额、等速百千米油耗等参数，以及进行循环行驶试验来评价汽车的燃油经济性是否符合要求。

相关知识

一、汽车燃油经济性评价指标

汽车燃油经济性通常用单位行驶里程的燃油消耗量、消耗单位燃油所行驶的里程数或单位运输工作量的燃油消耗量等衡量。

1. 单位行驶里程的燃油消耗量

在我国及欧洲，通常用单位行驶里程的燃油消耗量（单位：当燃油按质量计算时为kg/100km，当燃油按容积计算时为L/100km）或单位运输工作的燃油经济性［单位：kg/（100t·km）；kg/（1000人·km）；L/（100t·km）；L/（1000人·km）］来衡量燃油经济性评价指标。单位为L/100km，即行驶100km所消耗的燃油升数；其数值越大，汽车燃油经济性就越差。由于这种指标只考虑了行驶里程，没有考虑车型与载质量的差别，所以只能用于比较同类型汽车或同一辆汽车的燃油经济性。

2. 消耗单位燃油所行驶的里程数

在美国，通常用消耗单位燃油所行驶的里程数来衡量燃油经济性指标，其单位是MPG即mile/USgal，指每加仑燃油能行驶的英里数。这个数值越大，汽车燃油经济性越好。

3. 单位运输工作量的燃油消耗量

在比较不同类型、不同装载质量汽车的燃油经济性时，通常采用单位运输工作量的燃油消耗量来衡量。货车通常采用单位为kg/（100t· km）或L/（100t·km）；客车通常采用单位为kg/（1000人·km）或L/（1000人·km）。

4. 燃油消耗定额

燃油消耗定额是指汽车每行驶百车千米或完成百吨千米所消耗燃油的限额，它是考核单车和汽车运输企业在运输生产中物料消耗的主要定额指标之一。

燃油消耗定额通常按车型、使用条件、载质（客）量和燃油种类等分别制定。

客车一般按百车千米平均燃油消耗量为基数，货车则以空车百车千米平均燃油消耗量为基数，再按其实际载质量及拖挂总质量的百吨千米燃油消耗量为附加数进行考核，计算公式如下：

$$\text{百吨千米燃油平均消耗量}=\frac{\text{燃油实际消耗量}}{\text{实际完成周转量}}\times 100\ [\mathrm{L/(100t\cdot km)}]$$

对汽车运输企业，则按全部运行车辆百吨千米平均燃油消耗量为基数进行考核。百车千米燃油平均消耗量为

$$百车千米燃油平均消耗量=\frac{燃油实际消耗量}{总行驶里程}\times 100\ [L/(100t\cdot km)]$$

燃油消耗定额是个综合性考核指标。要降低燃油消耗定额，一方面要提高驾驶员的操作技术水平和提高车辆的技术状况；另一方面调度人员要根据运输任务的批量大小、气象与道路条件，合理地确定营运路线，科学地调派车辆，以保证运输任务的完成。因此燃油消耗定额能反映技术与经济的综合管理效果。

5. 汽车运行燃油消耗量标准

我国首个汽车油耗强制性国家标准《乘用车燃料消耗量限值》(GB 19578—2004)（表4-1）于 2004 车 10 月 29 日出台。

表 4-1　GB 19578—2004《乘用车燃料消耗量限值》　　单位：L/100km

整车整备质量（*CM*，kg）	【1】		【2】	
	第一阶段	第二阶段	第一阶段	第二阶段
CM≤750	7.2	6.2	7.6	6.6
750<*CM*≤865	7.2	6.5	7.6	6.9
865<*CM*≤980	7.7	7.0	8.2	7.4
980<*CM*≤1090	8.3	7.5	8.8	8.0
1090<*CM*≤1205	8.9	8.1	9.4	8.6
1205<*CM*≤1320	9.5	8.6	10.1	9.1
1320<*CM*≤1430	10.1	9.2	10.7	9.8
1430<*CM*≤1540	10.7	9.7	11.3	10.3
1540<*CM*≤1660	11.3	10.2	12.0	10.8
1660<*CM*≤1770	11.9	10.7	12.6	11.3
1770<*CM*≤1880	12.4	11.1	13.1	11.8
1880<*CM*≤2000	12.8	11.5	13.6	12.2
2000<*CM*≤2110	13.2	11.9	14.0	12.6
2110<*CM*≤2280	13.7	12.3	14.5	13.0
2280<*CM*≤2510	14.6	13.1	15.5	13.9
2510<*CM*	15.5	13.9	16.4	14.7

注：如果申请车型在结构上具有以下一种或多种特征，其限值采用表中【2】的数值：

①装有自动变速器；

②具有三排或三排以上坐椅；

③符合 CB/T 15089—2001《机动车辆和挂车分类》中规定条件的 M_1G 类汽车。

这一国家标准是以整车整备质量来确定汽车的耗油量，而不是以发动机排量级别来确定汽车的耗油量。整车整备质量是指已添满燃油、冷却液、润滑油和随车工具时的汽车质量。因此这个政策实际上直接涉及车身结构、材料、配置等多方面的因素，这些限制对于目前的汽车生产企业的技术能力是一次严峻的考验。

例如，某型号整车整备质量在 1100～1140kg，那么若为手动挡车在燃油限值第一阶段是 8.9L/100km，第二阶段是 8.1L/100km；若为自动挡车在燃油限值第一阶段是 9.4L/

100km，第二阶段是 8.6L/100km。

6. 等速百千米油耗

等速百千米油耗是常用的一种汽车燃油经济性的评价指标，指汽车在一定载荷（我国规定轿车为半载，货车为全载）下，以最高挡在水平良好路面上等速行驶 100km 的燃油消耗量。通常测出每隔 10km/h 或 20km/h 速度的间隔以及各种速度下等速行驶 100km 的燃油消耗量，然后在图上连成一条曲线。该曲线称为等速百千米油耗曲线，如图 4.1 所示。

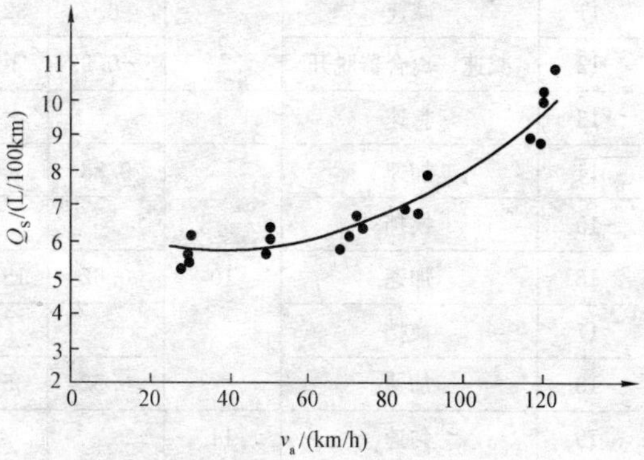

图 4.1　汽车等速百千米油耗曲线

7. 循环行驶试验

汽车的等速行驶工况不能全面反映汽车的实际运行情况，特别是在城市道路运行时频繁出现的加速、减速、怠速、停车等工况。因此，在对实际行驶车辆进行跟踪测试统计的基础上，各国都制定了一些典型的循环行驶试验工况来模拟汽车实际运行工况，并以百千米燃油消耗量（或 MPG）来评价相应工况的燃油经济性。

循环行驶试验工况规定了车速和时间的行驶规范，如换挡时刻、制动时刻、行车速度和加速度等数值，因此在道路上试验比较困难，一般多规定在室内汽车底盘测功机（滚筒试验台）上进行测试，而规定在路上进行试验的循环工况均很简单。

我国规定轿车及总质量小于 3500kg 的货车按二十五工况进行循环试验；客车按四工况进行循环试验；总质量为 3500～14000kg 的货车按六工况进行循环试验；微型车按十工况进行循环试验，表 4.2 和图 4.2 为轿车二十五工况循环试验。

表 4-2　轿车二十五工况循环试验表

程序号	运转次序	工况序号	加速度/（m/s^2）	车速/（km/h）	程序时间/s	工况时间/s	累计时间/s	手动变速器，所用挡位
1	怠速	1			11	11	11	PM×6s＋K_1×5s
2	加速	2	1.04	0～15	4	4	15	Ⅰ
3	匀速	3		15	8	8	23	Ⅰ
4	减速	4	−0.69	15～10	2	5	25	Ⅰ
5	减速（离合器脱开）		−0.92	10～0	3		28	K_2
6	怠速	5			21	21	49	PM×6s＋K_1×5s
7	加速	6	0.83	0～15	5	12	54	Ⅰ
8	换挡		0.94	15	2		56	Ⅱ
9	加速			15～32	5		61	Ⅱ
10	匀速	7		32	24	24	85	Ⅱ

表 4-2（续）

程序号	运转次序	工况序号	加速度 / (m/s^2)	车速 / (km/h)	程序时间 /s	工况时间 /s	累计时间 /s	手动变速器，所用挡位
11	减速	8	−0.75	32～10	8	11	93	Ⅱ
12	减速、离合器脱开		−0.92	10～0	3		96	K_2
13	怠速	9			21	21	117	$PM\times 6s+K_1\times 5s$
14	加速	10	0.83	0～15	5	26	122	Ⅰ
15	换挡			15	2		124	K
16	加速		0.62	15～35	9		133	Ⅱ
17	换挡				2		135	K
18	加速		0.52	35～50	8		143	Ⅲ
19	匀速	11		50	12	12	155	Ⅲ
20	减速	12	−0.52	35～50	8	8	163	Ⅲ
21	匀速	13		35	13	13	176	Ⅲ
22	换挡	14	−0.86	32～10	2	12	178	Ⅱ
23	减速				7		185	
24	减速、离合器脱开		−0.92	10～0	3		188	K_2
25	怠速	15			7	7	195	$PM\times 7s$

注：PM——变速器空挡，离合器接合；

K_1——变速器挂 1 挡，离合器脱开；

K_2——变速器挂 2 挡，离合器脱开。

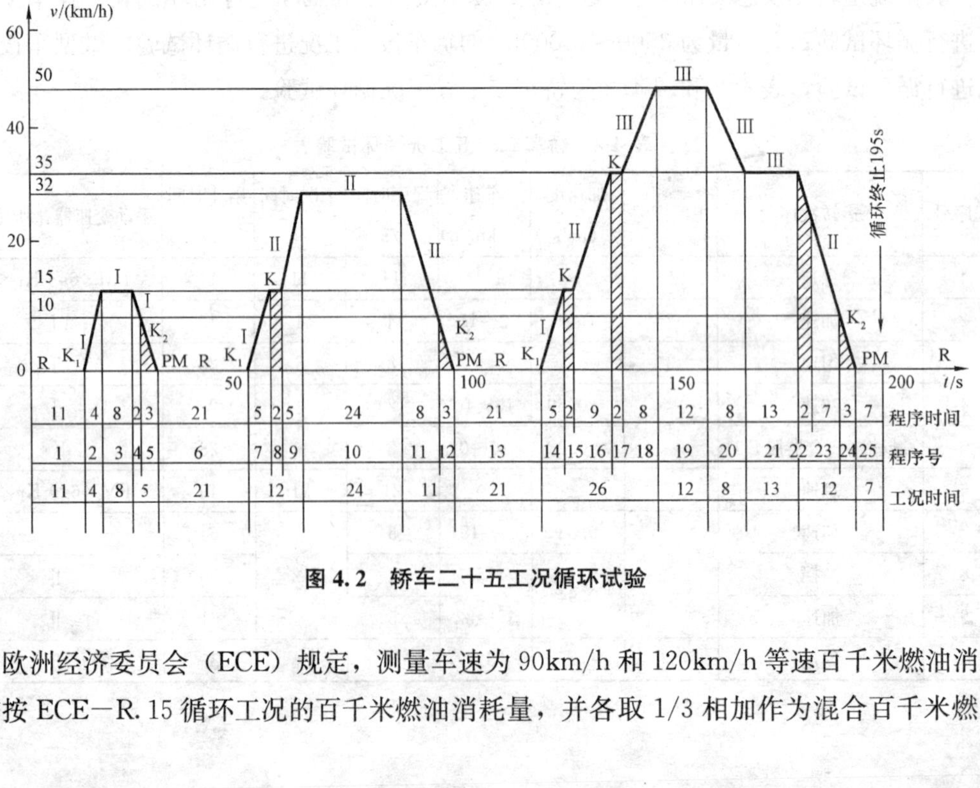

图 4.2　轿车二十五工况循环试验

欧洲经济委员会（ECE）规定，测量车速为 90km/h 和 120km/h 等速百千米燃油消耗量和按 ECE—R.15 循环工况的百千米燃油消耗量，并各取 1/3 相加作为混合百千米燃油消耗量来评定汽车燃油经济性。

美国环境保护局（EPA）规定，测量城市循环工况（UDDS）及公路循环工况（HWFET）的燃油经济性（MPG），并按下式计算综合燃油经济性：

$$综合燃油经济性=\frac{1}{\dfrac{0.55}{城市循环燃油经济性}+\dfrac{0.45}{公路循环燃油经济性}}$$

二、汽车燃油经济性检测设备

测定汽车的燃油消耗量，需采用车用油耗仪。车用油耗仪按照测试方法可分为：容积式油耗仪、质量式油耗仪、流量式油耗仪和流速式油耗仪。其中容积式油耗仪最为常用，以下仅对它予以介绍。

（一）车用油耗仪的工作原理

容积式油耗仪通过测量发动机运转时累计消耗的燃油总量，将汽车行驶时间和行驶里程换算成汽车的燃油消耗量。

容积式油耗仪按照传感器结构，可分为膜片式、量管式和活塞式几种；按照显示装置的显示方式，可分为电磁计数显示式和数字显示式。

通常，油耗仪由油耗传感器和显示装置组成。

1. 油耗传感器

如图 4.3 所示为四活塞式车用油耗仪传感器简图，该传感器主要由活塞，液压缸，曲轴，壳体，进、出油道等组成。

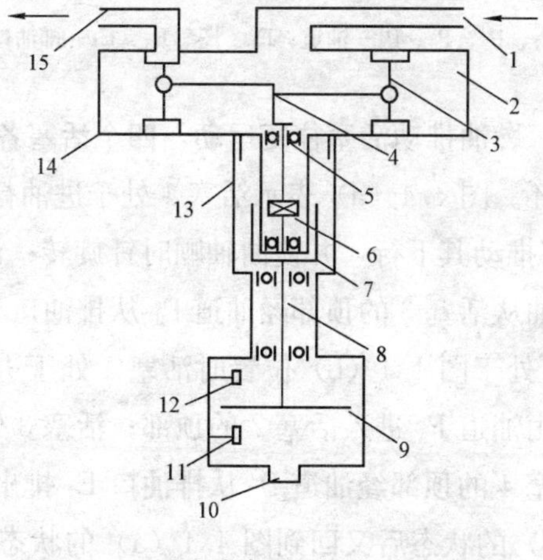

图 4.3　四活塞式车用油耗仪传感器简图

1—进油道；2—液压缸；3—活塞；4—曲轴；5—曲轴轴承；6—主动磁铁；7—从动磁铁；8—转轴；9—光栅板；10—电缆线插座；11—光敏元件；12—发光元件；13—下壳体；14—上壳体；15—出油道

四个活塞及其液压缸呈“十”字形向心布置，工作原理如图 4.4 所示。

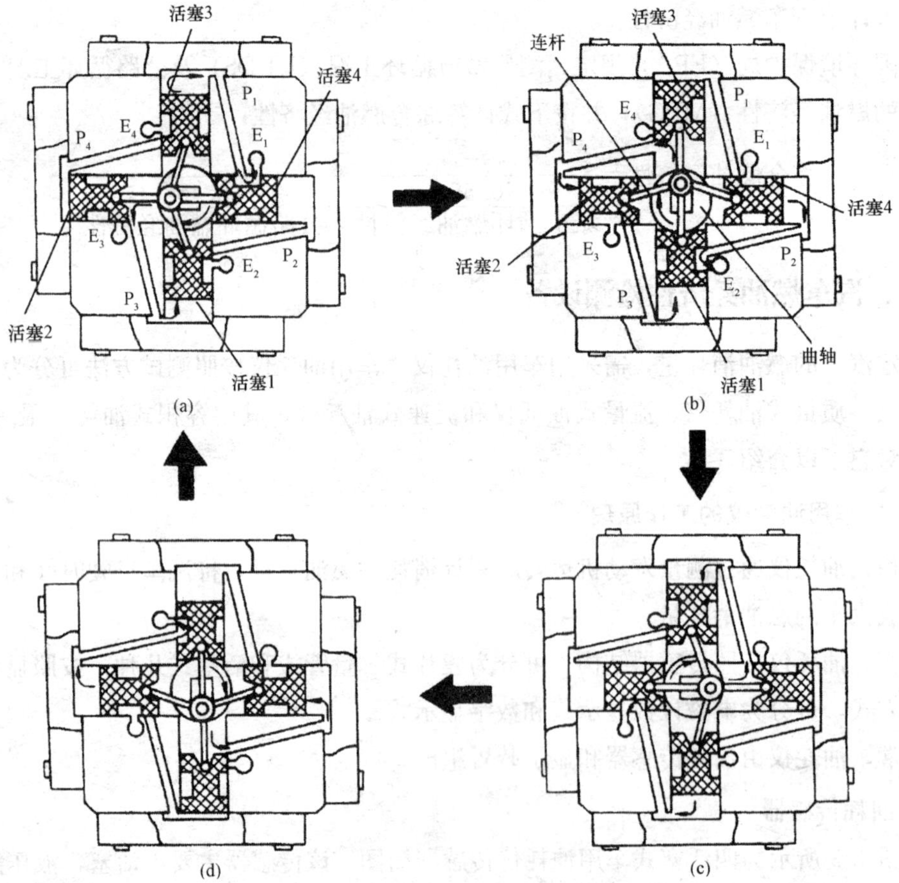

图 4.4　四活塞式车用油耗仪传感器工作原理

P_1、P_2、P_3、P_4—油道；E_1、E_2、E_3、E_4—排油口

在泵油压力的作用下，燃油推动活塞往复运动，四个活塞各往复运动一次则曲轴旋转一周，完成一个进排油循环。图 4.4（a）表示活塞 1 处于进油行程，来自曲轴箱的燃油由油道 P_3 进入活塞 1 的顶部推动其下行，并使曲轴顺时针旋转；活塞 2 处于排油行程终了；活塞 3 处于排油行程，燃油从活塞 3 的顶部经油道 P_1 从排油口 E_1 排出；活塞 4 处于进油终了。曲轴顺时针旋转 90°处于图 4.4（b）位置时活塞 1 处于进油终了；活塞 2 处于进油行程，来自曲轴箱的燃油由油道 P_4 进入活塞 2 的顶部；活塞 3 处于排油行程终了；活塞 4 处于排油行程，燃油从活塞 4 的顶部经油道 P_2 从排油口 E_2 排出。曲轴顺时针旋转分别经过图 4.4（c）和图 4.4（d）的状态后又回到图 4.4（a）的状态。如此循环往复，曲轴每旋转一周，各缸分别泵油一次，从而具有连续定容量泵油的作用。曲轴每旋转一周的泵油量为

$$V=2h\pi d^2$$

式中　h——曲轴偏心距，cm；

　　　d——活塞直径，cm。

信号转换机构装在曲轴的另一端，由主动磁铁、从动磁铁、转轴、光栅板、发光元件、光敏元件等组成，如图 4.3 所示。主动磁铁装在曲轴上，从动磁铁装在转轴上，转轴的下端安装有光栅板，在光栅板的两侧装有发光元件和光敏元件。当曲轴转动时，由于一对永久磁铁的吸引作用，转轴及光栅板也随之转动，通过发光元件和光敏元件的光电作用，把曲轴的转动变成电脉冲信号。每个电脉冲信号代表一定容积的燃油量。电脉冲信号被输送到计量显示装置，经计算、处理后即可显示出流经的燃油量。

2. 显示装置

车用油耗仪的显示装置多采用计算机控制数字显示，如图 4.5 所示为国产 STJ—3 型油耗仪显示装置。该显示装置能测定各种类型发动机油耗的累计流量、瞬时流量、道路行驶流量和累计时间等参数，并具有定时间、定容积、定质量等功能，能对数据进行运算、处理、存储、显示和打印。

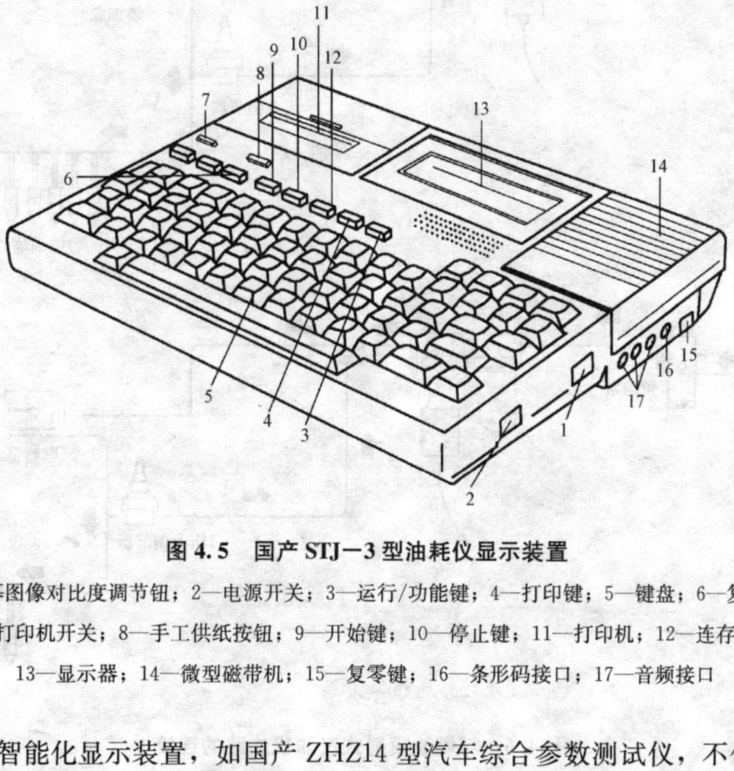

图 4.5 国产 STJ—3 型油耗仪显示装置

1—屏幕图像对比度调节钮；2—电源开关；3—运行/功能键；4—打印键；5—键盘；6—复位键；7—打印机开关；8—手工供纸按钮；9—开始键；10—停止键；11—打印机；12—连存键；13—显示器；14—微型磁带机；15—复零键；16—条形码接口；17—音频接口

另外一些智能化显示装置，如国产 ZHZ14 型汽车综合参数测试仪，不仅包括油耗仪功能，还能测试试验车速、累计里程、燃油温度等，并能按照国家标准的规定自动完成等速燃油消耗量试验、多工况燃油消耗量试验和手动完成百千米燃油消耗量试验等测试工作。

（二）车用油耗仪的连接

在使用车用油耗仪检测汽车燃油经济性时，需要串接在供油管路中。连接方式因发动机形式的不同而有所不同。

1. 与燃油喷射式汽油机油路的连接

目前国内汽车的汽油机普遍采用电控燃油喷射式供油系，燃油泵的供油量远大于喷油器的需油量，多余的燃油经回油管流回油箱。油耗仪的连接应避免因回油造成的多余计数，其连接方式如图 4.6（a）所示：燃油泵外置，燃油压力调节器的回油管连接在油耗仪的出口管路端。

图 4.6（a）所示的连接方式容易在油耗仪及燃油泵之间的油管中因负压而产生气泡，形成气阻；可增加一个辅助泵，如图 4.6（b）所示。该辅助泵可保证油耗仪及燃油泵进油端的油路保持正压力，防止气泡的产生，从而进行稳定的油耗测量。

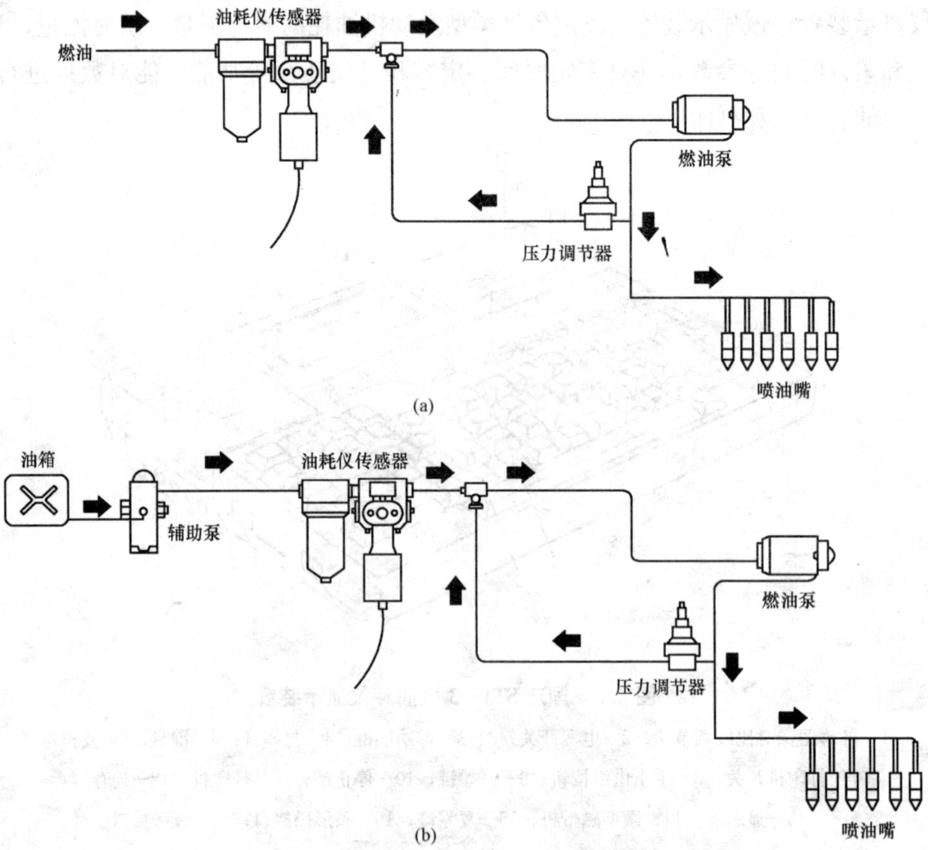

图 4.6　与燃油喷射式汽油机油路的连接

2. 与柴油机油路的连接

如图 4.7（a）所示为油耗仪在柴油机供油管路中的连接方法。同样，为了避免回油带来的计量失准，必须把回油管路连接在油耗仪的出口管路端。为了避免大需油量柴油机检测时出现气泡，引起测量误差，应在油箱和油耗仪之间安装辅助油泵，如图 4.7（b）所示。

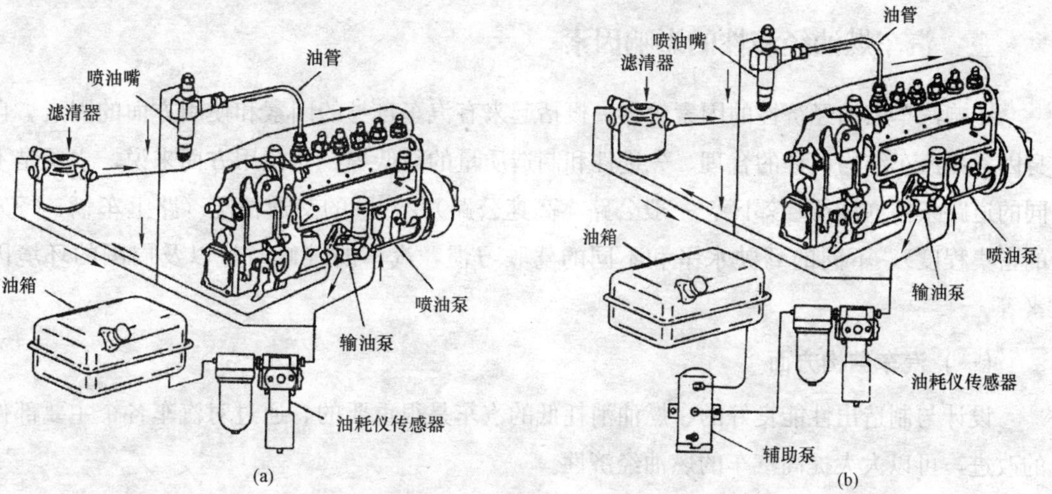

图 4.7　与柴油机油路的连接

（三）车用油耗仪的使用

以下以国产 ZHZ14 型汽车综合参数测试仪为例讲解油耗仪的使用。

1. 仪器自校

接通电源，开机或按下“自校”键后，仪器自动进入自检状态，可对面板、拨码盘、测温系统、测量系统、打印机等进行检查，并按给定的方法由操作人员判断仪器是否有故障，显示的参数是否正确和能否正常工作等。

2. 测量

按下“启动”键，仪器将自检数据清零，进入正常测量状态。此时，按照规定的试验方法，在道路条件下进行直接挡全油门燃油消耗量试验、等速燃油消耗量试验、多工况燃油消耗量试验、限定条件下的平均使用燃油消耗量试验。通过按键，仪器可显示累计路程、累计耗油量、瞬时耗油量、累计时间、试验车速和燃油温度等参数。按下“打印”键可打印出测量结果。

该仪器还设置了专用试验功能，可自动完成国家标准规定的等速燃油消耗量试验和多工况燃油消耗量试验，手动完成百千米燃油消耗量试验等，能省去标杆和指示人员。

测量结束后，从汽车上拆下油耗仪，将传感器内的油液排净，并注入经过加热蒸发过水分的润滑油妥善保管。

3. 定期标定油耗仪系数

车用油耗仪使用一段时间后，由于油耗仪传感器技术状况变化，测量精度下降，所以需要定期重新标定油耗仪系数，标定时按仪器使用说明书介绍的方法进行。通常的做法是先测定油耗仪传感器的实际输油量，再与显示装置的指示量相比较，求出新的标定系数，则仪器的指示误差通过确定新的标定系数而得到校正。

三、汽车燃油经济性的影响因素

影响汽车燃油经济性的因素较多，概括起来有汽车自身的因素和使用方面的因素。自身因素如汽车结构设计的合理、先进性和制造质量的高低等；对使用方面来说，主要是不同的道路条件（城市、郊区、一般公路、高速公路），不同的交通情况（路上车辆、行人的密集程度），不同的驾驶水平和不同的驾驶习惯，汽车的维修质量以及周围的环境因素等。

（一）汽车结构方面

设计与制造出性能良好的、燃油消耗低的汽车是很重要的。通过对汽车各个主要部件的改进，可以大大提高汽车的燃油经济性。

1. 发动机

（1）发动机的种类　电控燃油喷射式汽油发动机可以精确地控制可燃混合气的空燃比，保证各缸供应混合气的均匀性，同时汽油的雾化效果较好，燃油利用率高。采用电控燃油喷射式汽油机有利于提高汽车的燃油经济性，同时又可降低排放污染。

柴油机与汽油机相比，热效率高，特别是在部分负荷时，有效燃油消耗率较低。柴油机的燃油消耗（按容量计算）比汽油机要节省20%～45%，而且柴油价格较低，排污较少。因此，柴油机的性能不断改善之后，扩大柴油机的使用范围是当前的发展趋势。

（2）发动机的压缩比　发动机的压缩比提高时，热效率增加，使发动机动力性、经济性得以改善，发动机燃油消耗率有所降低。但汽油机压缩比提高到一定程度后易产生爆燃，并且会增加氮氧化合物（NO_x）的排放量，所以汽油机压缩比的提高有一定的限度。

（3）选用变排量发动机　在保证动力性足够的前提下，选用小排量发动机可以提高发动机的功率利用率，降低汽车的耗油量。但在高级轿车上，为了满足汽车最高车速和加速时间的要求，选用排量较大、功率较大的发动机。在大部分情况下，发动机处于负荷率较低的工况下工作时，燃油消耗率较高，汽车燃油经济性降低。

如果能够根据汽车及发动机的运行工况的需要，自动控制参加工作的汽缸数目，使工作的汽缸处于经济负荷下运行，可提高汽车燃油经济性。

（4）采用断油控制技术　当发动机转速或车辆行驶速度超过限定值时，燃油系停止供油，称为超速断油控制。超速断油可以防止发动机转度或车辆行驶速度的进一步升高而引起危险，同时对汽车燃油经济性及排放性均十分有利。

当节气门关闭而发动机转速在设定转速以上工况（强制怠速）时，燃油系停止供油，称为减速断油控制。发动机强制怠速工况占汽车运行时间的10%～40%，实施减速断油控制可以有效节约燃油，同时减少排放的污染物。

2. 传动系

（1）适当增加变速器挡位数　变速器挡位数增多，增加了选用合适挡位使发动机处于经济工况下运行的机会，有利于提高燃油经济性。目前轿车变速器普遍采用5挡，重型货车有采用更多挡位数的趋势，某些车型挡位数已达10个以上。但挡位数的增加，使传动系结构复杂，操纵不便。

(2) 采用超速挡　超速挡又称经济挡，处于超速挡行驶可以提高发动机负荷率，降低燃油消耗率。

(3) 采用无级变速器　挡位数无限的无级变速器，在任何工作条件下都提供了使发动机处于最经济工况下工作的可能性。如果无级变速器能够始终维持较高的机械效率，则汽车的燃油经济性将显著提高。

3. 汽车整备质量

汽车总质量影响到滚动阻力、上坡阻力和加速阻力，因而影响燃油经济性。减少汽车整备质量是降低油耗最有效的措施之一。

减少汽车整备质量方面采取的措施主要有：采用高强度轻材料，如高强度低合金钢、铝合金、塑料、陶瓷和各种纤维强化等材料制造汽车零件；改进汽车结构，如采用前轮驱动、承载式车身等；减小车身尺寸，不随意增加附加装置等。

4. 汽车外形与轮胎

改善汽车外形以减小空气阻力系数，从而减小中高速行驶的空气阻力，有显著的节油效果。某轿车通过变动车身形状而具有不同空气阻力系数的试验表明，空气阻力系数由0.42下降到0.3，可使混合百千米油耗降低9%，而以150km/h等速行驶的油耗会降低25%左右。

轮胎的选用影响到汽车的燃油经济性、操纵性、安全性、舒适性等。胎面上的花纹是轮胎与路面直接接触的部位，其类型直接影响着轮胎的附着性能、噪声、滚动阻力等。子午线轮胎的综合性能好，滚动阻力小，比斜交胎节油6%～8%。

（二）汽车使用方面

对于一定的车型而言，一般通过改善汽车的技术状况，提高驾驶员的操作技术水平来降低燃油消耗量，提高汽车的燃油经济性。

1. 发动机技术状况

发动机技术状况良好，不仅使汽车具有良好的动力性，同时也使其具有良好的燃油经济性。保持发动机良好技术状况的主要措施有以下几个：

(1) 定期检查并保持足够的汽缸压力　定期更换空气滤清器滤芯，检查进气系统状态，定期检查汽缸压力。若汽缸压力不足，不仅使发动机动力性下降，也使燃烧速度减慢，使燃油经济性下降。

(2) 保持发动机正常的工作温度　水温过高会使发动机过热，减少充气量，出现爆震等现象，同时供油系统易产生气阻，不但使功率降低，而且还能引起燃油消耗增加；水温过低会影响燃油的汽化质量，使各缸混合气不均匀，燃烧速度下降，同样造成发动机功率及转矩下降，燃油消耗率增加。

（3）保持燃油供给系良好的技术状况　定期对燃油供给系进行检查和调整，如喷油器和节气门要定期进行清洗、燃油滤芯定期更换，保持良好技术状况能提高汽车的燃油经济性。

（4）保持点火系良好的技术状况　保证足够的点火能量和合适的点火时刻，有利于降低发动机燃油消耗率，提高汽车的燃油经济性。

（5）保持润滑系良好的技术状况　定期更换润滑油及滤芯，保持润滑系良好的技术状况，有利于降低发动机燃油消耗率，提高汽车的燃汕经济性。

2. 汽车的滑行性能

滑行性能通常用滑行距离和滑行阻力系数来表示。滑行距离越长，说明道路阻力越小，传动系效率越高。进行正确的调整与维护，保持汽车良好的滑行性能，则底盘消耗的能量少，燃油消耗率下降，可以使汽车具有良好的燃油经济性。反之，如果传动系齿轮啮合间隙过小，轴承、油封过紧，前轮定位失准，轮胎气压过低，制动间隙过小等，都会使汽车滑行性能下降，行驶阻力增加，使汽车燃油经济性变差。

3. 驾驶技术

良好的驾驶技术能够大大降低汽车的燃油消耗量，提高汽车的燃油经济性。不同技术水平的驾驶员在相同条件下，驾驶同一类型的汽车，其燃油消耗量可相差20%～40%。因此，驾驶技术对汽车的燃油经济性有重要影响。

（1）行车挡位的选择和变换　在良好的路面上行驶，在一定行驶状态下和一定的车速范围内，既可以用高挡行驶，也可以用次高挡行驶时，应选择高挡行驶。

汽车在上坡行驶时，应适时减挡。减挡过早，不能充分利用汽车惯性爬坡；减挡过晚，车速降低过多，常需要多换一次挡，增加燃油消耗量。

（2）行车速度　汽车满载在良好路面上行驶时，存在一个使等速燃油消耗量最小的车速，即技术经济车速。车速高于或低于技术经济车速，汽车等速油耗均上升。不同车型的技术经济车速可通过试验得到。将技术经济车速前后燃油消耗较低的车速划为一组，称为技术经济车速范围。行车速度保持在此范围内可节省燃油。

（3）合理利用滑行技术　汽车滑行可分为减速滑行、加速滑行和下坡滑行。

汽车行驶中，当前方遇障碍以及预见性停车和到达停车场时，预先将变速器置空挡的滑行，称为减速滑行。当车辆接近上述障碍时，车速已降低，可不采取制动而顺利通过或停车，这样就可达到节约燃油和保证安全的目的。

汽车以高挡加速至较高车速后，空挡滑行至较低的车速，然后再挂高挡加速，这种加速和空挡滑行交替进行的方法，称为加速滑行法。加速时，虽然行驶阻力增加，但人为地提高发动机的负荷率，降低了有效燃油消耗率，燃油消耗量增加不多。而发动机空挡滑行时，单位时间的燃油消耗量很小，两者相加，采用加速滑行比等速行驶节省燃油。

试验结果表明，在平均车速相同的情况下，采用最佳的加速滑行模式与等速相比，满载时的节油率达 11.8%～16.7%，空载时的节油率达 21.3%～23.4%。

一般加速滑行不适合拖带挂车的汽车列车，因汽车列车的负荷率已较高，采用加速滑行方法加速时，负荷率很高，比油耗高，节油效果不明显，甚至油耗增加。此外，加速滑行操作法，使驾驶员的劳动强度增加，对安全不利。

汽车加速滑行只能在道路宽直、无视线遮挡、行人和车辆稀少的条件下采用；要求汽车的技术状况良好，滑行距离应达加速距离的 1.5 倍以上；加速滑行的最大车速不应超过技术经济车速范围的上限；加速时应缓慢踏加速踏板，至全开的 80%～90%。在高速公路行驶时不能使用加速滑行法。

在坡度小于 5%的缓直坡道或陡坡接近坡尾，可空挡滑行；在路况熟悉的波状起伏微丘地带，可在临近坡顶时空挡滑行过坡顶，至临近坡尾再挂挡加速冲过第二个坡道，但在这种道路滑行时，发动机不能熄火。

在长而陡的坡道上，严禁熄火空挡滑行。应在高挡不熄火滑行，利用发动机阻力，并采用间歇制动，控制车速。如果熄火空挡滑行，长时间用行车制动器控制车速，制动器容易发热使制动效能下降，甚至失效或烧毁制动摩擦片。

（4）合理采用拖挂运输　采用拖挂运输可提高运输生产率，降低成本。汽车采用拖挂后，总的燃油消耗量会增加，但分摊到每吨货物上的燃油消耗量则是下降的。

（三）汽车维修质量方面

在汽车技术状况发生变化以后，通过对车辆的维修，尽可能地恢复其原有的技术状况是使汽车处于良好技术状况的重要措施，也是节油工作的基础（如维修化油器）。

在维修中，要严格执行维修标准，把好检验质量关，提高汽车的维修质量；同时要不断地提高维修人员的技术水平。维修质量好，车辆的技术状况就好，这样不仅可以降低燃油的消耗，还可以减少汽车在使用过程中的维修时间，减少维修费用。

（四）企业管理方面

加强企业管理，提高管理水平是节约燃油的根本。无论是节能方针、政策的贯彻，还是节油技术、设备的改进和节油方法的落实，最终都要通过驾驶和改善管理工作来实现。

汽车运输部门应采取有效的管理方法，加强对节油的管理，收集和记录汽车燃油消耗的原始数据，进行统计分析，制定出切实可行的节油管理制度，并组织实施。

加强油料的保管，减少浪费。燃油的装罐、运输、入库、保管、领发和盘存通常称为六大流转环节，各环节都应建立责任制度，完善手续，严格考核燃油自然损耗定额，杜绝各环节中的跑、冒、滴、漏现象。在燃油保管中，还需要注意防止因变质造成损失，应减少油料与空气接触；室外存油用浅色容器以反射阳光，降低油温；容器密封，防止水和杂物混入，油桶应干燥、清洁，专油专桶。

建立和健全燃油领发制度、定额考核制度和节油奖惩制度，调动节油的积极性，促进节油工作的顺利开展。

任务实施

石油能源短缺使人们开始关注汽车燃油经济性，交通部1990年第13号令《汽车运输业车辆技术管理规定》中要求对营运车辆进行燃油经济性的检测评价。

对汽车燃油经济性的评价，一般是通过汽油消耗量试验来确定的，它是用以评价在用汽车技术状况与维修质量的综合性参数，也是诊断和分析汽车故障的重要参考。检测汽车燃油消耗量常通过燃油消耗检测仪测定燃油消耗量的容积和质量来表示。在汽车燃油消耗检测中可通过汽车道路试验检测，但更多是在底盘测功试验台上模拟路试来检测其燃油消耗量。

一、检测仪器与实施要求

汽车燃油消耗量与发动机类型、制造工艺状况、道路条件、气候情况、海拔高度、驾驶技术等多种因素有关，因此其主要试验方法必须有完整的规范。根据中华人民共和国《汽车燃料消耗量试验方法》（GB/T 12545—2008）规定，汽车在路试条件下燃油消耗量的试验方法如下。

1. 试验基本规范

汽车路试的基本规范可参照《汽车道路试验方法通则》（GB/T 12534—1990）。

2. 试验车辆载荷

除有特殊规定外，轿车为规定载荷的一半（取整数）；城市客车为总质量的65%；其他车辆为满载，乘客质量及其装载要求按《汽车道路试验方法通则》（GB/T 12534—1990）规定。

3. 试验仪器

试验仪器及精度要求如下：

（1）车速测定仪和汽车燃油消耗仪的精度为0.5%；

（2）计时器的最小读数为0.1s。

4. 试验一般规定

试验的一般规定如下：

（1）试验车辆必须清洁，关闭车窗和驾驶室通风口，只允许开动为驱动车辆必需的设备；

（2）由恒温器控制的气流必须处于正常调整状态。

5. 试验项目

（1）直接挡全油门加速燃油消耗量试验；

（2）等速燃油消耗量试验；

（3）多工况燃油消耗量试验；

（4）限定条件下的平均使用燃油消耗量试验。

汽车在进行路试时，一般以等速行驶燃油消耗量试验来检测汽车燃油消耗量，汽车在常用挡位（直接挡）从车速 20km/h 开始（当最低稳定车速高于 20km/h 时，从 30km/h 开始），以间隔 10km/h 的整数倍的预选车速，通过 500m 的测量路段，测定燃油消耗量 Δ（mL）和通过时间 t（s），每种车速试验往返各进行两次，直到该挡最高车速的 90%以上（至少不少于 5 种预选车速）。两次试验时间间隔（包括达到预定车速所需要的助跑时间）应尽量缩短，以保持稳定的热状态。

各平均实测车速 v 及相应的等速油耗量的平均值 Q_0 为

$$Q_0=\frac{\Delta}{500}=0.2\Delta\ (1/100)\ (\text{mL/m})$$

$$v=3.6\times500\div t\ (\text{km/h})$$

上式中，t、Δ 是预选车速下的平均值，算出 Q_0 后正为标准状态下的 Q_0。标准状态指：大气温度 20℃，大气压力 100kPa，汽油密度 0.742g/mL，柴油密度 0.830g/mL。修正公式为

$$Q_c=\frac{Q_0}{C_1C_2C_3}$$

$$C_1=1\div0.0025\ (20-T)$$

$$C_2=1\div0.0021\ (P-T)$$

$$C_3=1+0.8\ (0.742-\rho)\ (\text{汽油机})$$

$$C_3=1+0.8\ (0.830-\rho)\ (\text{柴油机})$$

式中　Q_c——修正后的燃油消耗量，L/100km；

C_1——环境温度校正系数；

C_2——大气压力校正系数；

T——试验时的环境温度，℃；

P——试验时的大气压力，kPa；

ρ——试验时的燃油密度，g/ml。

各种车速下油耗测试值对其平均值的相对误差不应超过±2.5%。

6. 绘制等速燃油消耗量特性曲线

以车速为横轴，燃油消耗量为纵轴，绘制等速燃油消耗散点图，根据散点图绘制等速燃油消耗量的特性图即 Q_c—v 曲线，如图 4.8 所示为某些车型的 Q_c—v 曲线。绘制时应使曲线与各散点的燃油消耗量差值的平均和为最小。

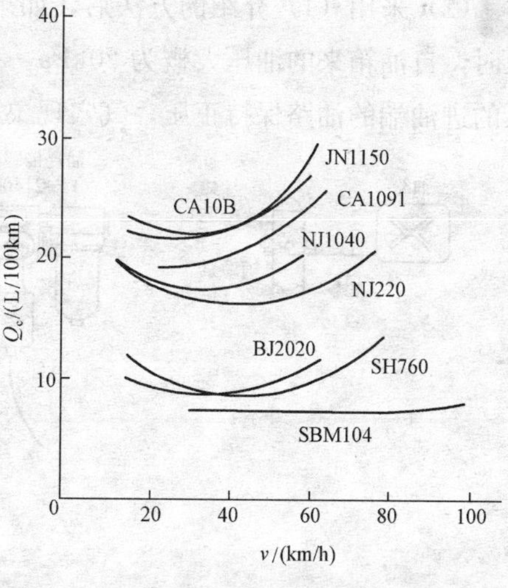

图 4.8　某些车型的等速百千米油耗特性曲线

7. 采集油耗测量数据

在汽车技术等级评定油耗检测的台架方法中，油耗数据的重复性应满足以下公式：

$$\frac{Q_{1(\max)}-Q_{1(\min)}}{Q_{AV}}\leqslant 2\%$$

式中 $Q_{1(\max)}$——台架方法中最大百千米油耗量；

$Q_{1(\min)}$——台架方法中最小百千米油耗量；

Q_{AV}——平均油耗。

8. 测定电控喷油的汽油机油耗时应注意的问题

(1) 仅使用油耗传感器时，电控喷油发动机必须处理从压力调节器回流多余燃油问题。如果多余的油回到油耗传感器的前面，则测出的油耗变成是发动机实际消耗的油加上回流的油，必须让多余的油回到油耗传感器的输出端才算正确，如图 4.9 所示。

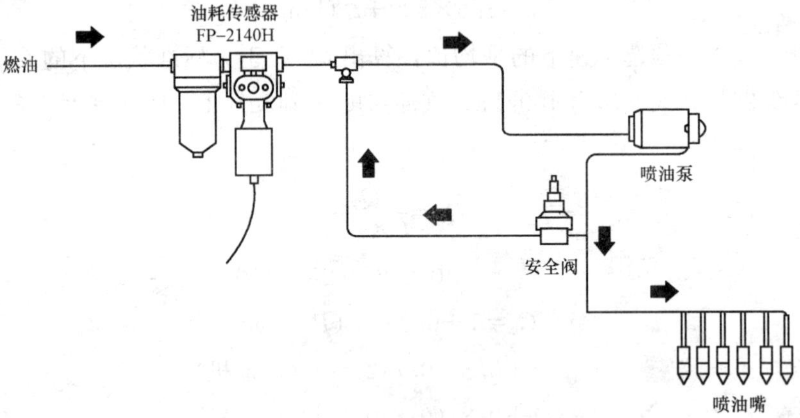

图 4.9　电控喷油系统

(2) 采用 (1) 介绍的方法后，如果遇到油耗传感器及喷油间产生负压，引起气穴现象时，自油箱来的油压大概为 20kPa，有必要加一个辅助泵（图 4.10）。该辅助泵使燃油泵的进油端的油路保持正压，气穴现象不易发生，可以进行稳定的油耗测量。

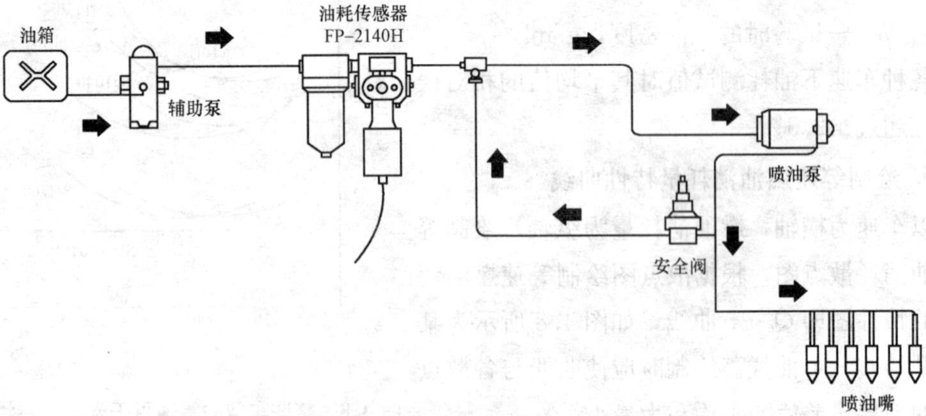

图 4.10　加辅助泵的电控喷油系统

(3) 采用 (1) 及 (2) 的方法后，当回油温度过高时，采用图 4.11 连接法。

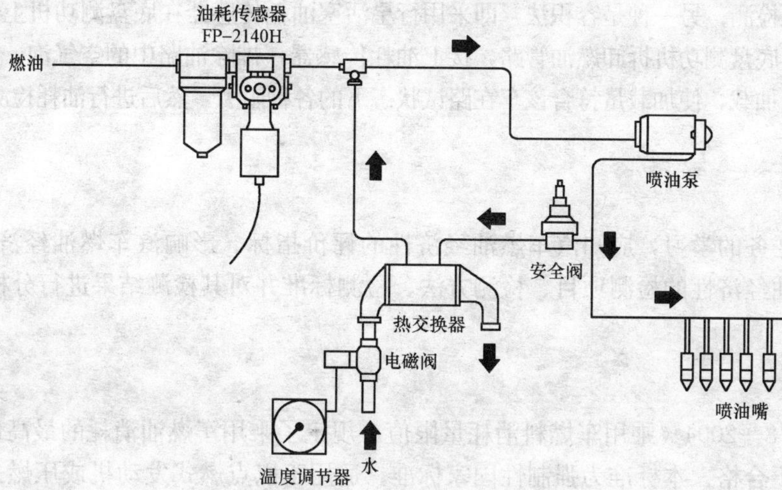

图 4.11　油温过高时的连接方法

(4) 当回流管路内有阻力，压力调节器的工作特点是：压力比规定压力高时，采用回油处理用油罐，如图 4.12 所示，使回流向大气开放，可解决上述问题。另外，MF-113 可作为燃油从油耗传感器流入回流处理用的油罐之用，但是回流处理用油罐的进口最大截止压为 50kPa，MF-113 的加压部加压后，在减压部减到 50kPa 以下。当压力为 40～50kPa 时，MF-113 没有必要安装。当供油压力为 50kPa 以下时，仅使用 MF-113 的减压器。

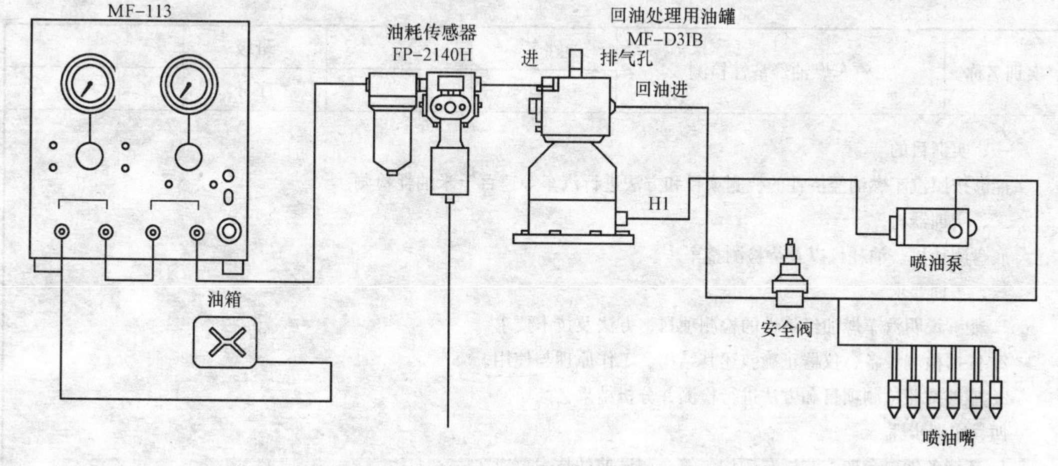

图 4.12　油耗仪在油路中的连接方案

二、检测实施步骤

采用路试方法受到很多条件限制，而汽车燃油消耗量在底盘测功机上进行台架试验暂无国家标准。因此为了方便、快速，参照《汽车燃料消耗量试验方法》(GB/T 12545.1—2008) 的要求评价汽车燃油经济性，便于汽车综合性能检测站开展车辆技术等级评定工作，可通过台架试验方法模拟道路试验，即在底盘测功机上采用模拟道路等速行驶油耗测试方法。

台架法中常见的两种检测油耗方法：一种是质量法，即采用质量式油耗传感器在底盘测功机上进行油耗检测；另一种是容积法，即采用行星活塞油耗传感器在底盘测功机上进行油耗检测。汽车驶上底盘测功机拆卸燃油管路，接上油耗传感器，排除油路中的空气泡，然后在底盘测功机上进行加载，使加载量符合该车在路试状态下的各种阻力，然后进行油耗检测。

归纳总结

通过本任务的学习，应知汽车燃油经济性的评价指标、影响汽车燃油经济性的因素；应会汽车燃油经济性的检测项目、检测方法、检测标准并对其检测结果进行分析。

知识拓展

GB 19578—2004《乘用车燃料消耗量限值》规定了乘用车燃油消耗的最高值，超过限值的车辆为不合格，本标准为强制性国家标准，适用于以点燃式发动机或压燃式发动机为动力，最大设计车速大于或等于 50km/h、最大设计总质量不超过 3500kg。本标准不适用于仅燃用气体燃油或醇类燃油的车辆。该标准的执行日期为：对于新认证车，第一阶段的执行日期为 2005 年 7 月 1 日，第二阶段的执行日期为 2008 年 1 月 1 日。对于在生产车，第一阶段的执行日期为 2006 年 7 月 1 日，第二阶段的执行日期为 2009 年 1 月 1 日。

实训 汽车燃油经济性检测

通过本实训的进行，巩固对汽车燃油经济性评价、底盘测功机、油耗仪等检测设备的结构和基本工作原理及技术要求等理论知识，掌握油耗仪的使用方法。

<table>
<tr><td rowspan="2">实训名称</td><td rowspan="2">汽车燃油经济性检测</td><td>姓名</td><td></td><td>班级</td><td></td></tr>
<tr><td>日期</td><td></td><td>序号</td><td></td></tr>
<tr><td colspan="6">一、实训目的
能够按照汽车燃油经济性的检测项目和方法进行汽车等速百千米油耗检测。
二、实训器材
底盘测功机、油耗仪以及待检测整车。
三、实训要求
1. 能够说明汽车燃油经济性的检测项目、方法及技术要求。
2. 依据检测设备、仪器正确叙述其结构、工作原理与使用。
3. 能够按照检测项目和方法进行检测并分析结果。
四、实训步骤
1. 环境条件、台架、测试车辆均应符合测试前的技术要求。
2. 在底盘测功机上按标准设定检测车速。
3. 将被检测汽车驱动轮置于底盘测功机滚筒上，启动汽车，逐步加速并换至直接挡（无直接挡应换至最高挡），使车速达到规定的车速。
4. 该测功机加载至限定条件，使其模拟汽车满载等速行使在平坦良好路面时的行驶阻力功率。
5. 待车速稳定后开始测量，要求测量不低于 500m 距离的燃油消耗量，并换算成百千米燃油消耗量。
6. 将结果与国家标准进行对比，说明汽车燃油经济性的合格条件。
五、实训报告
完成实训报告并分析检测结果。</td></tr>
</table>

<table>
<tr><th colspan="10">汽车燃油经济性检测评分表</th></tr>
<tr><td rowspan="2">基本信息</td><td colspan="2">姓名</td><td></td><td>学号</td><td></td><td>班级</td><td></td><td>组别</td><td></td></tr>
<tr><td colspan="2">规定时间</td><td></td><td>完成时间</td><td></td><td>考核日期</td><td></td><td>总评成绩</td><td></td></tr>
<tr><td rowspan="8">任务工单</td><td rowspan="2">序号</td><td colspan="4" rowspan="2">步骤</td><td colspan="2">完成情况</td><td rowspan="2">标准分</td><td rowspan="2">评分</td></tr>
<tr><td>完成</td><td>未完成</td></tr>
<tr><td>1</td><td colspan="4">考核准备：
车辆：
仪器设备：</td><td></td><td></td><td>10</td><td></td></tr>
<tr><td>2</td><td colspan="4">车辆操作（挡位、加速踏板、车速等）</td><td></td><td></td><td>20</td><td></td></tr>
<tr><td>3</td><td colspan="4">试验台操作</td><td></td><td></td><td>20</td><td></td></tr>
<tr><td>4</td><td colspan="4">数据测量</td><td></td><td></td><td>10</td><td></td></tr>
<tr><td>5</td><td colspan="4">数据计算分析</td><td></td><td></td><td>10</td><td></td></tr>
<tr><td>6</td><td colspan="4">结论</td><td></td><td></td><td>10</td><td></td></tr>
<tr><td colspan="2">5S</td><td colspan="6"></td><td>5</td><td></td></tr>
<tr><td colspan="2">沟通表达</td><td colspan="6"></td><td>5</td><td></td></tr>
<tr><td colspan="2">实训报告</td><td colspan="6"></td><td>10</td><td></td></tr>
</table>

任务五

汽车行驶平顺性评价指标及影响因素

♨知识目标

1. 了解汽车振动；
2. 掌握汽车行驶平顺性的评价方法；
3. 掌握汽车行驶平顺性的影响因素。

♨能力目标

1. 会分析汽车振动；
2. 会分析汽车行驶平顺性的影响因素；
3. 会汽车行驶平顺性的评价方法。

任务介绍

汽车在行驶过程中由于路面不平的冲击会出现振动，使乘客感到疲劳和不适，使货物损坏，同时还会影响汽车的使用寿命。汽车在行驶中对路面不平的降震程度，称为汽车的行驶平顺性，即保持汽车在行驶过程中乘员所处的振动环境具有一定舒适度的性能，对于载货汽车还包括保持货车完好的性能。

任务分析

本学习任务在实施中主要包括以下几个过程。

1. 相关知识的学习

通过理论知识的学习，掌握完成本任务需要的理论知识。

2. 汽车行驶平顺性的评价指标及主要影响因素

掌握汽车行驶平顺性的基本含义、评价指标、影响因素，能够在日常生活中正确地评价车辆行驶的平顺性和提高车辆的舒适性。

相关知识

汽车行驶平顺性是指汽车在一般使用速度范围内行驶时，能保证乘坐者不致因车身振动而引起不舒适和疲乏的感觉，以及保持所运货物完整无损的性能。它主要取决于汽车行驶系中悬架装置的技术性能，常用人体对振动的生理感受和保持货物的完好程度来评价，有时又称为乘坐舒适性。行驶平顺性既是决定汽车舒适性最主要的方面，也是汽车性能的主要指标。

一、汽车行驶平顺性评价指标

汽车行驶平顺性主要用振动参数（如振动的频率、振幅、加速度等）作为评价指标。

目前常用汽车车身振动的固有频率和振动加速度评价汽车的行驶平顺性。试验表明，为了保持汽车具有良好的行驶平顺性，车身振动的固有频率应为人体所习惯的步行时身体上下运动的频率（60～85 次/分，1～1.6Hz），振动加速度极限值为 0.2～0.3g。为了保证所运输货物的完整性，车身振动加速度也不宜过大。如果车身加速度达到 1g，未经过固定的货物就有可能离开车厢底板。所以，车身振动加速度的极限值应低于 0.7g。

高速汽车尤其是轿车要求具有优良的行驶平顺性。轮胎的弹性、性能优越的悬挂装置、坐椅的降震性能以及尽量小的非悬挂质量，都可以提高汽车的行驶平顺性。

1. 汽车振动及传递

行驶中的汽车是个复杂的“振动系统”，振动主要是由行驶路面的凹凸不平、高速旋转的轮胎和传动轴以及发动机的扭矩变化而激发的。这些因素引起的振动大多与车速有关，尤其是路面凹凸不平引起的振动，随着车速的变化，振动的频率和强度也会产生相应的变化。

因路面、轮胎产生的振动，先传到悬架，受悬架自身的振动特性影响后再传给车身，通过车身传到乘客的脚部，同时通过坐椅传给乘客的臀部和背部；还通过转向系，以转向盘抖动的形式传到驾驶员手部。

因发动机、传动系产生的振动，通过支承发动机、变速器和传动轴的缓冲橡胶块，经衰减后传给车身，再经上述途径传到人体各个部位。

2. 人体对振动的反应

机械振动对人体的影响，取决于振动的频率、强度、作用方向和持续时间，而且每个人的心理与身体素质不同，对振动的敏感程度有很大差异。人体对上、下振动忍耐性最强，其次是前、后振动，对左、右振动最敏感。人体上、下振动的共振点在 4～8Hz，水平振动的共振点在 1～2Hz。如果在共振点上加振，人的抗振能力会严重下降。

研究汽车平顺性实际上要解决两方面的问题：一是如何避免汽车这个“振动系统”的共振现象；二是使“振动系统”输出的振动频率避开人体敏感的范围，振动加速度不超过人体所能承受的强度。

3. 国际标准化组织提出的汽车行驶平顺性评价指标

在综合大量资料的基础上，国际标准化组织（ISO）提出了 ISO 2631《人体承受全身振动的评价指南》。该标准用加速度均方根值给出了在中心频率 1～80Hz 振动频率范围内人体对振动反应的三种不同的感觉界限：舒适—降低界限（TCD）、疲劳—工效降低界限（TFD）和暴露极限。

(1) 舒适一降低界限（TCD）与保持舒适有关　在此极限内，人体对所暴露的振动环境主观感觉良好，并能顺利完成吃、读、写等动作。

(2) 疲劳－工效降低界限（TFD）与保持工作效率有关　当驾驶员承受振动在此极限内时，能保持正常的驾驶。

(3) 暴露极限通常作为人体可以承受振动量的上限　当人体承受的振动强度在这个极限之内时将保持健康或安全。

这三个界限只是振动加速度容许值不同：“暴露极限”为“疲劳—工效降低界限”的两倍（增加 6dB）；“舒适—降低界限”为“疲劳—工效降低界限”的 1/3.15（降低 10dB）；而各个界限容许加速度值随频率的变化趋势完全相同。

如图 5.1 所示为 ISO 2631 人体对振动反应的疲劳－工效降低界限。在一定的频率下，随着暴露（承受振动）时间加长，感觉界限容许的加速度值下降。所以，可用达到某一界限允许暴露时间来衡量人体感觉到的振动强度的大小。

由图 5.1 的曲线可知，人体最敏感的频率范围，对于垂直振动为 4～8Hz，对于水平振动为 1～2Hz 以下。在 2.8Hz 以下，同样的暴露时间，水平振动加速度容许值低于垂直振动；频率在 2.8Hz 以上则相反。

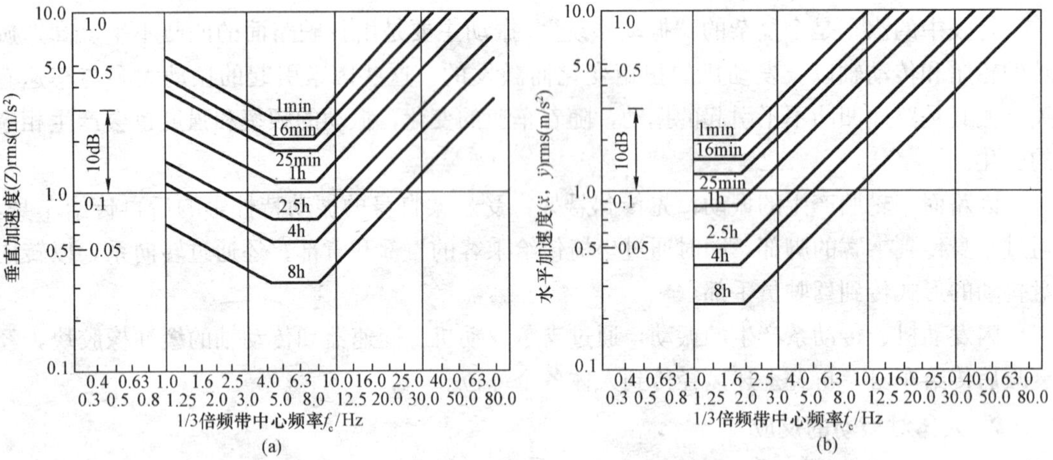

图 5.1　ISO 2631 人体对振动反应的疲劳－工效降低界限

(a) 垂直方向；(b) 水平方向（x—纵向，y—横向）

4. 我国国家标准对汽车行驶平顺性的评价方法

GB 4970—1996《汽车平顺性随机输入行驶试验方法》规定，用平顺性随机输入行驶试验测定汽车在随机不平的路面上行驶时振动对乘员及货物的影响来评价汽车的平顺性。因为随机输入是汽车行驶中遇到的最基本情况，所以这种试验是评定汽车行驶平顺性最主要的试验。该标准规定，以疲劳—工效降低界限（TFD）和舒适—降低界限（TCD）为人体承受振动能力的主要评价指标；以（TFD）和（TCD）与车速的关系曲线——车速特性来评价汽车行驶的平顺性。其中轿车和客车用舒适—降低界限（TCD）车速特性 TCD—v 来评价，货车用疲劳—工效降低界限（TFD）车速热性 TFD—v 来评价，并对试验条件及车速范围作了相应的规定。“车速特性”可以在整个使用车速范围内全面地评价汽车行驶的平顺性。

汽车行驶时偶尔会遇到凸块或凹坑，尽管遇到的概率不多，但过大的冲击会严重地影响行驶平顺性，甚至会损害人体健康，使运输的货物损坏。《汽车平顺性试验方法》（GB/T 4970—2009）规定，采用单凸块作为脉冲输入，让汽车驶过规定尺寸单凸块，测定坐垫上和坐椅底部地板加速度的最大值作为评价指标。

《客车平顺性评价指标及限值》（QC/T 474—1999）进一步对各种客车舒适—降低极限（TCD）作了明确规定：空气悬架旅游车 TCD≥2.5h，非空气悬架旅游车 TCD≥1.0h，长途大、中型客车 TCD≥10.5h，城市大中型客车 TCD≥10.4h，普通轻型客车 TCD≥10.8h。

二、汽车行驶平顺性的影响因素

悬架结构、轮胎、坐椅、非悬挂质量和悬挂质量等是影响汽车行驶平顺性的重要因素。

1. 悬架结构

悬架结构主要指弹性元件、导向装置与减震装置，其中弹性元件与悬架系统的阻尼对行驶平顺性影响较大。

（1）弹性元件　将汽车车身看成一个在弹性悬架上作单自由度振动的质量时，减少悬架刚度，可降低车身的固有频率，提高汽车行驶平顺性。为此，需要采用软弹簧及较低的轮胎气压。但是悬架刚度也不宜过小，否则会引起悬架非悬挂质量高频振动幅值加大，影响操纵稳定性；还会使紧急制动时汽车“点头”现象严重，转弯时车身容易产生较大的侧倾角等不良现象。

对于载荷变化较大的公共汽车和载货汽车，为满足不同载荷对悬架刚度的不同需要，常采用非线性悬架，即变刚度悬架。载荷较小时，悬架刚度小，以避免振动频率过高、平顺性变差；当载荷较大时，刚度急剧增大，使汽车的侧倾和纵向角振动减轻。

为避免出现“共振”，前后悬架的固有频率应避开激振频率。另外，由于来自路面的激振先作用于前轮，然后才作用于后轮，为减轻由此引起的纵向角振动，前悬架的固有频率应略低于后悬架，即前悬架刚度略低于后悬架。

（2）悬架系统的阻尼　为了衰减车身自由振动和抑制车身、车轮的共振，以减小车身的垂直振动加速度和车轮的振幅（减小车轮对地面压力的变化，防止车轮跳离地面），悬架系统中应具有适当的阻尼。

在悬架系统中，引起振动衰减的阻尼来源很多。例如，在有相对运动的摩擦副中，轮胎变形时橡胶分子间产生摩擦，系统中的减震器、钢板弹簧之间的摩擦等。减震器的阻尼效果最好，可提高汽车行驶平顺性，改善车轮与道路的接触条件，防止车轮离开地面，因而可改善汽车的稳定性，提高汽车的行驶安全性。改进减震器的性能，对提高汽车在不平路面上的行驶速度有很大作用。

2. 轮胎

轮胎对行驶平顺性的影响取决于轮胎的径向刚度、轮胎的展平能力以及轮胎内摩擦所引起的阻尼作用。为了提高汽车行驶平顺性，轮胎径向刚度应尽可能减小。在采用足够软的悬架的情况下，在相当大的行驶速度范围内，低频共振的可能性完全可以消除。但轮胎刚度过低，会增加车轮的侧向偏离，影响稳定性，同时，还使滚动阻力增加，轮胎寿命降低。

3. 坐椅

坐椅的布置对平顺性有较大的影响。接近车身中部的座位振幅较小，前、后两端的座位振幅较大，在相同频率下乘员感受到的振动加速度不一致，所以轿车的座位均布置在前、后轴轴距之内。载货汽车和公共汽车，为了减小水平前、后方向的振幅，坐椅在高度方向上应尽量缩小与重心间的距离。

4. 非悬挂质量

减小非悬挂质量可降低车身的振动频率，增高车轮的振动频率。这样就使低频共振与高频共振区域的振动减小，而将高频共振移向更高的行驶速度，对行驶平顺性有利。

减小非悬挂质量还将引起高频振动的相对阻尼系数增加，因而减震器所吸收的能量减少，工作条件可以获得改善。非悬挂质量可因悬架导向装置型式而改变，采用独立悬架，可使非悬挂质量减小。

常用非悬挂质量与悬挂质量之比（m/M）评价非悬挂质量对行驶平顺性的影响；比值越小，行驶平顺性越好。对于现代轿车使 m/M 处于 10.5%～14.5%，可以保证良好的行驶平顺性。

5. 悬挂质量

车身振动主要是以自振频率进行的振动，即由于车身偏离平衡位置时所积蓄的能量所产生的振动。

由于车身振动的低频和加速度增加，会大大降低行驶平顺性。在此情况下，为了保持良好的行驶平顺性，应采用等挠度悬架，使悬架刚度随悬挂质量的减小而减小。

座位的布置对行驶平顺性也有很大影响。实际感受和试验表明：座位接近车身的中部，其振动最小。座位位置常由它与汽车质心间的距离来确定，用座位到汽车质心距离与汽车质心到前（后）轴的距离之比评价座位的舒适性。该比值越小，车身振动对乘客的影响越小。

对载货汽车和公共汽车，座位在高度上的布置也是重要的。为了减小水平纵向振动的振幅，座位在高度方面与汽车质量中心间的距离应该不大。

弹簧坐椅刚度的选择要适当，防止因乘客在座位上的振动频率与车身的振动频率重合而发生共振。对于具有较硬悬架的汽车，可采用较软的坐垫；对于具有较软悬架的汽车，可采用较硬的坐垫。

归纳总结

通过本任务内容的学习，能够掌握汽车平顺性的基本含义、评价指标、影响因素，能够在日常生活中正确地评价车辆行驶的平顺性和提高车辆的舒适性。

知识拓展

汽车行驶的平顺性和操纵稳定性是衡量悬架性能好坏的主要指标，但这两个方面是相互排斥的性能要求。行驶平顺性一般通过车体或车身某个部位（如车底板、司机坐椅处等）的加速度响应来评价，操纵稳定性则可以借助车轮的动载来度量。若降低弹簧的刚度，则车体加速度减小使行驶平顺性变好，但同时会导致车体位移的增加，由此产生车体重心的变动将引起轮胎负荷变化的增加，对操纵稳定性产生不良影响；另一方面，增加弹簧刚度会提高操纵稳定性，但硬的弹簧将加大汽车对路面不平度的敏感度，使平顺性降低。因此，理想的悬架应在不同的使用条件下具有不同的弹簧刚度和减震器阻尼，既能满足平顺性要求又能满足操纵稳定性要求。被动悬架因具有固定的悬架刚度和阻尼系数，在结构设计上只能在满足平顺性和操纵稳定性之间折中，无法达到悬架控制的理想目标。赛车由于行驶速度高，道路条件复杂多变，需要确保良好的操纵稳定性，为此以牺牲一定的行驶平顺性为代价；豪华轿车一般行驶环境良好，为确保良好的行驶平顺性，则以牺牲一定的操纵稳定性为代价。为了使被动悬架能够对不同的道路条件具有一定的适应性，通常将悬架的刚度和减震器的阻尼设计成具有一定程度的非线性结构，如采用变节距螺旋弹簧和三级阻力控制的液压减震器等。

由于被动悬架设计的出发点是在满足汽车平顺性和操纵稳定性之间进行折中，所以无法彻底解决同时满足平顺性和操纵稳定性之间相矛盾的要求。为此，自 20 世纪 60 年代起产生了主动悬架的含义，并且随着现代控制理论和电子技术的发展及其在汽车上的广泛应用，为从根本上解决平顺性和操纵稳定性之间相矛盾的要求提供了新的途径。

主动悬架的构成如图 5.2 所示，采用电液执行机构取代了被动悬架的弹簧和减震器。主动悬架既无固定的刚度又无固定的阻尼系数，可以随着道路条件的变化和行驶需要的不同要求而自动地改变弹簧刚度和减震器阻尼系数，实现对每个车轮进行单独控制，是悬架控制的最终目标。

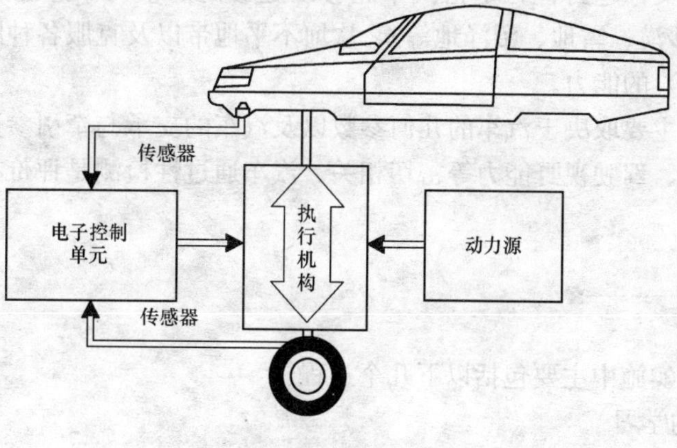

图 5.2　主动悬架的构成

思考与练习

问答题

1. 什么是汽车行驶平顺性？
2. 汽车行驶平顺性的评价指标有哪些？
3. 汽车行驶平顺性的评价方法有哪些？
4. 如何改善汽车行驶平顺性？

任务六

汽车通过性评价指标及影响因素

♨知识目标

1. 了解汽车通过性的几何参数；
2. 掌握汽车通过性的支承通过参数；
3. 掌握汽车通过性的主要影响因素。

♨能力目标

1. 会分析汽车通过性的几何参数；
2. 会分析汽车支承通过性评价指标；
3. 会分析汽车通过性的主要影响因素。

任务介绍

汽车的通过性又称越野性，是指汽车能够以足够高的平均车速通过坏路或无路地带(如松软的土壤、沙漠、雪地、沼泽地等)、坎坷不平地带以及克服各种障碍（如陡坡、侧坡、台阶、壕沟等）的能力。

汽车的通过性主要取决于汽车的几何参数以及汽车的支承与牵引参数，同时也与汽车的动力性、平顺性、驾驶视野能力等密切相关。汽车通过性检测是评价在用车辆技术状况的重要指标之一。

任务分析

本学习任务在实施中主要包括以下几个过程。

1. 相关知识的学习

通过理论知识的学习，掌握完成本任务需要的理论知识。

2. 汽车通过性的评价指标及主要影响因素

理解汽车通过性的几何参数以及汽车的支承与牵引参数，掌握汽车通过性的主要影响因素，准确判断车辆的通过性能。

相关知识

一、汽车通过性评价指标

汽车的通过性指汽车在一定装载质量下，不用其他辅助措施，能以足够高的平均车速通过各种坏路或无路地带（如松软地面、坎坷不平地段），以及克服各种障碍（陡坡、台阶、壕沟）的能力。汽车通过性的评价指标包括通过性几何参数和支承通过参数。

（一）汽车通过性的几何参数

汽车通过性的几何参数代表了汽车通过坎坷不平地带和克服各种障碍的能力。

由于汽车与不规则地面之间的间隙不足，被地面托住而无法通过的现象，称为间隙失效。间隙失效主要有顶起失效、触头失效和托尾失效。顶起失效是指汽车中间底部的零件碰到地面而被顶住的失效形式。触头失效是指汽车前端触及地面而使汽车不能通过的失效形式。托尾失效是指汽车后端触及地面而使汽车不能通过的失效形式。触头失效和托尾失效属同一类失效。

与间隙失效有关的汽车整车几何尺寸，称为汽车通过性的几何参数。这些参数主要包括最小离地间隙 h、纵向通过角 β、接近角 γ_1、离去角 γ_2、车轮半径 r、最小转弯直径 d_{min} 和最大通道宽度等，如图 6.1 所示。

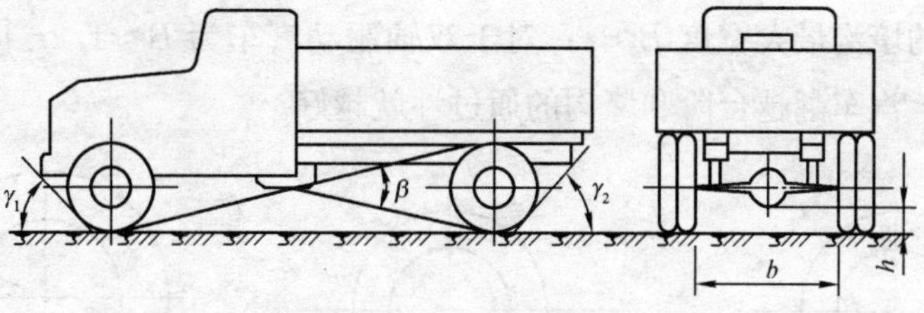

图 6.1　汽车的通过性参数

h—最小离地间隙；b—两侧轮胎内缘间距；

γ_1—接近角；γ_2—离去角；β—纵向通过角

1. 最小离地间隙 h

最小离地间隙 h 是指汽车在满载、静止时，除车轮外的最低点与支承平面之间的距离。它反映了汽车无碰撞地通过地面凸起物的能力。表 6-1 为几种车型的最小离地间隙。

表 6-1　几种车型的最小离地间隙

车型	伊兰特	颐达	标致 307	福美来	宝来
最小离地间隙/mm	170	142	132	130	110

2. 纵向通过角 β

纵向通过角 β 是指汽车在满载、静止时，分别通过前、后轮外缘作垂直于汽车纵向对称平面的切平面，当两切平面交于车底下部较低部位时所夹的最小锐角。它表征了汽车能够无碰撞地通过小丘、拱桥等障碍物的轮廓尺寸。纵向通过角 β 越大，顶起失效的可能性越小，汽车的通过性越好。

3. 接近角 γ_1 和离去角 γ_2

接近角 γ_1 和离去角 γ_2 是指汽车在满载、静止时，其前、后端突出点分别向前、后轮引切线时，切线与支承面之间的夹角。它反映了汽车接近或离开障碍物时，不发生碰撞的能力。接近角 γ_1 越大，越不易发生触头失效；离去角 γ_2 越大越不易发生托尾失效。

4. 最小转弯直径 d_{min} 和最大通道宽度

最小转弯直径 d_{min} 是指当转向盘转到最大极限位置，汽车以最低稳定车速转向行驶时，外侧转向轮的中心平面在支承平面上滚过的轨迹圆直径。最小转弯直径 d_{min} 表征了汽车能够通过狭窄弯曲地带或绕过不可越过的障碍物的能力。其值越小，汽车的通过性越好。

最大通道宽度是指汽车最远点的最小转弯直径，与最近点的最小转弯直径之差的一半。其值越小，汽车的通过性越好。

5. 车轮半径 r

汽车克服垂直障碍物如台阶、壕沟等的能力与车轮半径 r 有关，同时还与路面的附着力和障碍物的性质有关。对于后轮驱动汽车，能克服的垂直障碍物的最大高度 $H\approx 2r/3$［图 6.2（a）］；对于双轴驱动汽车为 $H\approx r$［图 6.2（b）］。若壕沟边缘足够结实，单轴驱动汽车所能越过的壕沟最大宽度 $B\approx r$；对于双轴驱动汽车为 $B\approx 1.2r$［图 6.2（c）］。因此车轮半径越大，汽车翻越台阶和壕沟的通过性就越好。

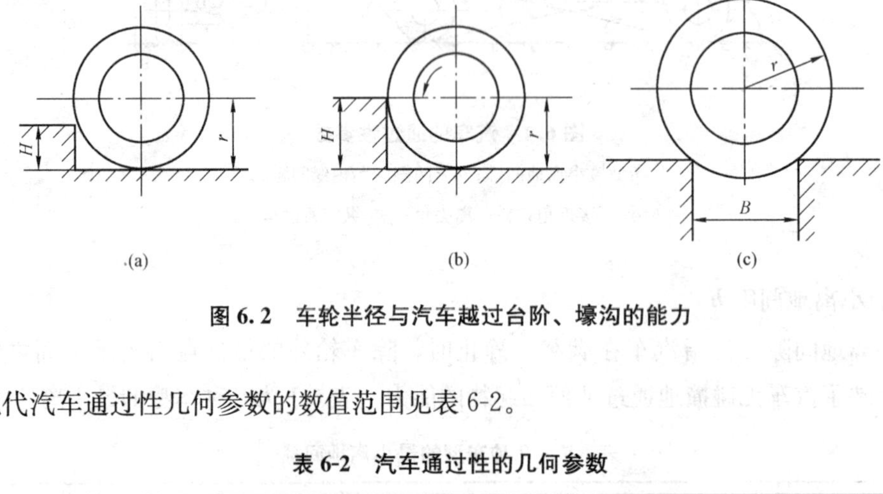

图 6.2 车轮半径与汽车越过台阶、壕沟的能力

现代汽车通过性几何参数的数值范围见表 6-2。

表 6-2 汽车通过性的几何参数

汽车类型	最小离地间隙 h/mm	接近角 γ_1 /（°）	离去角 γ_2 /（°）	最小转弯直径 d_{min}/m
4×2 轿车	120～200	20～30	15～22	7～13
4×4 轿车越野汽车	210～370	45～50	35～40	10～15
4×2 货车	250～300	25～60	25～45	8～14
4×4、6×6 货车	260～350	45～60	35～45	11～21
6×4、4×2 客车	220～370	10～40	6～20	14～22

（二）汽车通过性的支承通过参数

汽车的通过性不仅和它的几何参数有关，而且和支承与牵引参数也密切相关。主要的支承与牵引参数有：车轮对支承面的压力、最大动力因数、相对附着质量。

1. 车轮对支承面的压力 p

车轮对支承面的压力 p（kPa）是指作用在车轮上的径向载荷与轮胎接地面积的比值，即

$$p=\frac{W}{1000A}$$

式中　W—— 作用在车轮上的径向载荷，N；

A——车轮与支承面的接触面积，m^2。

汽车在松软路面上行驶时，为提高通过性，可适当减小轮胎气压，增加接触面积，使车轮对地面的单位压力降低，减小轮辙深度，降低汽车的行驶阻力；同时可使路面附着系数增大，提高附着能力。

2. 最大动力因数 D_{max}

最大动力因数 D_{max} 表征了汽车的最大爬坡能力和克服道路阻力的能力。汽车在坏路或无路地带行驶时，行驶阻力很大，为保证汽车具有良好的通过性，除了采取减小行驶阻力、降低额定载荷等措施外，还必须提高驱动力或动力因数。因此，越野汽车的传动系中大多增设了副变速器或分动器，以增大传动系的传动比，保证在驱动轮上获得足够大的驱动力，增大动力因数。

3. 相对附着质量 F_Z/G

驱动轮载荷与汽车总载荷之比称为相对附着质量 F_Z/G。提高汽车的通过性，使驱动力得到最大限度的发挥，必须增大汽车的相对附着质量。不同类型汽车的相对附着质量见表 6-3。

表 6-3　不同类型汽车的相对附着质量

汽车类型	相对附着质量
4×2 轿车	0.45～0.50
4×2、6×4 货车	0.65～0.75
4×4、6×6 货车（或越野汽车）	1.0

全轮驱动汽车的相对附着质量为最大值，在附着系数较小的路面上，也能发挥较大的驱动力，以提高通过性。

二、汽车通过性的影响因素

汽车通过性的影响因素主要有结构因素和使用因素。

（一）结构因素

1. 发动机的动力性

汽车通过坏路或无路地带时，要克服较大的行驶阻力，必须提高汽车的输出功率及输

出扭矩，为汽车的通过性提供动力保证。

2. 传动系的传动比

增加传动系传动比，可以获得较大的驱动轮输出转矩，因此越野汽车均设有副变速器或分动器。另外增大传动系传动比，还可以降低最低稳定车速，减小车轮对松软路面的土壤剪切破坏，减小车轮的滑转倾向，提高汽车通过坏路或无路地带的能力。

3. 液力传动

装有液力变矩器或液力耦合器的汽车，起步时转矩增加平缓，避免了对路面的冲击。同时，不换挡也能提高转矩，能够提高汽车的通过性。

4. 差速器

为保证汽车转弯时各驱动轮能以不同的角度旋转，在传动系内装有差速器。但普通差速器具有在驱动轮间平均分配转矩的特性，当一侧驱动轮陷入泥泞或冰雪轮面上出现滑转时，另一侧的驱动轮也只能产生同样小的驱动力，使总驱动力降低而不能克服行驶阻力。为此，采用高摩擦式差速器，可以使转速较慢的驱动轮获得较大的驱动力，从而使总驱动力增加，有利于提高汽车的通过性。

在有些车上装有差速锁，必要时能将差速器锁止，使两侧驱动轮的驱动力按各自的附着力来分配，更进一步提高了汽车的通过性。现代汽车上，有的还安装有电子差速装置（EDS）或驱动防滑装置（ASR），可以根据两侧驱动轮的转速信号调节车轮驱动力，从而提高了汽车的通过性和操纵稳定性。

5. 前后轮距

汽车在松软路面上行驶时，若前后轮距相等，并有相同的轮胎宽度，则行驶时，前后轮辙重合，后轮就可以沿着前轮压实的轮辙行驶，从而使汽车的行驶阻力减小，提高汽车的通过性［图 6.3（a）］。反之，汽车的前后轮距不等，行驶中后轮需要重新压出轮辙，会使汽车的行驶阻力增大，降低汽车的通过性［图 6.3（b）］。因此，为了提高汽车的通过性，越野汽车普遍采用单轮胎、等轮距布置。

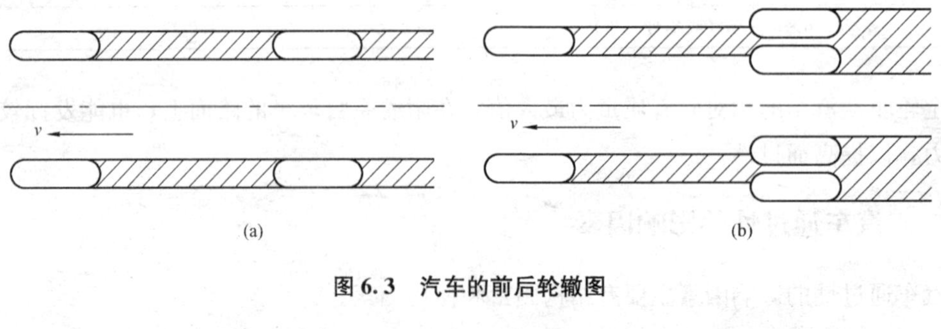

图 6.3 汽车的前后轮辙图

6. 驱动轮数目

增加驱动轮数目，可以提高相对附着质量，获得较大的驱动力，也可以使汽车前轮越过台阶和壕沟的能力显著提高。越野汽车均采用全轮驱动。

7. 车轮尺寸

车轮的直径和断面宽度均影响了汽车的通过性。较大的车轮直径和轮胎断面宽度可使车轮对支承面的压强降低。较大的车轮直径可以使汽车的越障能力提高。但是直径过大的轮胎会使其惯性增大，使汽车的重心升高，轮胎成本增加，并要求采用传动系的传动比更大。因此，大直径车轮在汽车上没有得到广泛应用。

采用断面宽度较大的轮胎，除了能降低车轮对支承面的压强外，还能允许胎体有较大的变形，增大与地面的接触面积。这样，既不降低轮胎的使用寿命，又能提高汽车的通过性。因此，在现代越野汽车上越来越广泛采用断面较宽的低压或超低压轮胎。

8. 涉水能力

汽车的蓄电池、点火系、空气滤清器、油标尺口等处的防水密封性能越好，汽车的越野涉水能力就越强，其通过性就越好。

（二）使用因素

1. 轮胎气压

汽车在松软路面上行驶时，适当降低轮胎气压，可以使轮胎与地面间的接触面积增大，并使车轮对支承面的压强降低，从而使轮胎在松软路面的沉降量减小，行驶阻力减小，同时附着系数增大，进而提高了汽车的通过性。但过低的轮胎气压，则会造成轮胎变形的能量损失增大，行驶阻力增大，同时也降低轮胎的使用寿命。

汽车在坚硬路面上行驶时，由于滚动阻力主要取决于轮胎变形所造成的损失，所以为减小汽车的行驶阻力，应适当提高轮胎的气压。

现代越野汽车为了使其在松软路面上具有良好的通过性，而且在坚硬路面上行驶时，又不致有过大的滚动阻力和影响轮胎寿命，多在汽车上安装轮胎中央充气系统，以使驾驶员能够根据道路情况随时调节轮胎气压。

2. 轮胎花纹

轮胎花纹对附着系数有很大影响。根据不同行驶条件正确地选用轮胎花纹，可以提高汽车的通过性。轿车主要在硬路面上行驶，应采用细而浅的轮胎花纹；越野汽车则采用宽而深的花纹。当汽车行驶在湿滑路面上时，由于只有花纹的凸起部分与地面接触，使轮胎对地面有较高的单位压力，有利于挤出水分，提高附着系数；汽车在松软路面上行驶时，轮胎下陷，轮胎花纹嵌入土壤，轮胎与地面的接触面积及土壤剪切面积均增加，从而提高了附着系数。

在表面溜滑泥泞而底层坚实的冰雪道路上行驶时，需要在轮胎上套装防滑链来提高汽车的通过性。套装防滑链相当于在轮胎上增加了一层高而稀的花纹。汽车行驶时，防滑链能挤出表面的水层，直接与地面或坚实的底层接触，增加了土壤剪切面积，提高了附着系数。

3. 驾驶方法

驾驶方法对汽车的通过性有很大影响。为提高汽车的通过性，应注意以下几点：

(1) 汽车在沙地、泥泞、雪地等松软路面时，应尽量使用低挡，以保证汽车有较大的驱动力和较低的行驶速度。在行驶中应尽量避免换挡和加速，并尽量保持直线行驶，因为转弯将引起前后轮辙不重合，增加行驶阻力。多车编队行驶时，后车应按前车的轮辙行驶，以减小行驶阻力。

(2) 驱动轮采用双胎车轮时，常会在两胎中间夹杂泥石，或使车轮表面粘附一层厚泥，而使附着行驶降低。驾驶员可适当提高车速，以甩掉夹杂物。

(3) 传动系装有强制差速锁时，驾驶员应在汽车驶入可能引起车轮滑转的路段之前，将差速器锁住。当车轮出现滑转再锁差速器时，土壤已经破坏，附着系数降低，再使用差速锁时，效果会显著下降。一旦汽车离开恶劣地段，驾驶员应迅速脱开差速器锁，以免对汽车转向造成不利影响。

(4) 汽车通过溜滑路段时，应及时在驱动轮上套装防滑链。

归纳总结

通过本任务的学习，能够掌握汽车行驶通过性的基本含义、评价指标、影响因素，能够在日常生活中正确地评价汽车的行驶通过性和提高车辆的通行能力。

知识拓展

1. ASR (牵引力控制系统)

ASR是Acceleration Slip Regulation的缩写，即驱动（轮）防滑系统。它属于汽车主动安全装置，又称牵引力控制系统。它的作用是防止车辆尤其是大马力车在起步、再加速时驱动轮打滑现象，以维持车辆行驶方向的稳定性。

ASR的主要目的是防止汽车驱动轮在加速时出现打滑，特别是积雨、积雪、冰冻等摩擦力较小的特殊路面上，当汽车加速时将滑动率控制在一定的范围内，从而防止驱动轮快速滑动。它的功能一是提高牵引力；二是保持汽车的行驶稳定。行驶在易滑的路面上，没有ASR的汽车加速时驱动轮容易打滑，后驱动的车辆容易甩尾，而前驱动的车辆容易方向失控。有ASR时，汽车在加速时就不会有或能够减轻这种现象。在转弯时，如果发生驱动轮打滑会导致整个车辆向一侧偏移，当有ASR时就会使车辆沿着正确的路线转向。最重要的是车辆转弯时，一旦驱动轮打滑就会使全车一侧偏移，这在山路上极度危险，有ASR的车则一般不会发生这种现象。

2. 越野车的行驶通过能力

越野车较高的底盘、较好抓地性的轮胎、较高的排气管、较大的马力和粗大结实的保险杠，使其可以在野外适应各种路面状况，给人一种粗犷豪迈的感觉。在城市里，也有很多人喜欢开越野车。

越野汽车一般都是全轮驱动的，除了 4 轮和 8 轮全驱动的车以外，还有 6 轮驱动的越野汽车。它们突出的优点是载质量大、越野本领强。以 6 轮全驱动的中型越野汽车来说，它可以载重 77000kg，最高车速为每小时 90km，能爬 60°的坡。全驱动为的是当一个轮子陷入泥中打滑以后，其他的轮子还能驱动汽车离开困境，否则就要等人家来拖了。

在许多国家，尤其在西方，很少有越野车的专称，但越野运用得很普遍，即离开道路驾驶，这样就必须有四驱越野车作为载体。四驱车的设计旨在提高汽车在恶劣路面的遁迹力，利用四轮驱动，将引擎动力平均分布到 4 个车轮上，大大减少车轮打滑及空转的情形，使每个车轮所受的扭力不容易超过本身的抓地性能。轮胎的抓着力在泥泞、湿滑路面和雪地上最受影响，这时四驱就有很大的优势。

四驱的模式有：2H——高速二轮（4×2）驱动，市区及良好的路面使用；4H——高速四轮（4×4）驱动，雪地及湿滑的路面使用；4L——低速四轮（4×4）驱动，需要极大的驱动扭力的时候使用，如崎岖泥泞、沙地及险要山坡等。不过要想掌握好越野车，还需要过硬的越野驾驶技术及丰富的越野经验作为坚实的后盾。

思考与练习

一、选择题

1. 下列与汽车顶起失效有关的几何参数有(　　)。

   A. 最小离地间隙　B. 纵向通过角　C. 接近角和离去角　D. 最小转弯直径

2. 汽车能够通过狭窄弯曲地带或绕过不可越过的障碍物的能力与下列(　　)有关。

   A. 纵向通过角　B. 接近角和离去角

   C. 最小转弯直径和最大通道宽度　D. 车轮半径

3. 下列影响汽车行驶通过性的因素中，属于结构因素的是(　　)。

   A. 发动机的动力性　B. 轮胎花纹　C. 传动系的传动比　D. 驾驶方法

4. 下列影响汽车通过性的因素中，属于使用因素的是(　　)。

   A. 发动机的动力性　B. 驱动轮数目　C. 轮胎气压　D. 驾驶方法

二、问答题

1. 汽车行驶通过性的几何参数主要有哪些？
2. 汽车行驶通过性的支承与牵引参数主要有哪些？
3. 影响汽车通过性的结构因素主要有哪些？
4. 影响汽车通过性的使用因素主要有哪些？

任务七

汽车污染危害性评价指标及检测

♨知识目标

1. 了解汽车排放主要污染物的危害；
2. 掌握汽车排放污染物主要成分的形成及影响因素；
3. 了解汽车噪声污染的来源及危害；
4. 了解汽车电波的危害及预防措施；
5. 掌握控制汽车排放的技术措施；
6. 掌握检测汽车污染物排放的方法。

♨能力目标

1. 会分析汽车排放主要污染物的危害；
2. 会分析汽车排放污染物主要成分的形成及影响因素；
3. 会分析汽车噪声污染的危害及来源；
4. 会分析汽车电波的危害及预防措施；
5. 会分析控制汽车排放的技术措施；
6. 会测定汽车污染物排放的方法；
7. 会分析废气分析仪的结构、原理并会使用；
8. 会利用废气分析仪测量汽油车的排放物；
9. 会使用滤纸式烟度计测量柴油车烟度。

任务介绍

日益恶化的生态环境使人们感到保护环境的重要性和迫切性，汽车的污染物排放、噪声公害以及电波辐射已成为人们关注的焦点，汽车的污染与危害性也成了评价在用车辆技术状况的重要指标之一。

任务分析

本学习任务在实施中主要包括以下几个过程：

1. 相关知识的学习

通过理论知识的学习，掌握完成本任务需要的理论知识。

2. 汽车污染危害性检测的方法

利用汽车污染危害性检测设备，规范地检测汽车污染危害性，并具有安全、环保意识。掌握汽车的废气污染、噪声污染和电波辐射的基本含义、评价指标、影响因素，能够在日常生活中正确地评价车辆的废气污染程度、噪声污染程度和电波辐射干扰程度，并且实时加以预防，减少汽车的环境污染。

相关知识

一、汽车污染危害性评价指标

汽车排放的污染物和车辆噪声是公认的城市危害。它们污染了人类的生存环境，影响了人们的身体健康，已发展成为严重的社会问题，特别是在当前全球气候变暖、臭氧层空洞、噪声污染等环境问题日益严重的情况下，监督并检测污染物排放浓度和控制噪声已成为汽车检测项目中极为重要的组成部分。

汽车电波公害虽然没有像汽车排出的废气和噪声公害对人们生活环境造成那么严重的影响，但是随着环境保护意识的日趋增强，近几年来也越来越为人们所关注。

我国于 1979 年颁布了环境保护法，1983 年发布并于次年实施了《汽车污染物排放标准和测量方法》，又在 1993 年、1999 年对其进行了修订。从此，我国治理汽车排放污染走上了较为严格的道路。为了进一步控制汽车排放污染，2005 年 4 月 15 日国家环境保护总局以及国家质量监督检验检疫总局联合发布了《轻型汽车污染物排放限值及测量方法》（GB 18352.3—2005），即通常所说的国Ⅲ、国Ⅳ排放标准，国Ⅲ排放标准于 2007 年 7 月 1 日起实施。2005 年 5 月 30 日我国又发布了《点燃式发动机汽车污染物排放限值及测量方法（双怠速法及简易工况法）》（GB 18285—2005）。

汽车排放污染物的检测一般分为汽油车排放污染物的检测和柴油车排放污染物的检测，它们分别有专用的检测设备及检测方法。

（一）汽车排放污染物的主要成分

1. 一氧化碳　(CO)

汽车排放污染物中的 CO 是烃燃油燃烧的中间产物，是由于燃烧时氧气相对不足而产生的，其生成量主要取决于混合气的成分。理论上在氧气充足的情况下（混合气空燃比≥14.7∶1），燃油燃烧将不产生 CO，但实际上由于可燃混合气的不均匀分布，总会出现局部缺氧的情况，使得废气中有一定量的 CO；当空气量不足（即混合气空燃比≤14.7∶1）时，必然会有部分燃油不能完全燃烧而生成 CO。

CO 是一种无色无味的气体，被吸入人体时，很容易和血红蛋白结合，并输送到体内，从而阻碍氧的运输，造成人体一氧化碳中毒，严重时可能引起窒息甚至死亡。

2. 碳氢化合物 (HC)

汽车排放污染物中的HC是不完全燃烧的产物之一，同时也来自于汽油的蒸发、曲轴箱窜气。不完全燃烧的原因主要是可燃混合气过浓、发动机温度低、电火花弱等。

一般情况下HC不会对人们的身体健康造成危害，但当HC的浓度达到相当高的水平时，会对人体产生明显影响。另一方面，HC也是光化学烟雾的重要成分。

3. 氮氧化合物 (NO_x)

汽车排放污染物中的NO_x是高温燃烧的产物。氮气在高温（约1400℃甚至更高）和氧结合生成氮氧化合物。其生成量取决于三个因素：氧的浓度、温度及反应时间。发动机燃烧温度越高，生成的氮氧化合物就越多。氮氧化合物中有97%～98%是一氧化氮(NO)，如果空气中有高浓度的NO，会引起神经中枢的障碍，并且很容易被氧化成含有剧毒的二氧化氮（NO_2），NO_2有特殊的刺激性臭味，过量吸入会引起肺气肿。

另外，HC与NO_2混合物在紫外线作用下进行光化学反应，形成主要成分为O_3（臭氧）的黄色烟雾，即“光化学烟雾”。在大气中产生的臭氧等过氧化物，对人的眼、鼻和咽喉黏膜有较强的刺激作用，引起结膜炎、鼻炎、支气管炎等症状，并伴随有难闻的臭味，严重时可致癌。

4. 硫氧化物

汽车排放污染物中还有硫氧化物，其主要成分为二氧化硫（SO_2）。如果汽车使用了催化净化装置，会大大减少尾气中SO_2的含量。这时少量的SO_2会逐渐在催化剂表面堆积，造成催化剂中毒，危害催化剂的使用寿命。SO_2也会对人类的健康造成危害。另外，SO_2还是造成酸雨的主要物质。

5. 二氧化碳 (CO_2)

世界工业化进程引起的能源大量消耗，导致大气中CO_2的剧增，其中约30%来自汽车排放。CO_2为无色无毒气体，对人体无直接危害，但大气中的CO_2浓度大幅度增加，对红外热辐射的吸收而形成的温室效应，会使全球气温上升，进而导致南北极冰层熔化、海平面上升、沙漠趋势加剧，使地球的生态环境遭到破坏。近年来对CO_2的控制也已上升为汽车排放研究的重要课题。

6. 浮游微粒

汽油机排放的主要微粒为铅化物、硫酸盐、低分子物质；柴油机中主要微粒为石墨形的含碳物质（炭烟）和高分子有机物（润滑油的氧化和裂解产物）。柴油机的微粒量比汽油机多30～60倍，成分比较复杂。

炭烟中除了含有直径为0.1～10μm的多孔性炭粒外，往往粘附有SO_2及致癌物质，如果被人体吸入肺部沉淀下来，会严重危害人体健康。

（二）汽车噪声

噪声是一种杂乱无章的声音，它不仅能引起人体的生理改变和损伤（如头晕、耳鸣、疲乏、失眠、心慌、血压升高等症状），而且会导致对心理、生活和工作的不利影响。据统计，当环境噪声大于45dB（dB称为分贝，是声压级的单位）时，人会感到明显不适；噪声达到60～80dB时，会影响睡眠；当超过90dB时，就会对身体健康产生明显影响。所以噪声也是一种环境污染，必须加以控制。

噪声包括交通运输噪声、工厂设备生产和运输噪声、建筑施工噪声以及生活噪声。汽车在道路上行驶所产生的噪声已成为城市的主要噪声源，大约占75%甚至更高。机动车辆噪声的强度一般达60～90dB，因此对人体和环境的危害很大，加之机动车噪声是流动性的，影响范围较大，干扰时间长。

汽车发动机和传动系工作时产生的震动、高速行驶中汽车轮胎在地面上的滚动、车身与空气的作用是产生汽车噪声的根本原因。

根据汽车噪声对环境的影响，可将汽车噪声分为车外噪声和车内噪声。车外噪声是指汽车各部分噪声辐射到车外空间的那部分噪声，主要包括发动机噪声、排气噪声、轮胎噪声、制动噪声和传动系噪声等。车内噪声是指车厢外的汽车各部分噪声通过各种途径传入车内的那部分噪声，以及汽车各部分震动传递路径激发车身各部件的结构震动向车厢内辐射的噪声。这些噪声声波在车内空间声学特性的制约下，生成较为复杂的混响声场，从而形成车内噪声。

（三）汽车电波公害

在汽车电气设备中，有很多导线、线圈等电气元件，它们具有不同的电容和电感。而任何一个具有电感、电容的闭合回路都会形成振荡回路。因此，在汽车电气设备中有很多振荡回路。当火花放电时，就会产生高频振荡并以电磁波的形式放射到空中，切割无线电或电视天线，从而引起干扰。

在汽车的电气设备中，点火系的干扰最为严重。此外，还有发电机、调节器以及灯开关等。当汽车上的电气设备工作时，经常发出的无线电电波，其作用半径可达几百米，使汽车上的收音机产生杂音或失真及无线电通信被干扰等，以致无法正常工作，甚至附近的收音机、电视机也受到影响。

汽车电波公害尚没有像汽车排出的废气和噪声公害对人们生活环境造成那么严重的影响，所以，关于汽车对电视和无线电通信等的电波干扰，我国目前尚未纳入规范和标准要求。

二、汽车污染危害性检测设备

（一）汽油机排放污染物的检测设备

目前，在汽车尾气分析仪中，测定汽油车的有不分光红外线分析仪、氢火焰离子型分析仪、化学发光分析仪等。根据国家标准《点燃式发动机汽车排气污染物排放限值及测量方法（双怠速法及简易工况法）》（GB 18285—2005）的规定，CO、HC采用不分光红外线吸收型（NDIR）分析仪检测。

1. 不分光红外线吸收型（NDIR）分析仪

（1）结构与工作原理　汽油机排放的CO、HC、NO和CO_2等气体，都分别具有能吸收一定波长范围红外线的性质，如图7.1所示。而且，红外线被吸收的程度与排气浓度之间有一定的关系。不分光红外线分析法就是利用这一原理，即根据检测红外线后能量的变化，来检测排气中各种污染物的含量。在各种气体混在一起的情况下，这种检测方法具有测量值不受影响的特点。

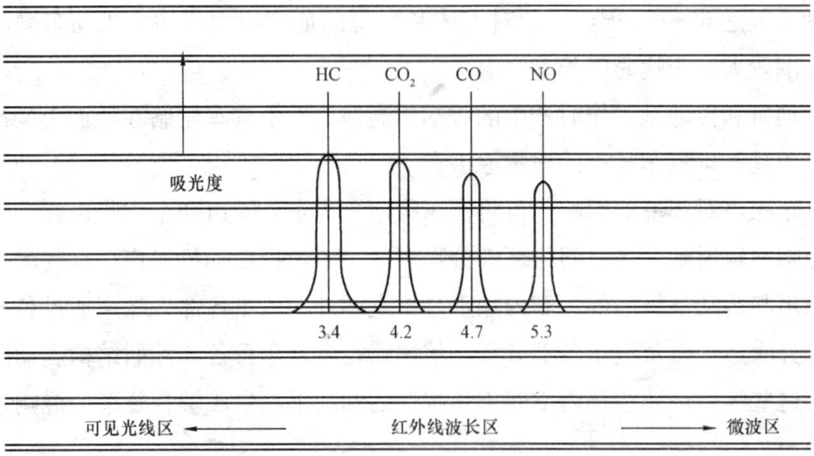

图7.1　4种气体吸收红外线的情况

不分光红外线吸收型分析仪是从汽车排气管中采集气样，并对其中CO和HC含量连续进行测量。其中常用的有MEXA-324F型汽车尾气分析仪，如图7.2所示。该分析仪主要由尾气取样装置、尾气分析装置、含量指示装置和校准装置等组成。

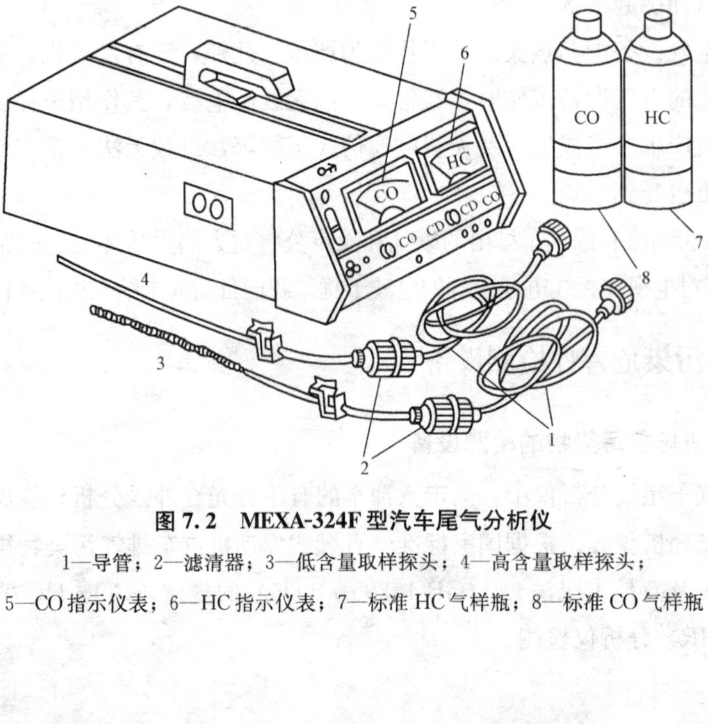

图7.2　MEXA-324F型汽车尾气分析仪

1—导管；2—滤清器；3—低含量取样探头；4—高含量取样探头；
5—CO指示仪表；6—HC指示仪表；7—标准HC气样瓶；8—标准CO气样瓶

①尾气取样装置。如图 7.3 所示，尾气取样装置主要由探头、滤清器、导管、水分离器和气泵等组成。该装置通过探头、导管和泵从车辆排气管中采集废气，再用滤清器和水分离器滤掉废气中的粉尘和少量水，只把废气送入分析装置。

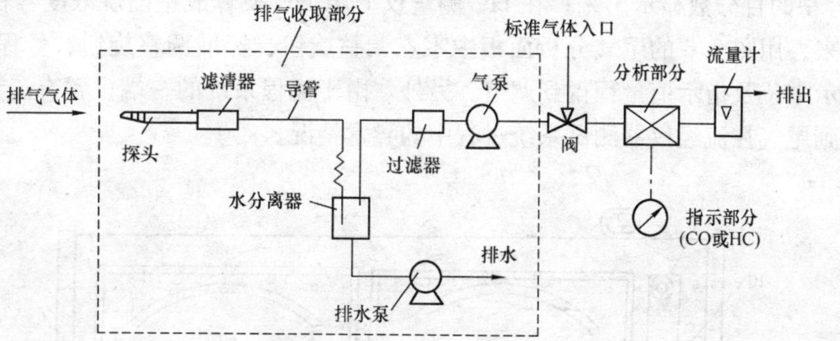

图 7.3　气体分析的流程图

②尾气分析装置。运用这种分析仪测量的前提是一种气体只能吸收一种波长的红外线，即大多数非对称分子对红外线波段中的特定波长具有吸收功能，并且其吸收程度还与被测气体的浓度有关。该尾气分析仪的尾气分析装置由红外线光源、测量气样室、标准气样室、遮光扇轮和检测室等组成。从采集部分输送来的多种气体共存在尾气中，通过非分散型红外线分析被测气体中 CO 和 HC 的浓度，再用电信号将其输送到浓度指示部分，并显示出来。

电容微音器式分析装置（图 7.4）由两个同样的红外线光源发出同等量的红外线光束，一束穿过测定室；一束穿过比较室。在比较室内充满不吸收红外线的氮气，使红外线能顺利通过；在测定室内连续填充被测试的尾气，由于尾气中含有 CO 和 HC，当红外线光束穿过时，红外线光能受损，从而使两束红外线光分别穿过测定室、比较室后到达检测室时，两束光的能量形成差异。检测室内充以适当浓度的与被测气体相同的气体（测量一氧化碳的仪器内充 CO；测碳氢化合物的仪器内充正已烷），并在检测室中部设有隔膜，将检测室分隔成两个独立的封闭腔。测量时，由于两个腔所接受的红外线光能不相等，因而两个腔内气体膨胀也不一致，致使两腔之间的膜片弯曲。该膜片与电容器的一只金属片相连，由金属片的位移引起电容量变化，这一微弱信号经过放大器放大，即可在显示仪表上指示出来。也就是说，发动机尾气中 CO（或 HC）含量越多，红外光束在测量气

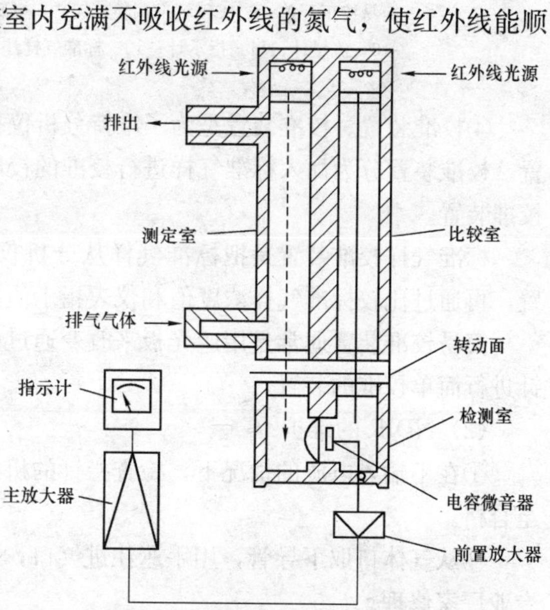

图 7.4　电容微音器式分析装置

样室内损失的光能就越多，从而导致检测室两个腔内气体膨胀差异越大，金属片电容器所产生的变化也随之加大，以此来测量废气中 CO（或 HC）的含量。

③含量指示装置。含量指示装置室把废气分析装置送来的电信号，在 CO 测量仪上用 CO 浓度容积的百分数显示出来；在 HC 测量仪上用 HC 换算成正己烷浓度容积的 10^{-6} 直接显示出来。用图 7.5 的尾气分析面板中零点调整旋钮、标准调整旋钮、量程转换开关，使仪表指示零位及指示值量程得到调节。另外，由于流程系统的一端设置有流量计，因而能够了解到尾气在流经仪器测试系统过程中的异常情况。

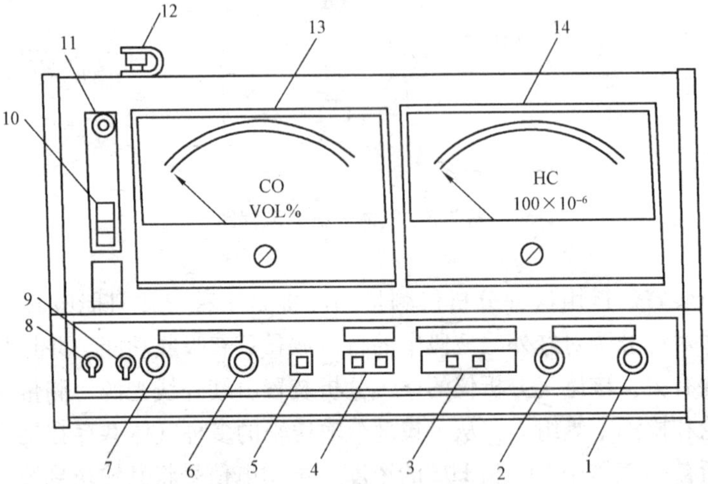

图 7.5 尾气分析仪面板图

1—HC 标准调整旋钮；2—HC 零点调整旋钮；3—HC 转换开关；4—CO 量程转换开关；5—简易校正开关；6—CO 标准调整旋钮；7—CO 零点调整旋钮；8—电源开关；9—泵开关；10—流量计；11—指示计；12—标准气样注入口；13—CO 指示表；14—HC 指示表

④校准装置。校准装置是为了维持分析仪指示精度，使其能正确显示指示值的一种装置。校准装置分为加入标准气样进行校准的校准装置和直接对指示值进行机械校正的简易校准装置。

标准气样校准装置是把标准气样从分析仪的一个专用注入口中直接送到尾气分析装置，再通过比较标准气样浓度值和仪表指示值的方法进行校准的装置。

简易校准装置通常是用遮光板来改变通过分析仪测定室侧的红外线数量，从而用指示针进行简单校准的装置。

（2）NDIR 的维护

①在不输入电源的情况下，检查指针的机械零点。若有偏离，调节零点校准螺钉，直至合格。

②从气体口取下导管，用手遮住进气口，检查运作状态。若发现不能正常运作，应由专业厂家修理。

③检查探测器和导管是否有压扁、割坏、污染等情况。若发现有压扁、割坏现象，应更换新品；若有污染和堵塞，用布和压缩空气清扫。

④检查滤清器是否有脏物。如有则应更换新品。

⑤检查水分离器是否有存水。如有则应立即将水排净。

⑥接通电源进行必要的预热，吸进清洁空气，检查零点调整能否进行。如不能进行，应送专业厂家维修。

⑦关闭泵开关注入标准气体，检查能否进行标准气体校正。如不能进行，应送专业厂家修理。

⑧打开简易装置开关，检查动作状态和指针的指示位置是否正常。如不正常，应送专业厂家修理。

⑨检查接线有无损伤和接触不良的地方。如有应更换新线。

2. 四气体与五气体分析仪

鉴于目前实施的怠速工况测定 CO、HC 两气体的排气检测手段已无法有效反映汽车排放污染物对大气的污染现状，更不能满足环保部门对全球环境全面严格监测的要求，因此，除测定 CO、HC 外，还必须测定汽车排气中的 NO_x 和 CO_2。汽车尾气中氧含量是装有电控燃油喷射式发动机的汽车计算机监测空燃比、控制排放量、保护三元催化反应器等为正常工况的重要信号。因此，现代的汽车尾气分析仪又增加了 O_2 的测试功能。

对于这五种气体成分的浓度，通常采用两类不同方法来测定，其中 CO、CO_2、HC 通过不分光红外线不同波长能量吸收不同的原理来测定，可获得足够的测试精度。而 NO_x 与 O_2 的浓度通常采用电化学的原理来测定，尾气中 O_2 的浓度通过在测试通道中设置氧化传感器即可测定。

分析氮氧化合物的仪器，在国内综合性能检测站还未普及，根据新的排放标准要求，今后将逐步应用到检测站。现在使用的氮氧化合物测试仪主要是化学发光分析仪（CLD）。

目前，市场上提供的四气体分析仪所测气体为 CO、CO_2、HC 与 O_2 的浓度。因化学发光分析法测定 NO_x 浓度的设备结构较复杂，市场上提供的在线快速检测用五气体分析仪没有采用，而多采用与 CO、CO_2、HC 相同的不分光红外线原理，但需要说明的是对 NO_x 来说这种方法测定的精度较低。

（二）柴油机排放污染物的检测设备

柴油机排放的污染物以颗粒状烟雾（主要成分是炭烟）为主，因此测量柴油机排烟的设备主要是烟度计，我国汽车行业规定滤纸式烟度计为测量柴油机排烟的标准仪器。

1. 炭烟

柴油车排出的炭烟在光照下具有不同颜色，按照烟色的不同，大致分为黑烟、白烟和蓝烟。

（1）黑烟也称为“热烟”，是由于混合气过浓，燃油未能完全燃烧，燃油中的碳氢化合物在缺氧状态下，部分在高温作用下分解的碳元素因没有得到充分氧化，形成炭质。

（2）白烟也称为“冷烟”，其中又可分为灰白色和水汽状白色两种。

①灰白色烟一般在柴油车刚启动时，由于汽缸内温度低，燃油未能充分雾化燃烧，残余燃油颗粒随废气排出所形成。

②水汽白色烟是因汽缸内积存有冷凝水，启动后冷凝水遇热汽化，形成水蒸气从排气管冒出再冷凝而成的。

(3) 蓝烟主要是机油燃烧生成物，也称“机油烟”，排出时带有少量黏性液状物，这是一种含有少量氧的碳氢化合物。

上述各色烟中，以柴油车在全负荷工作时（如加速工况）冒黑烟最为典型。

柴油车排出的浓烟，虽然不像汽油车排放那样含有大量有毒成分，但是它会引起人们的不愉快感，亦会影响能见度，妨碍驾驶员视线，容易诱发交通事故。因此，对柴油车应规定检验其烟度。

柴油车烟度的定义是：柴油车一定容量排气所透过的滤纸的黑度。

2. 滤纸式烟度计的工作原理

滤纸式烟度计利用活塞式抽气泵，从柴油机排气管中抽取一定容积的废气，并使这部分废气通过一定面积的滤纸，将废气中的炭烟粒子吸附在滤纸上，使滤纸变黑，然后用一定的光线照射滤纸，并用光电池反射光，再根据光电产生的电流使仪表指针偏转，把烟度用污染度百分比的形式显示出来。

3. 滤纸式烟度计的结构

滤纸式烟度计如图 7.6 所示，主要由采样器、检测器和控制器三部分组成。

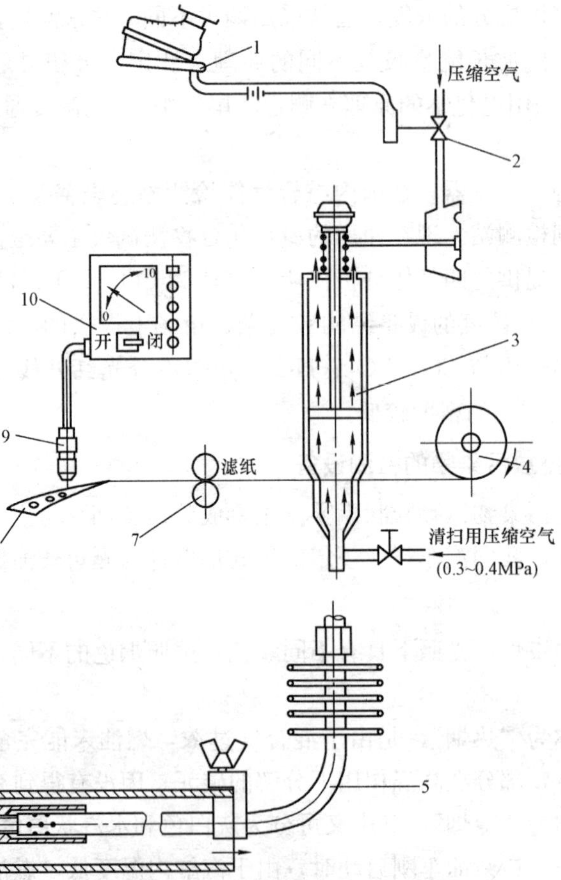

图 7.6 滤纸式烟度计

1—脚踏开关；2—电磁阀；3—抽气泵；4—滤纸卷；5—取样探头；6—排气管；7—进给机构；8—染黑的滤纸；9—光电传感器；10—指示仪表

(1) 取样器由取样探头、活塞式抽气泵、取样软管和清洗机构组成，如图 7.7 所示。取样探头由装在加速踏板上的脚踏开关来控制抽气泵取样开始时刻与发动机加速同步。

活塞式抽气泵要保证气量相等、速度一致和烟粒吸附面积相同。为此抽气泵规定如下：抽气泵应保证每次定容量吸气为（300±15）mL；每次吸气速度一致，吸气时间为（1.4±0.2）s；在 1min 内，外界空气渗入量不得大于 15mL；滤纸有效工作面直径为 32mm，滤纸压紧器工作可靠，密封良好。

滤纸是烟度计取样关键元件，为此对滤纸有如下特殊规定：滤纸白度为（85±2.5)%；滤纸的当量孔径为 45μm；滤纸的透气度为 3000mL/（cm^2·min）；滤纸前后压差为 200～400mmH_2O（水柱高度）；滤纸厚度不大于 0.18mm；废气经取样头、导管，被吸入抽气泵，其连接的取样导管，是内径为 4mm 的软管，长度为 5m。

压缩空气清洗机构能在排气取样之前，用压缩空气吹洗取样探头和取样软管内的残留排气炭粒，清洗用压缩空气的压力为 0.3～0.4MPa。

(2) 检测器主要由光电传感器、指示电表或数字式显示器、滤纸和标准烟样等组成。光电传感器由光源（白炽灯泡）、光电元件（环形硒光电池）和电位器等组成。

光电传感器原理如图 7.8 所示，电源接通后白炽灯泡发亮，其光通过带有中心孔的环形硒光电池照射到滤液上。当滤纸的染发黑度不同时，反射给环形硒光电池感光面的光线强度也不同，因而环形硒光电池产生的光电流强度也就不同。线路中一般配件有电阻 R_1 和 R_2 作为白炽灯泡电流的粗调和细调，以便获得适度的光强，使光源和硒光电池的灵敏相匹配。

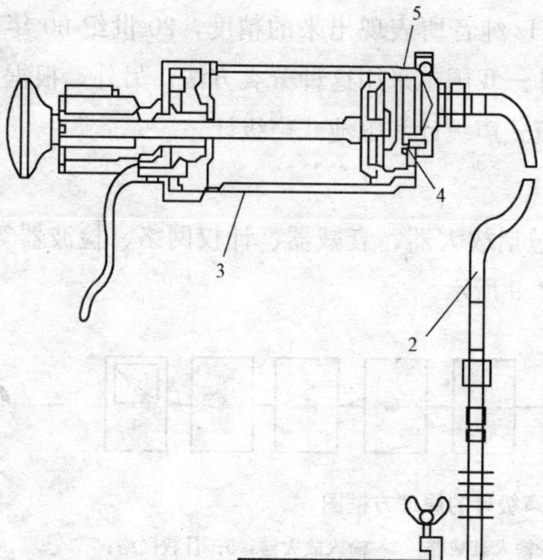

图 7.7　取样探头结构

1—取样探头；2—取样导管；3—活塞式抽气泵；4—滤纸压紧器；5—滤纸插入口

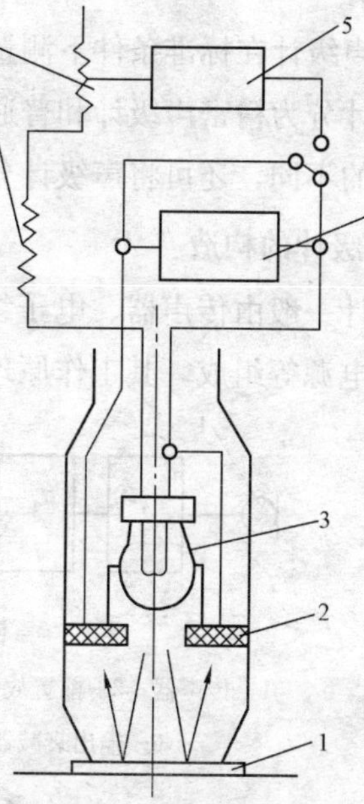

图 7.8　光电传感器原理图

1—滤纸；2—光电元件；3—光源；4—指示仪表；5—电源；6—电阻

指示仪表是一个微安表，是滤纸染黑度即排气烟度的指示装置。当环形硒光电池送来的光电流强度不同时，指示仪表的位置也不同。指示头以 Rb0～Rb10 表示。其中，0 是全白滤纸的 Rb 单位，10 表示全黑滤纸的 Rb 单位，从 0～10 均匀分布。

(3) 控制器包括用脚操纵的抽气泵脚踏开关和滤纸进给机构。

4. 滤纸式烟度计使用时的注意事项

滤纸式烟度计使用之前，需要按规定进行检查，然后做好准备工作。注意事项如下：

(1) 不检测时，勿把踏板开关装到加速踏板上。

(2) 检测黑度时，要使测量装置与滤纸贴紧（最好在已附有炭粒的滤纸下面垫上十几张空白纸）。

(3) 取样头、导管注意不要弯折，测量结束时，抽出取样头，并罩好取样头盖。

(4) 测量装置内有灯泡和半导体光电池，存放时避免强光照射和震动。

(5) 滤纸和标准色纸要避免暴晒和灰尘污染（标准色纸要定期更换）。

(6) 导管长度规定为 5m，不得随意更换长度不合适的导管。过长过短都会影响测量精度：导管过短，滤纸上的炭粒增多；导管过长，滤纸上炭粒相对减少。

(7) 打印、计算机系统如有故障，应由专业人员或厂家修理。

(三) 汽车噪声的检测设备

声级计是一种能够把工业噪声、生活噪声和汽车噪声等，按人耳听觉特性近似地测定其噪声级的仪器。噪声级是指用声级计测得的并经过听感修正的声压级（dB）或响度（phon）。

根据声级计在标准条件下测量 1000Hz 纯音所表现出来的精度，20 世纪 60 年代国际上将声级计分为精密声级计和普通声级计。我国也采用这种分类方法。另外，根据声级计所用电源的不同，还可将声级计分为交流式声级计和电池式声级计。

1. 声级计的构造

声级计一般由传声器、电子线路（包括放大器、衰减器、计权网络、检波器等）、指示仪表及电源等组成，其工作原理如图 7.9 所示。

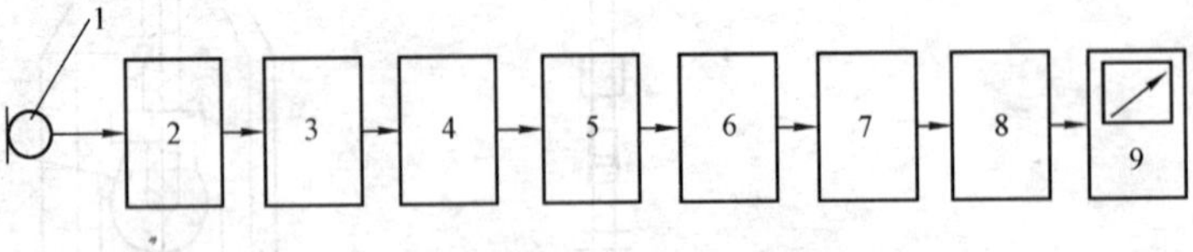

图 7.9 声级计的原理方框图

1—传声器；2—前置放大器；3—输入衰减器；4—输入放大器；5—计权网络；
6—输出衰减器；7—输出放大器；8—检波器；9—指示仪表

(1) 传声器 传声器也称为话筒、麦克风，是将声压信号（机械能）转变为电信号（电能）的传感器，是声级计中关键元器件之一。

传声器的种类很多，按照它们的不同构造，可以分为动圈式、电容式、压电式、半导体式等多种，常用的传声器有动圈式和电容式两种。图7.10为电容式传声器结构示意图。

①动圈式传声器由振动膜片、可动线圈、永久磁铁和变压器等组成。振动膜片受到声波压力以后开始振动，并带动着和它装在一起的可动线圈在磁场内振动以产生感应电流，该电流根据振动膜片受到声波压力的大小而变化。声压越大，产生的电流就越大；声压越小，产生的电流就越小。

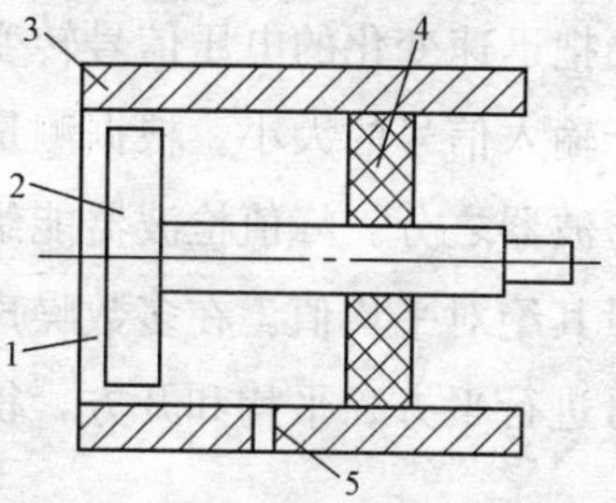

图7.10　电容式传声器结构示意图

1—金属膜片；2—电极；3—壳体；4—绝缘体；5—平衡孔

②电容式传声器主要由金属膜片和靠得较近的金属电极组成，实质上是一个平板电容，金属膜片与金属电极构成了平板电容的两个板级。当膜片受到声压作用时，膜片发生变形，使两个极板之间的距离发生变化，电容量也发生变化，从而产生交变电压，其波形在传声器线性范围内与声压级波形成比例，实现了将声压信号转变为电压信号的作用。

电容式传声器是声学测量中比较理想的传声器，具有动态范围大、频率响应平直、灵敏度高和在一般测量环境下稳定性好等优点，因而应用广泛。由于电容式传声器输出阻抗很高，所以需要通过前置放大器进行阻抗变换，前置放大器装在声级计内部靠近安装电容式传声器的部位。

(2) 放大器和衰减器　由于传声器将声压转变为电压的能量很小，所以在声级计中安装有低噪声放大器。在放大电路中一般采用两级放大器，即输入放大器和输出放大器，其作用是将微弱的电信号放大。输入衰减器和输出衰减器是用来改变输入信号衰减量和输出信号衰减量的，以便使指示仪表指针指在适当的位置，其每一挡的衰减量为10dB。输入放大器使用的衰减器调节范围为测量低端（如0～70dB），输出放大器使用的衰减器调节范围为测量高端（如70～120dB）。输入和输出两个衰竭器的刻度常做成不同的颜色，目前以黑色与透明配对为多。由于许多声级计的高低端以70dB为界限，故在旋转时要防止超过界限，以免损坏装置。

(3) 计权网络　为了模拟人耳听觉在不同频率上不同的灵敏性，在声级计内设有一种能够模拟人耳的听觉特性、把电信号修正为与听觉近似的网络，这种网络称为计权网络。通过计权网络测得的声压级，已不再是客观物理量的声压级，而是经过听感修正的声压级，称为计权声级或噪声级。

计权网络一般有A、B、C几种。A计权声级是模拟人耳对55dB以下低强度噪声的频率特性，B计权声级是模拟55～85dB的中等强度噪声的频率特性，C计权声级是模拟高强度噪声的频率特性。A计权网络测得的噪声值比较符合人耳对噪声的感觉。在汽车和发动机噪声测试时，大多采用A计权网络。

从声级上得出的噪声级读数，必须注明测量的条件，如果单位为dB，且使用的是A

计权网络，则应记为 dB（A）。

（4）检波器　为了使经过放大的信号通过仪表显示出来，声级计还需要有检波器，以便把迅速变化的电压信号转变成变化比较慢的直流电压信号。这个直流电压的大小正比于输入信号的大小。根据测量的需要，检波器有峰值检波器、平均值检波器和均方根值检波器之分。峰值检波器能给出一定时间中的最大值，平均值检波器能在一定时间中测量其绝对平均值。在多数噪声测量中采用均方根值检波器，均方根值检波器能对交流信号进行平方、平均和开方，得出电压的均方根值，最后将均方根电压信号输送到指示仪表。

（5）指示仪表　指示仪表是一只电表，对其刻度进行一定的标定，可从表头上直接读出噪声级的 dB 值，声级计表头阻尼一般都有“快”和“慢”两个挡。“快”挡的平均时间为 0.27s，很接近于人耳听觉器官的生理平均时间。“慢”挡的平均时间为 1.05s。当对稳态噪声进行测量或需要记录声级变化过程时，使用“快”挡比较合适；在被测噪声的波动比较大时，使用“慢”挡比较合适。

声级计面板上一般还备有一些插孔。这些插孔如果与便携式倍频带滤波器相连，可组成小型现场使用的简易频谱分析系统；如果与录音机组合，则可把现场噪声录制在磁带上存储下来，待以后再进行更详细的研究；如果与示波器组合，则可观察到声压变化的波形，并可存储波形或用照相机把波形摄制下来；还可以把分析仪、记录仪等仪器与声级计组合、配套使用，这要根据测试条件和测试要求而定。

2. 声级计使用前的检查和校准

声级计在使用之前要对其进行检查和校准，防止在检查时得到不准确的结果。一般情况下，要进行以下检查和校准。

（1）在未接通电源时，先检查仪表指针是否在机械零点上。若不在零点，可用零点调整螺钉使指针和零点重合。

（2）检查电池容量。把声级计功能开关对准“电池”，衰减器任意，此时电表指针应达到额定红线或规定区域，否则读数不准，此时需要更换电池。

（3）打开电源开关，预热仪器约 10min。

（4）对仪器进行校准。每次测量前或使用一段时间后，必须对仪器的电源和传声器进行校准，声级计上一般都配有电路校准的“参考”位置，可校验放大器的工作是否正常。如果不正常，应调节微调电位器。电路校准后，再利用标准传声器对声级计上的传声器进行对比校准。

（5）将声级计的功能开关对准“线性”、“快”挡。由于一般办公室内的环境噪声为 40～60dB，所以声级计上应有相应的示值。变换衰减器刻度盘，指示仪示值应相应变化 10dB 左右。

（6）检查计权网络。按以上步骤，将“线性”位置依次变为“C”、“B”、“A”。由于室内环境噪声多为低频率成分，故经频率计权后的噪声级示值将低于线性值，而且应依次递减。

(7) 考察“快”、“慢”挡。将衰减器刻度盘调至高 dB 值处（如 90dB)，通过操作人员发出声响，注意观察“快”挡时的指针摆动能否跟上发音速度，“慢”挡时的指针摆动是否明显迟缓。

3. 声级计使用和维护时的注意事项

(1) 使用前，应注意查看连线有无损伤和接触不良等。

(2) 检测时要注意仪表量程的选择应由高到低，防止指针超出刻度线以外。测量前应根据被测声音的大小将量程开关置于合适的挡位，如无法估计其大小，应先将量程开关置于最高挡。

(3) 检测时要避免声级计受反射音、大风和电磁波的影响。

(4) 声级计要避免受振动和冲击，注意防潮，避免阳光直射。

(5) 电池式声级计不使用时，应取下干电池。电池已低于规定的工作电压的需要更换。在更换电池时，要注意将电源开关置于“关”的位置。使用完后应及时关掉电源开关，否则电池的电能将耗尽。

(6) 声级计前端的多孔泡沫塑料圆球是风罩，在室外测量或当风速超过 0.5m/s 时应使用风罩，以减少风噪声的影响。风罩还能保护传声器不受尘埃损害，因此在测验站内也应使用风罩。

(7) 使用一个月后，应检查传声器有无灰尘。

(8) 长期不使用时，因湿度的影响，易发生故障，需要对声级计的内部进行干燥。

(9) 每年要接受有关部门的鉴定。

三、影响污染危害性的因素

汽车排放的污染物主要是指可燃混合气没有充分燃烧形成的碳氢化合物、氮氧化合物、一氧化碳、炭烟等。汽车排放污染物生成量除了受可燃混合气浓度影响之外，还受点火时间、配气相位、压缩比、燃烧室、燃油性质、汽车技术状况等的影响。

1. 可燃混合气浓度

图 7.11 所示为可燃混合气浓度与 CO、HC、NO_x 生成量的关系。实际空燃比小于理论空燃比（约 14.7）的范围内，随空燃比的降低，混合气变浓，CO、HC 的生成量增多，NO_x 的生成量减少。空燃比约为 16 时，CO、HC 的生成量最小，而 NO_x 的生成量最大。随着空燃比进一步升高，会因为混合气的局部缺氧，仍有少量的 CO 生成；但由于混合气过稀（空燃比大于 18)，发动机工作不稳定，燃烧速度变慢，燃烧温度降低，使 HC 的生成量增加、NO_x 的生成量下降。

2. 点火时间

汽油机的点火时间与可燃混合气浓度对 NO_x 的影响，如图 7.12 所示。点火提前角增

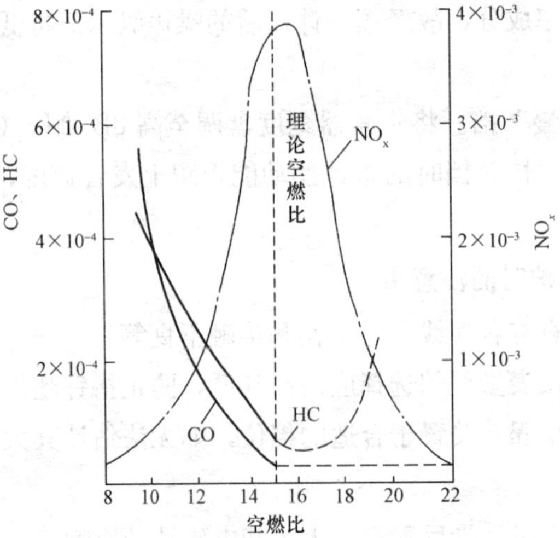

图 7.11 可燃混合气浓度（空燃比）与 CO、HC、NO_x 生成量的关系

大时，燃烧室内的最高压力和温度提高，NO_x 的排放浓度增大。点火提前角对 CO 的影响较小，而对 HC 的影响较大，如图 7.13 所示。

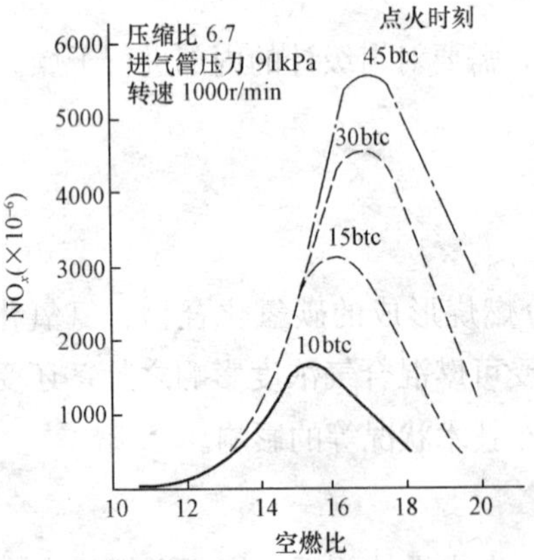

图 7.12 点火时刻与可燃混合气浓度对 NO_x 的影响

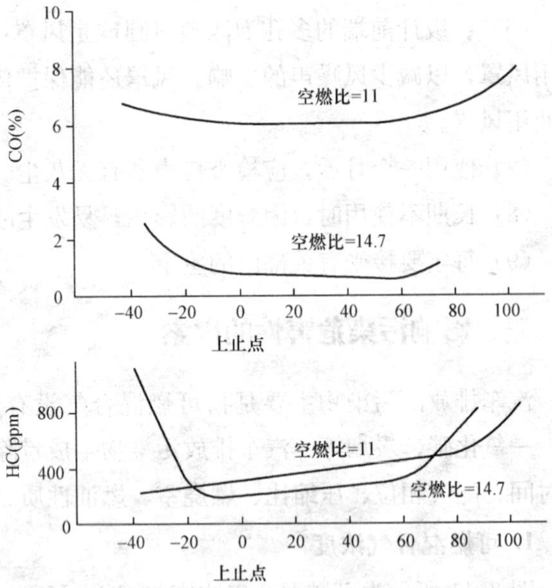

图 7.13 点火提前角对 CO、HC 的影响

柴油机喷油提前角与排放污染物生成量的关系如图 7.14 所示。随着喷油提前角的增大，汽缸内最高温度升高，NO_x 的生成量增加，HC 减少，CO 基本不变。

3. 配气相位

汽缸内残余废气的多少对 NO_x 的生成量有很大影响。残余废气增多，稀释了可燃混合气，降低了燃烧室中的最高温度，使得 NO_x 的生成量减少。汽缸中的残余废气受配气

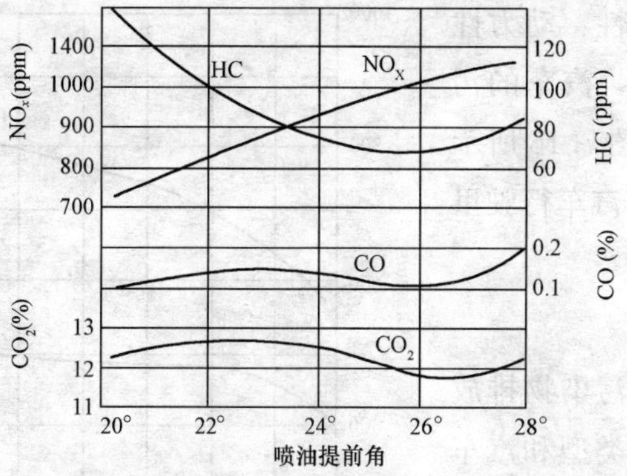

图 7.14　柴油机喷油提前角与排放污染物生成量的关系

相位的影响。

排气门早关，会因废气排放不完全，而使 NO_x 的生成量减少，该措施对于高转速时有效。进气门早开会使可燃混合气被废气稀释，而使 NO_x 的生成量减少，该措施对于部分负荷或低转速时有效。较长的气门重叠（即早开进气门，晚关排气门），特别在低转速和部分负荷的情况下，因可燃混合气被废气强烈稀释而减少。

气门重叠位置提前（即早开进气门，早关排气门），高速时对 NO_x 的减少有利；气门重叠位置延迟，则在低速时对 NO_x 的减少有利。

4. 压缩比

压缩比对排放污染物生成量的影响，如图 7.15 所示。提高发动机的压缩比可使发动机热效率提高，但燃烧室的最高温度也会相应提高，从而使 NO_x 的生成量增加。因此发动机的压缩比不能过高。

5. 燃烧室

燃烧室壁面温度相对较低，接近燃烧室壁面的可燃混合气不能充分燃烧，使得 HC 的生成量增加。因此，采用面容比（燃烧室面积/燃烧室容积）小的燃烧室有利于减少 HC 的排放。

6. 燃油性质

燃油的蒸发性影响到 HC 的排放，燃油蒸发性越强，从油箱及管路中溢出燃油蒸气的可能性就越大，容易引起 HC 排放的增加。燃油中芳香烃成分的增加，会使 NO_x 的生成量增加。

7. 汽车的技术状况

随着汽车行驶里程的增加，其技术状况逐

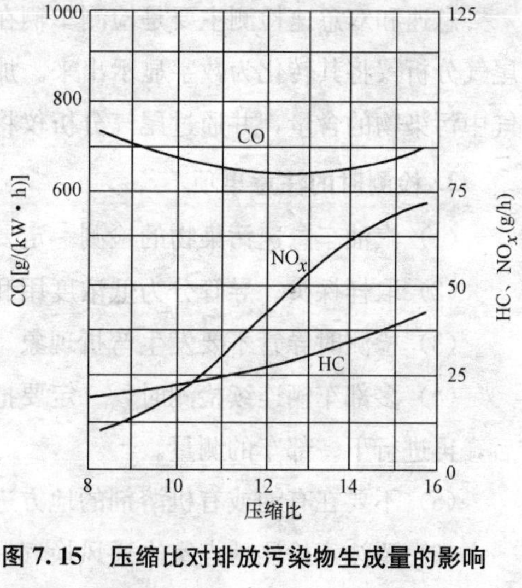

图 7.15　压缩比对排放污染物生成量的影响

渐变差，在汽车的经济性、动力性及可靠性等下降的同时，汽车的污染排放量随之增大。如图 7.16 所示为 CO、HC 的排放量与汽车行驶里程的关系。

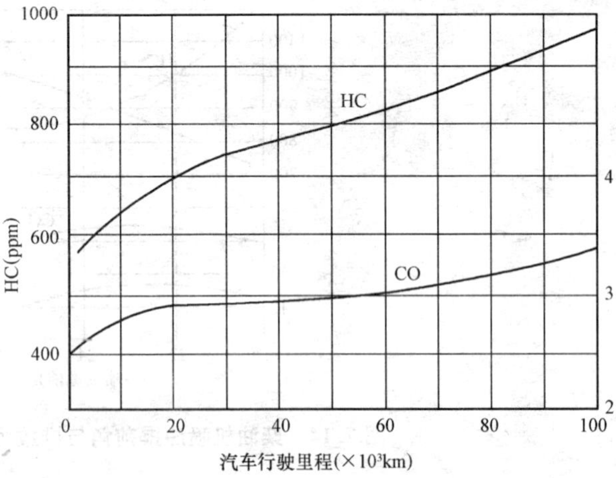

图 7.16 CO、HC 的排放量与汽车行驶里程的关系

8. 结构因素

在结构方面，汽车污染物排放的浓度主要取决于汽车类型和汽车科技含量。

(1) 使用液化石油气和天然气发动机的汽车污染较小；

(2) 采用计算机控制的汽油喷射装置、排放装置、点火装置的发动机通常比化油器式发动机排放污染小；

(3) 使用柴油发动机的汽车其污染物比装用汽油机的汽车污染物小。

任务实施

一、检测仪器与实施要求

(一) 汽油车排放污染物检测项目及注意事项

1. 汽油车排放污染物检测项目

汽油车排放污染物的检测一般分为怠速和双怠速检测、加速模拟工况（ASM）检测等。

怠速和双怠速检测主要是检测车辆在怠速或者高怠速时尾气中污染物的含量，并通过尾气分析仪将其转化为数字显示出来。加速模拟工况检测是检测车辆在加速模拟工况时尾气中污染物的含量，并通过尾气分析仪将其转化为数字显示出来。

2. 检测时的注意事项

(1) 汽油车怠速污染物的检测一定要把发动机怠速和温度控制在规定范围之内。

(2) 取样探头、导管分为低浓度用和高浓度用两种，两者要分别使用。

(3) 检测时导管不要发生弯折现象。

(4) 多部车辆连续检测时，一定要把取样探头从排气管里抽出并待仪表指针回到零点后，再进行下一部车的测量。

(5) 不要在有油或有机溶剂的地方进行检测。

(6) 要注意检测地点室内通风换气，以防人员中毒。

(7) 检测结束后，要立即把取样探头从排气管里抽出来。

(8) 取样探头不用时要垂直吊挂，不要平放，以防管内的积水腐蚀取样探头。

(9) 分析仪不要放置在湿度大、温度变化大、震动大或有倾斜的地方。

(10) 分析仪要定时保养，以确保使用精度。

(11) 校准用的标准气样是有毒的，要注意保管。

(二) 柴油车排放污染物检测的注意事项

柴油车自由加速烟度的检测应在自由加速工况下，采用滤纸式烟度计按测量规程进行。自由加速工况是指：柴油发动机处于怠速工况（发动机运转，离合处于接合位置，加速踏板与手油门处松开位置，当装有自动变速器时需要选择在停车或空挡位置），将加速踏板迅速踩到底，维持数秒后松开。

1. 检测注意事项

(1) 从取样探头至抽气泵的取样软管，最好能逐渐向上倾斜，以防止冷凝水流入抽气泵弄湿滤纸。

(2) 取样软管的内径和长度有规定，不能随意更换和替代。

(3) 测取滤纸黑度时，要注意光电传感器与滤纸贴紧。

(4) 为保护硒光电池的光敏层，光电传感器不用时应该套上测头盖或避开强光放置。

(5) 指示装置不用时，应把测量开关拨到“关”的位置，以免在移动或运输时损坏电表表头。

(6) 指示装置应避免在有振动和湿度大的地方放置。

(7) 滤纸和校准用标准烟样，不要放置在日光下暴晒或暴露在灰尘多的地方。

(8) 标准烟样要定期更换。

2. 滤纸式烟度计的维护

(1) 仪器平时应放在阴凉干燥处，避免高温及阳光直射。

(2) 应尽量避免在振动及潮湿的环境中使用。

(3) 测试时用的滤纸要保存好，严禁受到污染。

(4) 标准烟度卡平时不使用时要放在袋中保存好，不得在日光下暴晒。

(5) 每年应对仪器正式检测一次。

二、检测实施步骤

(一) 汽油车污染物排放的检测

为了不断改善空气质量，尽量减少汽车尾气污染物的排放，国家质量技术监督局发布了《点燃式发动机汽车排气污染物排放限值及测量方法（双怠速法及简易工况法）》(GB 18285—2005)。该标准规定对“装配点燃式发动机的车辆”进行怠速试验、双怠速试验和加速模拟工况试验。

1. 怠速和双怠速试验法

怠速工况是指车辆变速箱位于空挡、离合器为接合位置、发动机油门松开、低速空转的状态。怠速检测排放测量方法要求，发动机由怠速工况加速至额定转速的70%，维持60s后降至怠速。将取样探头插入排气管中，维持15s后开始读取30s内的最高值和最低值，取平均值为测量结果。

双怠速检测方法跟怠速检测法相比增加了一个高怠速点的排放检测，其检测程序是：发动机由怠速工况加速至额定转速的70%，维持60s后降至高怠速（即额定转速的50%），将尾气分析仪的取样探头插入并固定在排气管中（深度为40cm）。发动机在高怠速状态维持15s后开始读数，读取30s内的最高与最低值，取平均值为怠速排放测量结果。然后发动机从高怠速状态降至怠速状态，在怠速状态维持15s后开始读数，读取30s内的最高值与最低值，其平均值为怠速排放测量结果。若发动机有多个排气管，分别取各排气管高怠速和怠速排放测量结果的平均值。

增加了高怠速点检测的双怠速试验虽然是一个过渡性的检测方法，但它的存在完全有其必要性：一是增加了高怠速点的检测后，对普通化油器式的车辆，扩大了污染物排放的控制范围。用双怠速试验法进行尾气检测能够更有效地发现化油器混合气供给系中的故障，从而督促人们进一步检查、维护与修理，彻底恢复发动机良好的工作状态。二是对于装有电喷和三元催化装置的车辆，用高怠速点测得的CO、HC排放量和过量空气系数值来综合分析与判断车辆的电控系统和催化装置是否工作正常，及时发现污染物排放控制部件的问题，以彻底排除故障。

汽油发动机怠速污染物的检验，采用不分光红外线吸收型检测仪，按规定程序检测CO和HC的浓度值。

（1）仪器准备　首先按仪器使用说明的要求做好各项检查工作；然后接通电源，对气体分析仪预热30min以上。

（2）仪器校准

①用标准气体校准：先让气体分析仪吸入清洁空气，用零点调整旋钮把仪表指针调整到零点；然后把仪器附带的标准气样从标准气样注入口注入，再用标准调整旋钮把仪表指针调到标准指示值。CO校准的标准值就是标准气瓶上标明的CO浓度值；HC校准的标准值由于是用丙烷（C_3H_8）作为标准气样，因而要求出正己烷（C_6H_{14}）的换算值作为校准的标准值，其换算公式为

校准的标准值（即正己烷换算值）＝标准气样（丙烷）浓度×换算系数

式中校准气样（丙烷）浓度即标准气样瓶上标明的浓度值；换算系数是分析仪的给出值，一般为0.472～0.578。

②仪器的零位校准：取下水分离器，吸入清洁空气，待指针充分稳定后，调整零位旋钮，使指针指到零位。

③仪器的量距校准：将泵开关拨到“关”位，使标准气瓶喷嘴对准仪器的标准气入口，用力压紧直到指示稳定，一般只需 7～8s。取下标准气，密封标准气入口，用螺丝刀调整 CO、HC 量距旋钮，使其指示与标准瓶标明的气体浓度（或换算浓度）一致。

④仪器的简易校准：如图 7.17 所示，接通简易校准开关。对于有校准位置刻度线的分析仪，用 HC 标准调整旋钮、CO 标准调整旋钮将指针调整到正对校准刻度即可。如果没有校准位置刻度线，则要在标准气样校准时，在标准指示值做上记号，然后立即进行简易校准，使仪表指针与标准指示记号重合即可。

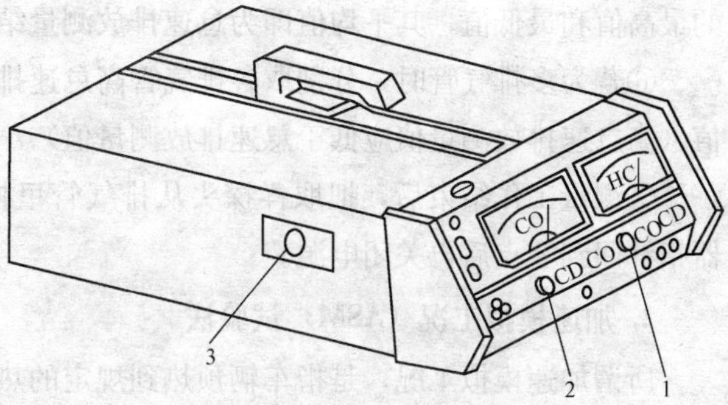

图 7.17　废气分析仪简易校准

1—HC 标准调整旋钮；2—CO 标准调整按钮；3—简易校准开关

⑤把取样探头和取样导管安装到分析仪上。此时如果仪表指针超过零点，则表明导管内壁吸附有较多的 HC，需要用压缩空气或布条清洁取样探头和导管。

（3）车辆或发动机准备

①进气系统应装有空气滤清器，排气系统应装有排气消声器，并不得有泄漏。

②汽油应符合规定。

③测量时发动机冷却水和润滑油温度应达到汽车使用说明书所规定的热状态。

④自 1995 年 7 月 1 日起新生产汽油发动机应具有怠速螺钉装置。点火提前角在其可调整范围内都应达到排放标准的要求。

（4）怠速测量程序

①必要时在发动机上安装转速计、点火正时仪、冷却水和润滑油测量等测试仪器。

②发动机由怠速工况加速至 0.7 倍额定转速，维持 60s 后降至怠速状态。

③发动机降至怠速状态后，将取样探头插入排气管中，深度等于 400mm，并固定于排气管上。

④发动机在怠速状态，维持 15s 后开始读数，读取 30s 内的最高值和最低值，其平均值即为测量结果。

⑤若为多排气管时，取各排气管测量结果的算术平均值。

⑥测量工作结束后，把取样探头从排气管里抽出来，让它吸入新鲜空气 5min，待仪器指针回到零点后再关闭电源。

（5）双怠速测量程序

①必要时在发动机上安装转速计、点火正时仪、冷却水和润滑油测温计等测试仪器。

②发动机由怠速工况加速至 0.7 倍额定转速，维持 60s 后降至高怠速（即 0.5 倍额定转速）。

③发动机降至高怠速状态后，将取样探头插入排气管中，深度等于 400mm，并固定

于排气管上。

④发动机在高怠速状态维持 15s 后开始读数，读取 30s 内的最高值和最低值，取平均值即为高怠速排放测量结果。

⑤发动机从高怠速状态降至怠速状态，在怠速状态维持 15s 后开始读数，读取 30s 内的最高值和最低值，其平均值即为怠速排放测量结果。

⑥若为多排气管时，分别取各排气管高怠速排放结果的平均值和怠速排放结果的平均值（高怠速排放测量值应低于怠速排放测量值）。

⑦测量工作结束后，把取样探头从排气管里抽出来，让它吸收新鲜空气 5min，待仪器指针回到零点后再关闭电源。

2. 加速模拟工况（ASM）试验法

所谓加速模拟工况，是指车辆预热到规定的热状态后，加速至规定车速，根据车辆规定车速的加速负荷，通过底盘测功机对车辆加载，使车辆保持等速运转的运行状态，在这样的工况下测试汽车尾气的排放情况。进行 ASM 试验时需要使用两种设备：底盘测功机和排气分析仪。

加速模拟工况试验方法简称工况法。工况法由两个试验工况组成，分别称为 ASM5025 和 ASM2540，试验过程如图 7.18 所示。表 7-1 为加速模拟工况运转循环表。

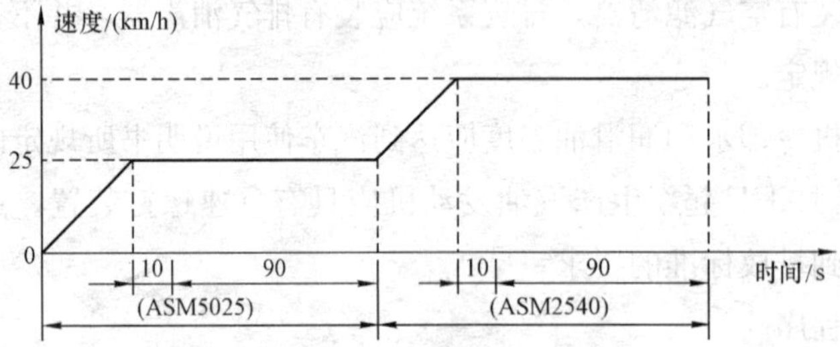

图 7.18 加速模拟工况试验过程

表 7-1 加速模拟工况运转循环表

工　况	运转次序	速度/（km/h）	操作时间/s	测试时间/s
ASM5025	1	0～25	3.5～8.5	—
	2	25	10	
	3	25	90	90
ASM2540	1	25～40	2.3～5.6	—
	2	40	10	
	3	40	90	90

（1）ASM5025 工况　车辆驱动轮位于测功机滚筒上，将分析仪取样探头插入排气管中（深度为 400mm），并固定于排气管上，对独立工作的多排气管应同时取样。

经预热后的车辆加速至 25.0km/h，测功机以车辆速度为 25.0km/h、加速度为

1.475m/s² 时输出功率的 50%作为设定功率对车辆加载。车辆以（25.0±1.5）km/h 的速度持续运转 10s 后开始计时测试，持续运行测试时间为 90s。

（2）ASM2540 工况　在 ASM5025 工况试验结束后，车辆立即加速至 40.0km/h，测功机以车辆速度为 40.0km/h、加速度为 1.475m/s² 时输出功率的 25%作为设定功率对车辆加载。车辆以（40.0±1.5）km/h 的速度持续运转 10s 后，开始计时测试，持续运行测试时间为 90s。

《点燃式发动机汽车排气污染物排放限值及测量方法（双怠速法及简易工况法）》（GB 18285—2005）指出，若第一次试验不合格，可进行复检试验。要求连续进行 ASM5025 和 ASM2540 工况试验，每个工况测试时间延长至 145s，两个工况重复测试时间为 290s。

3. 检测标准

国家标准《点燃式发动机汽车排气污染物排放限值及测量方法（双怠速法及简易工况法）》（GB 18285—2005）规定，对于装配点燃四冲程发动机，最大总质量大于 400kg、最大设计车速≥50km/h 的在用汽车，排放污染物限值见表 7-2、7-3。

表 7-2　新生产汽车污染物排放限值（体积分数）

车　型	类　别			
	怠　速		高怠速	
	CO/（%）	HC/（10^{-6}）	CO/（%）	HC/（10^{-6}）
2006 年 7 月 1 日起新生产的第一类轻型汽车	0.5	100	0.3	100
2006 年 7 月 1 日起新生产的第二类轻型汽车	0.8	150	0.5	150
2006 年 7 月 1 日起新生产的重型汽车	1.0	200	0.7	200

表 7-3　在用汽车污染物排放限值（体积分数）

车　型	类　别			
	怠　速		高怠速	
	CO/（%）	HC/（10^{-6}）	CO/（%）	HC/（10^{-6}）
1995 年 7 月 1 日前生产的轻型汽车	4.5	1200	3.0	900
1995 年 7 月 1 日起生产的轻型汽车	4.5	900	3.0	900
2000 年 7 月 1 日起生产的第一类轻型汽车	0.8	150	0.3	100
2001 年 10 月 1 日起生产的第二类轻型汽车	1.0	200	0.5	150
1995 年 7 月 1 日前生产的重型汽车	5.0	2000	3.5	1200
1995 年 7 月 1 日起生产的重型汽车	4.5	1200	3.0	900
2004 年 9 月 1 日起生产的重型汽车	1.5	250	0.7	200

一般情况下，当汽油机供油系统调整不当时，怠速污染物会偏高；另外，点火系统、冷却系统工作状况以及曲柄连杆机构技术状况也会对 CO、CH 的浓度产生影响。

（二）柴油车排放污染物的检测

柴油车自由加速烟度的检测应在自由加速工况下采用滤纸式烟度计按测量规程进行。自由加速工况是指：柴油发动机处于怠速工况（发动机运转，离合处于接合位置，加速踏板与手油门处松开位置，当装有自动变速器时需要选择在停车或空挡位置），将加速踏板迅速踩到底，维持数秒后松开。

1. 仪器准备

（1）通电之前，检查指示表指针是否在机械零点上，否则用零点调整旋钮使指针与“0”的刻度重合。

（2）通电后，仪器进行预热。用标准色纸（白滤纸和标准烟样）检查指示表指针是否符合黑度数据，并进行调整。

（3）检查取样装置和控制装置中各部机件的工作情况。

（4）检查脚踏开关与抽气泵动作是否同步。

（5）检查控制用和清水用压缩空气的压力是否符合要求。

（6）检查滤纸进给机构的工作情况；检查滤纸是否合格，是否洁白无污。

2. 车辆准备

（1）应保证发动机进气系装有空气滤清器，排气系装有消声器并且不得有泄漏。

（2）启动发动机，并使发动机预热至汽车使用说明书所规定的热状态。

（3）应保证排气管取样探头插入深度能≥300mm，否则，排气管应加接管，并保证接口不漏气。

（4）必须使用生产厂规定的柴油机润滑油和未加消烟剂的柴油。

（5）自1995年7月1日起新生产柴油车装用的柴油机，应保证启动加浓装置在非启动工况下不再起作用。

3. 测量方法

（1）将烟度计取样探头逆气流固定于排气管内（深度等于300mm），并使其中心线与排气管轴线平行。

（2）将踏板开关引入汽车驾驶室或将手动橡皮球通过远控软管引入汽车驾驶室。

（3）把抽气泵活塞推到最前端锁止，并装入滤纸。

（4）按图7.19所示的测量规程进行检测。先由怠速工况将加速踏板踩到底，约4s迅即松开，如此重复3次以便把排气管内的炭渣吹掉。

（5）然后怠速运转约16s。在此期间要用压缩空气清洗机构对取样软管和取样探头吹洗3～4s。

（6）将加速踏板与踏板开关一并迅速踩到底，或在踩下加速踏板的同时急速捏压手动橡皮球，至4s时迅即松开加速踏板，松开橡皮球。

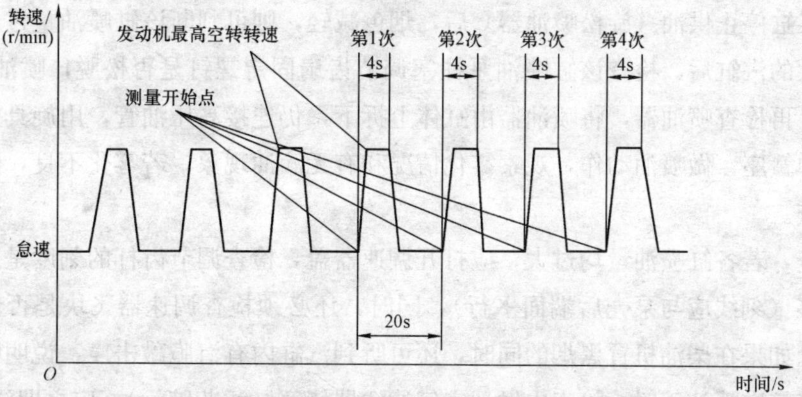

图 7.19　测量烟度时发动机运行工况模式

(7) 再次踩下加速踏板与踏板开关时，距前一次的时间间隔为 20s，如此重复 4 次。对第一次采样不测量，后 3 次读数的算术平均值，即为该工况下的烟度值。

4. 检测标准

按照国家标准《点燃式发动机汽车排气污染物排放限值及测量方法（双怠速法及简易工况法）》（GB 18285—2005）的规定，对于装配柴油发动机、最大总质量≥400kg、最大设计车速≥50km/h 的在用汽车，自由加速试验烟度排放限值见表 7-4。

表 7-4　在用压燃式发动机的车辆自由加速试验烟度排放限值表

车辆类型	光吸收系数/（m^{-1}）
2005 年 7 月 1 日起生产的新车	型式认定核准值+0.5
2005 年 7 月 1 日起新生产的在用车	型式认定核准值+0.5
2001 年 10 月 1 日起生产的在用汽车（自然吸气式）	2.5
2001 年 10 月 1 日起生产的在用汽车（涡轮增压式）	3.0

为了贯彻《中华人民共和国环境保护法》和《中华人民共和国大气污染防治法》，防治柴油车排气对环境的污染，我国将陆续提高柴油机排放的标准，减少对大气的污染，并逐步达到西方的排放标准。

5. 检测结果分析

柴油车自由加速烟度超过标准，主要是由柴油机供油系统调整不当所致。此外，柴油机汽缸活塞组和曲柄连杆机构的技术状况及柴油的质量等对烟度排放也有影响。下面简要介绍排烟故障的原因和诊断。

柴油机工作时黑烟浓重，多由喷油量过大、雾化不良、各缸喷油量不均匀、喷油时刻过早、调速器失调和空气滤清器堵塞原因引起。

如果发现个别缸喷油量过大，可用分缸停止供油和结合观察排气烟色的方法予以判别。假如某缸停止供油（旋松喷油器）后，烟色减轻，则可判断该缸喷油量过大。在找出喷油量过大的汽缸后，检查该缸喷油泵柱塞调节齿扇固定螺钉是否松脱，喷油是否良好。如果正常，再检查喷油器，将喷油器由缸体上拆下，仍连接高压油管，用旋具撬动该缸喷油泵柱塞弹簧座，做喷油动作，观察雾化情况和有无滴油现象，若雾化不良，则应将喷油器解体检查。

经检查，若各缸喷油量均过大，应打开调速器盖，检查调节齿杆的刻度是否向油泵壳内移入过多（刻线应与泵壳后端面平行），同时，还必须检查调速器飞块是否卡滞引起喷油量过大。如果在柴油机冒黑烟的同时，还可听到汽缸内有清脆敲击声，说明喷油时刻过早，应正确校准喷油正时。检查中发现空气滤清器堵塞（滤芯脏污），应立即清洗、吹净，并按规定加注新润滑剂油。

此外，柴油机冒黑烟还与柴油质量有关，为使着火性能良好，一般柴油机选用十六烷值为40～45的柴油为宜。若十六烷值超过65，则柴油蒸发性变差，致使燃烧不彻底，工作时也可能出现冒黑烟现象。

（三）汽车噪声检测

汽车噪声的检测，应按照国家标准《声学——汽车车内噪声测量方法》（GB/T 18697—2002）的规定进行。

（1）车外噪声的测量方法　检测车外噪声的测量场地及测点位置如图7.20所示。测试话筒位于20m跑道中心点O两侧，各距中心线7.5m，距地面高度1.2m，用三脚架固定，话筒平行于路面，其轴线垂直于车辆行驶方向。

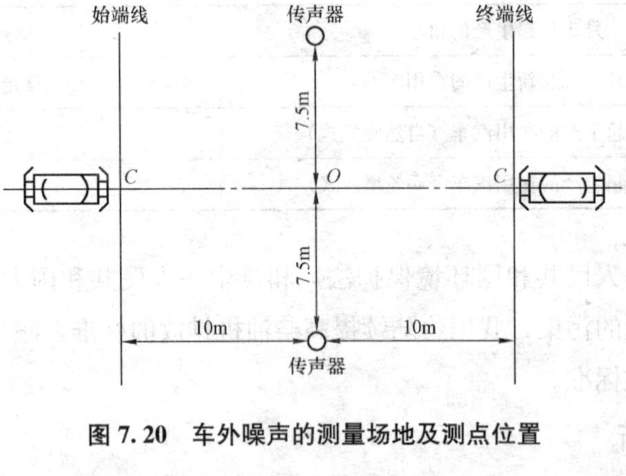

图7.20　车外噪声的测量场地及测点位置

车外噪声的测量可在车辆加速或匀速行驶时进行。

①加速行驶车外噪声测量方法。

a. 车辆必须按下列规定条件稳定地到达始端线。行驶挡位：前进挡为4挡以上的车辆用第3挡；前进挡为4挡以下的用第2挡。

发动机转速：转速为发动机标定转速的3/4。如果此时车速超过了50km/h，则车辆应以 50km/h 的车速稳定地到达始端线。

b. 从车辆到达始端线开始，立即将加速踏板踩到底或节气门全开，直线加速行驶。当车辆后端到达终端线时，立即停止加速。

c. 按规定使用声级计，读取车辆行驶时的声级计表头最大读数。

d. 同样的测量方法往返各进行一次。车辆同侧两次测量结果之差不应大于 2dB，取每侧两次声级的平均值中最大值作为被测车辆的最大噪声级，若只用一个声级计测量，同样的测量应进行 4 次，每侧测量 4 次。

②匀速行驶车外噪声测量方法。

a. 车辆用常用挡位，油门保持稳定，以 50km/h 的车速匀速通过测量区域。

b. 声级计用“A”计权网络“快”挡进行测量，读取车辆驶过时声级计表头的最大读数。

c. 同样的测量方法往返各进行一次，车辆同侧两次测量结果之差不应大于 2dB。4 次测量值的平均值即为该车的匀速车外噪声。

(2) 车内噪声的测量方法　车内噪声测量时，测量跑道应有足够试验需要的长度，应是平直、干燥的沥青路面或混凝土路面，风速（指相对于地面）应不大于 3m/s，测量时车辆门窗应关闭，车内带有的其他辅助设备是噪声源的，是否开动，应按正常使用情况而定。车内车底噪声比所测车内噪声至少低 10dB (A)，并保证车辆在测量过程中不被其他声源所干扰。车内除驾驶员和测量人员外，不应有其他人员。

测量车内噪声时，测点位置通常在人耳附近，话筒朝车辆前进方向；驾驶室内噪声测点位置如图 7.21 所示；客车车内噪声测点可选在车厢中部及最后排座位的中间位置。

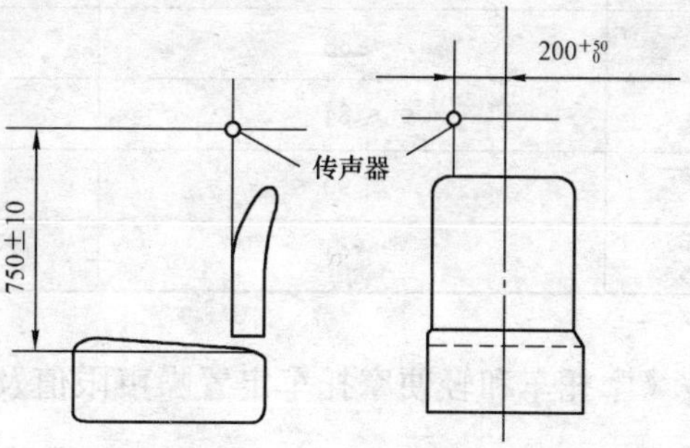

图 7.21　驾驶室内噪声测点位置

测量时，车辆以常用挡位 50km/h 以上不同车速匀速行驶，分别进行测量，读取表头指针最大读数的平均值。

(3) 喇叭噪声的测量方法　城市用机动车喇叭噪声级在距车前 2m、离地面高度 1.2m 处测量，读取声级计表头最大读数，测点位置如图 7.22 所示。

城市用机动车辆喇叭声级的检测，应注意排除其他声源峰值的干扰。测量次数应在两次以

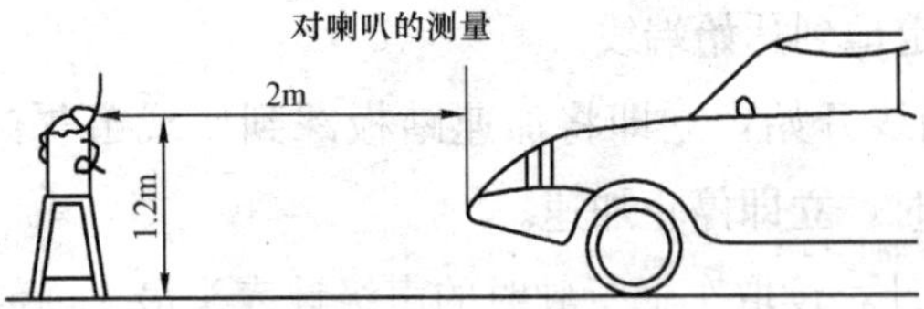

图 7.22　喇叭声级测点位置

上，并监听喇叭声音是否悦耳。

(4) 汽车噪声检测标准　为了有效地控制汽车噪声，根据我国的具体情况并参照国外有关标准，在《机动车运行安全技术条件》(GB 7258—2004) 中，对机动车的噪声控制做了如下规定：

①机动车允许的噪声应符合《汽车加速行驶车外噪声限值及测量方法》(GB 1495—2002) 的规定，各类机动车加速行驶时，车外允许最大噪声级应符合表 7-5 的规定。

表 7-5　车外允许最大噪声级

机动车类型		车辆最大允许噪声级/dB (A)	
		1985 年 1 月 1 日以前生产的产品	1985 年 1 月 1 日以后生产的产品
货车	8t≤载质量<15t	≤92	≤89
	3.5t≤载质量<8t	≤90	≤86
	载质量<3.5t	≤89	≤84
轻型越野车		≤89	≤84
客车	4t≤总质量<11t	≤89	≤86
	总质量<4t	≤88	≤83
轿　车		≤84	≤82
摩托车		≤90	≤84
轮式拖拉机 (44kW 以下)		≤91	≤86

②轻便摩托车噪声按《摩托车和轻便摩托车定置噪声限值及测量方法》(GB 4569—2005) 的规定进行测量。

③机动车加速行驶时，车外最大允许噪声级的测量应按《汽车加速行驶车外噪声限值及测量方法》(GB 1495—2002) 的规定进行。

④车内噪声。客车车内最大噪声级不大于 82dB (A)，其测试方法应按《汽车加速行驶车外噪声限值及测量方法》(GB 1495—2002) 的规定进行。

⑤喇叭性能要求应符合《机动车运行安全技术条件》(GB 7258—2004) 的规定。

a. 机动车辆均应设置喇叭，其性能应可靠，声音悦耳。

b. 城市用机动车喇叭声级在距车前 2m、离地面高 1.2m 处应为 90～115dB (A)。

归纳总结

通过本任务的学习，掌握汽车的尾气污染、噪声污染和电波危害的基本含义、评价指标、影响因素，能够在日常生活中正确地评价车辆的废气污染程度、噪声污染程度和电波危害程度，并且能够实时采取有效措施加以预防，减少汽车的环境污染。

知识拓展

一、降低汽车排放污染物的措施

为了降低汽车排放污染物，一方面可通过优化发动机自身结构，减少排放污染物的生成量；另一方面，可对排放污染物生成之后进行无害化处理，必须从如下几方面进行：

(1) 首先提高新车的性能，完善在用车检查和维护制度，从新车和在用车两个层面减少汽车尾气排放量。

① 新车。应当制定科学的、分阶段完成的排放控制标准，通过新车的产品认证、一致性检验和耐久性控制等监督管理措施，确保新车排放标准的实施。

a. 研制低污染动力源的汽车。在汽车上采用低污染动力源是排气净化的根本措施。新型动力源汽车主要有电动汽车、太阳能汽车及燃油电池汽车等，可以有效地解决汽车排放问题，但由于各种技术问题，目前还没有大量应用。

对现有发动机的改造也能够有效地减少污染物排放。在我国较为普遍的有：在汽油中按一定比例加入乙醇，形成乙醇汽油燃油；采用天然气作为汽车燃油的天然气汽车。

b. 优化发动机结构，采用电控技术。从汽车排放污染物的生成机理及影响因素出发，通过选择合适的压缩比，优化燃烧室结构，合理选用燃油；通过电控技术（电控燃油喷射、电控点火等）的应用，精确控制可燃混合气浓度、点火时刻，采用配气相位可变技术、尾气再循环；再加上及时对车辆的技术状况进行检查和调整、适时报废等措施均能够有效减少汽车排放污染物的生成量。

采用稀薄燃烧、分层燃烧技术，在火花塞附近供给易燃的浓混合气，在其外面是稀混合气层，能够使发动机在稀混合气的条件下工作，因此 HC 及 CO 生成量较少。同时燃烧的温度低，NO_x 的生成量也较少。

②在用车。我国缺少在用车排放的检查维修制度，在用车检查维修只偏重于机动车的安全性和动力性，不重视排放性。为达到排放标准，对在用车应从使用维护入手降低汽车尾气排放：

a. 保持发动机良好的技术状况。

b. 提高驾驶技术。

c. 后处理措施。后处理措施就是通过设置相应的净化处理装置对汽车排放污染物进行无害化处理，现在应用于汽车上的净化处理装置有很多，如二次空气喷射装置、热反应器、三元催化转换器、曲轴箱通风、燃油蒸发净化装置等。

(2) 要不断提高燃油质量，使用清洁燃油以减少汽车油耗，并积极开发、利用污染小的新能源。

(3) 要针对交通路网规划、交通管理体系、城市发展战略等涉及汽车运行状况的因素，采取有效的改进办法，解决交通拥堵问题，为汽车使用创造好的外部环境。

(4) 要利用减少汽车污染的激励政策以及其他经济手段，引导汽车制造企业和消费者控制汽车污染。

上述几方面的措施应是配套使用的，缺一不可。与此同时，还应采取措施完善环保管理体制，增强公民的环保意识。

二、汽车各种噪声

1. 发动机噪声

发动机噪声中，除了发动机机体发出的机械声外，还包括进气系统噪声。降低发动机本身产生的噪声及由发动机震动引起的其他噪声的办法有以下几个：

(1) 改造发动机燃烧过程以降低燃烧爆发的冲击。

(2) 降低发动机各部件震动。

(3) 降低由活塞上下运动、曲轴转动引起的不平衡力以及发动机机械震动。

发动机运转的噪声主要从车外传入驾驶室，因此，可以通过汽车隔声系统来抑制噪声。

2. 排气系统噪声

排气系统噪声属于发动机噪声的一部分，主要包括消声器支撑架及排气管道震动辐射出的噪声，发动机震动及排气动作引起的辐射噪声还包括由排气口出来的排气噪声。主要降噪方法有以下几个：

(1) 利用消声器降低排气口噪声，在生产消声器的环节，通过提高仿真计算方法的精度，实现在不增加排气阻力的条件下改善消声效果。

(2) 在排气口对排气噪声施加与其幅值大小相等、相位相反的二次声源或震动源，可自动地消除存在的震动噪声问题，实现主动降低噪声的目的。

3. 风扇噪声

散热风扇是汽车上较大的噪声来源，风扇噪声属于空气动力噪声，严格地说，也是构成发动机噪声的一部分。风扇运转过程中，由散热器隔栅吸入的冷却气流，经散热器风扇叶片吸入，从发动机间隙排出，气流运动的这一过程产生了旋转噪声和涡流噪声。夏季在怠速状态下开空调，风扇的运转会明显引起较大噪声。一般认为风扇的噪声与以下因素密切相关。

（1）风扇的外形。风扇外形决定风扇本体的阻力系数，包括叶片数量、叶片间断间隙、叶片角度及弯曲度等。

（2）散热器吸入气流的紊流度。

（3）风扇叶尖处及缝隙处产生的噪声。

4. 传动系噪声

在传动系中，噪声源主要包括变速器、分动器、传动轴、差速器和减速器等，传动系统噪声是由发动机传来的震动引起离合器盖、变速器盖等辐射出的噪声，以及齿轮啮合激震引起壳体辐射发出的噪声。这些噪声既有内部齿轮和轴承运转引起的，也有其他机构传递来的。

传动系的噪声是在一辆车出厂前就决定了的，很难通过后期的降噪措施得到根本性的改善。

5. 轮胎噪声

轮胎噪声是由轮胎与路面摩擦所引起的，是构成底盘噪声的主要因素。一般的胎噪主要由三部分组成：

（1）轮胎花纹间隙的空气流动和轮胎四周空气扰动构成的空气噪声；

（2）胎体和花纹部分震动引起的轮胎震动噪声；

（3）路面不平造成的路面噪声。

特殊行驶环境下，轮胎还会发出震鸣声和溅水声。

轮罩下部的凹凸导致气流分离，也会产生较强的噪声，轮罩内车轮回转的空气以及发动机排出的风噪是轮罩下部噪声的主要来源。

6. 制动噪声

汽车制动而产生的噪声主要有制动器的尖叫声、轮胎与地面的摩擦声以及车身板件的震颤声等。制动噪声一般是指制动器工作时产生的鸣叫。

一个设计合理、装配精准、保养良好的制动器是没有或只有很小噪声的。车辆下坡时长时间踩踏刹车会因高温造成刹车盘损坏，日后再工作的时候就会发出尖锐的鸣叫。

汽车隔声对制动噪声处理的重点是通过粘贴吸声棉或隔声垫来减缓车辆紧急制动时引起的车身板件震颤。

7. 气动噪声

行驶中的汽车由于其周围的风而产生的噪声称为气动噪声，为寻求有效的隔声降噪方法，汽车隔声的技术人员又把这种噪声进一步分为三种类型：

（1）风噪，就是由车身周围气流分离导致压力变化而产生的噪声；

（2）风漏，或叫吸出声，是由驾驶室及车身缝隙吸气而与车身周围气流相互作用而产生的噪声；

（3）其他噪声，包括空腔共鸣、风扇噪声、导管管道噪声，以及天线、雨刮器、后视镜及扰流器等附件震动引起的噪声。

克制风漏及空腔共鸣的有效办法是在车门以及发动机盖周围设计密封条，通过对不同车型的不同部位粘贴密封条，达到使开放气流的背后不产生涡流、由流动再附着来达到有效抑止气动噪声的目的，此外，不同规格的密封条也可以有效隔绝来自车身以外的噪声。

车辆在高速行驶过程中，由于引擎盖的侧面和上部出现气流分离，会产生数百赫兹以下震动频率的气动噪声，如果发动机盖下沿有间隙，通过间隙还会发出很大噪声。汽车隔声对该处噪声的抑制主要从两方面着手：一是在发动机盖的边沿部位粘贴专用密封条，二是在发动机盖内沿雨刮器下部的 U 形槽部位粘贴平静阻尼止振垫。

三、降低汽车噪声的措施

（1）制定汽车噪声限制法规。

（2）汽车制造厂针对噪声源，在汽车设计制造中努力采取降噪措施。例如，采用吸振、隔声技术，将高噪声的喇叭改装成低噪声喇叭等。

（3）汽车使用、维修中，严格执行汽车噪声限值和测量方法的国家标准。

（4）在噪声集中路段建立隔声板或隔声墙，在隔离带中种植植物，而日本已开始修建吸声路面。

（5）加强管理，在一些路段采取禁鸣喇叭措施。

四、汽车电波的防治

1. 加装阻尼电阻

在汽车点火装置的高压电路中适当串入阻尼电阻或采用特制高压阻尼导线，以削弱电火花产生的高频振荡放电。国产东风 EQ1090 型汽车就装用了特制的高压阻尼导线。

2. 加装电容器

在汽车电气中凡是产生火花的部件上并联适当容量的电容器，以便吸收火花能量，减弱高频振荡电磁波的发射。例如，发电机的“电枢”接柱与搭铁之间，以及调节器“电池”与搭铁之间并联 0.2～0.8 微法的电容器，在水温表、油压表传感器的触点处并联一个 0.1～0.2 微法的电容器等。

3. 加装屏蔽遮掩

在容易产生火花的电器外，用金属网遮掩起来。导线也用密织的金属网或金属套管套起来，并将金属网搭铁。这样就使这些电器因火花而发射的电磁波在金属屏蔽内产生寄生电流变成热能消失，使电磁波不能发射出去，从而起到防干扰作用。

实训　汽车污染危害性检测

通过本实训的进行，加深对汽车污染环境的认识，巩固有关检测设备的结构和基本工作原理及技术要求等理论知识，掌握汽车尾气的检测方法。

实训名称	汽车污染危害性检测	姓名		班级	
		日期		序号	

一、实训目的

能够按照检测项目和方法进行汽车排放污染物的检测。

二、实训器材

汽油机废气分析仪 1 台，不透光烟度计 1 台，试验车 2 台（汽油车、柴油车各 1 台）。

三、实训要求

1. 能够说明汽车排放污染物检测的项目、方法及技术要求。

2. 依据检测仪器正确叙述其结构、工作原理与使用。

3. 能够按照检测项目和方法进行检测并分析结果。

四、实训步骤

（一）汽油车排放污染物的怠速测定法

1. 仪器、测试车辆均应符合测试前的技术要求。

2. 发动机怠速运转，离合器处于接合位置，变速杆位于空挡。

3. 安装空气滤清器、排气消声器，并不得有泄漏；汽油符合规定；冷却液、机油温度达到说明书所规定的要求。

4. 发动机由怠速工况加速至 0.7 倍的额定转速，维持 60s 后降至怠速状态。

5. 将检测仪的读数转换开关置于最高量程挡位，在稳定怠速状态下，将取样探头插入排气管（深度为 400mm），并固定于排气管上。

6. 在怠速状态维持 15s 后开始读数，读取 30s 内 CO 和 HC 的最高值和最低值，取平均值为测量结果。

（二）柴油车使用取样式不透光仪测定法

1. 仪器、测试车辆均应符合测试前的技术要求。

2. 车辆在发动机怠速下，按标准要求插入取样探头。

3. 迅速但不猛烈地踏下油门踏板，使喷油泵供给最大油量。在发动机达到调速器允许的最大转速前，保持此位置。一旦达到最大转速，立即松开油门踏板，使发动机恢复至怠速，不透光仪恢复到相应状态。

4. 重复上述操作过程至少 6 次，记录最大读数。如果读数值连续 4 次均在 0.25m 的带宽内，并且没有连续下降趋势，则记录值有效。

5. 计算 4 次测量结果的算术平均值，并记录结果。

五、实训报告

完成实训报告并分析检测结果。

<table>
<tr><th colspan="9">汽车污染危害性检测评分表</th></tr>
<tr><td rowspan="2">基本信息</td><td>姓名</td><td></td><td>学号</td><td></td><td>班级</td><td></td><td>组别</td><td></td></tr>
<tr><td>规定时间</td><td></td><td>完成时间</td><td></td><td>考核日期</td><td></td><td>总评成绩</td><td></td></tr>
<tr><td rowspan="8">任务工单</td><td rowspan="2">序号</td><td colspan="3" rowspan="2">步骤</td><td colspan="2">完成情况</td><td rowspan="2">标准分</td><td rowspan="2">评分</td></tr>
<tr><td>完成</td><td>未完成</td></tr>
<tr><td>1</td><td colspan="3">考核准备：
车辆：
仪器设备：</td><td></td><td></td><td>10</td><td></td></tr>
<tr><td>2</td><td colspan="3">车辆操作（挡位、加速踏板、车速等）</td><td></td><td></td><td>20</td><td></td></tr>
<tr><td>3</td><td colspan="3">尾气分析仪操作</td><td></td><td></td><td>20</td><td></td></tr>
<tr><td>4</td><td colspan="3">数据测量</td><td></td><td></td><td>10</td><td></td></tr>
<tr><td>5</td><td colspan="3">数据计算分析</td><td></td><td></td><td>10</td><td></td></tr>
<tr><td>6</td><td colspan="3">结论</td><td></td><td></td><td>10</td><td></td></tr>
<tr><td colspan="2">5S</td><td colspan="5"></td><td>5</td><td></td></tr>
<tr><td colspan="2">沟通表达</td><td colspan="5"></td><td>5</td><td></td></tr>
<tr><td colspan="2">实训报告</td><td colspan="5"></td><td>10</td><td></td></tr>
</table>

项目三

汽车安全性评价指标及检测

项目导入

近年来，随着我国经济的快速发展，汽车保有量迅猛增加，社会对汽车安全性能方面的要求也直线上升。确保在用车辆的行驶安全是减少交通事故的主要手段之一，是关系到千家万户幸福的大事，也是构建和谐社会所必需的。我国《汽车运输业车辆技术管理规定》中明确了“车辆维护贯彻预防为主、强制维护的原则”，并要求对车辆进行“定期检测、强制维护、视情修理”，这些要求都强调了对车辆进行检测的必要性和重要性。为保证车辆使用的安全性，国家规定了对不同用途车辆进行定期检测的项目和检测内容，并以此作为车辆是否能上路行驶的依据——安全环保检测线。本项目的内容即是针对汽车安全环保检测线对车辆进行检测的项目和内容进行了任务分解，共包括汽车制动性评价指标及检测、汽车操纵稳定性评价指标及检测、汽车车轮定位及平衡检测、汽车前照灯检测等四个任务。

任务八

汽车制动性评价指标及检测

知识目标

1. 掌握汽车制动性的评价指标；
2. 了解汽车制动性检测的方法。

能力目标

1. 会汽车制动性能检测台试检验的操作方法；
2. 会汽车制动性能检测路试检验的项目及方法。

任务介绍

汽车的制动性是汽车主要性能之一，它直接关系到汽车行驶的安全，随着汽车技术的发展和汽车行驶车速的提高，其重要性也越来越明显。汽车制动性检测是汽车维修质量检验的重要内容之一，也是评价在用车辆技术状况的重要指标之一。汽车的制动性是汽车行驶的重要保障，是发挥汽车其他性能的重要前提。

任务分析

本学习任务在实施中主要包括以下几个过程。

1. 相关知识的学习

通过理论知识的学习，掌握完成本任务需要的理论知识。

2. 汽车制动性检测的方法

利用制动性能检测设备，规范地检测车辆的制动性能，并具有安全、环保意识。根据《机动车运行安全技术条件》（GB 7258—2004）的规定，机动车可以通过台试或路试制动距离、制动减速度或制动力来检测制动性能。

相关知识

一、汽车制动性评价指标

汽车制动性主要有以下三个评价指标。

1. 制动效能

制动效能是指汽车在良好路面上以一定的初速度制动到停车的制动距离或制动时汽车的减速度。它是制动性能最基本的评价指标，主要包括制动力、制动减速度、制动距离和制动时间。

2. 制动效能的恒定性

制动效能的恒定性主要指抗热衰退性，即汽车在高速行驶或下长坡连续制动时制动效能的稳定程度。此外，汽车涉水后，制动器还存在抗水衰退性，但通常不用来具体评价制动效能的恒定性。

3. 制动时方向稳定性

制动时方向稳定性是指汽车在制动过程中维持直线行驶或按预定弯道行驶的能力。若制动时发生跑偏、侧滑或失去转向能力，则汽车将偏离原来的路径，对行车安全影响极大。

二、汽车制动性检测设备

汽车制动性检测设备分为台试检测设备与路试检测设备。

（一）台试检测设备

台试检测设备主要是反力式滚筒制动试验台和平板式制动试验台。

1. 反力式滚筒制动试验台

（1）基本结构　反力式滚筒制动试验台主要检测制动力，目前国内车辆性能检测站大多使用这种设备，其结构如图 8.1 所示。机械方面主要包括左右对称布置的两套滚筒、电动机、减速箱等部件。滚筒用于支撑被测车轮，并承受制动力。电动机一方面提供试验台的驱动力，通过减速箱和传动链带动滚筒转动，同时也是接受制动反作用力并将其传递给传感器的重要设备。

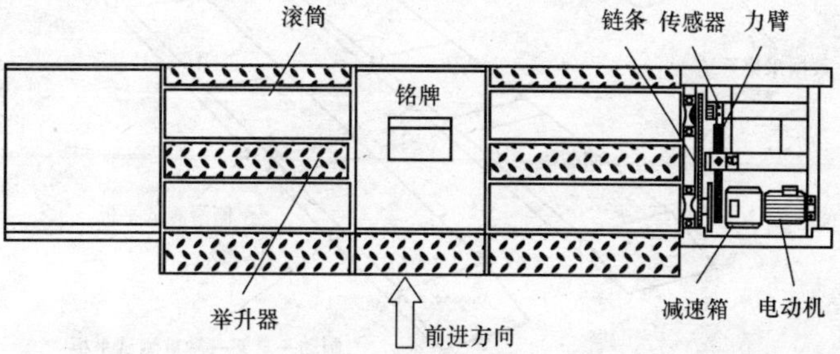

图 8.1　反力式滚筒制动试验台

在仪表方面，目前多用带单片机的智能控制仪表。它将来自传感器的信号经放大处理后，送到数显装置上显示检测结果。这种数显仪表可以同时显示被测轴的左右轮制动力、左右制动力的平衡性以及制动协调时间等，配用打印机时还可以打印制动过程曲线。

（2）工作原理　反力式滚筒制动试验台不是直接测量滚筒所受的制动力，而是测量电动机所受的反作用力，因此被称为“反力式”制动试验台。电动机的定子机壳并不固定，而是在定子机壳上安装一个测力臂，力臂另一端压在传感器上。这样，当电机通电后，转子转动，因定、转子的相互作用，定子所受反作用转矩将会通过测力臂对传感器施加一个压力。测量时，将被测车轮置于滚筒上，由电动机驱动滚筒及车轮一起转动。当汽车刹车时，车轮不再转动，对转动的滚筒产生了制动作用。对电动机而言，就增大了定、转子相互作用转矩，最终是加大了对传感器的压力。通过测量此压力，就可以计算出汽车的车轮制动力。

2. 平板式制动试验台

（1）基本结构　平板式制动试验台利用汽车低速驶上平板台突然制动时的惯性作用，来检验制动效果。这是一种综合性试验台，除了能检验制动性能外，还可以测试轴重和前轮侧滑量等参数。

平板式制动试验台主要由几块表面轧花的测试平板、传感器以及数据采集系统等组成。如图 8.2 所示，平板共六块，其中四块为制动一悬架一轴重测试用，一块为侧滑测试平板，还有一块为空板（不做测试用）。数据采集系统由力传感器、放大器和多通道数据采集板组成。来自各传感器的模拟信号经放大后进入数据采集板，再由计算机进行数据处理，以显示和打印数据结果。

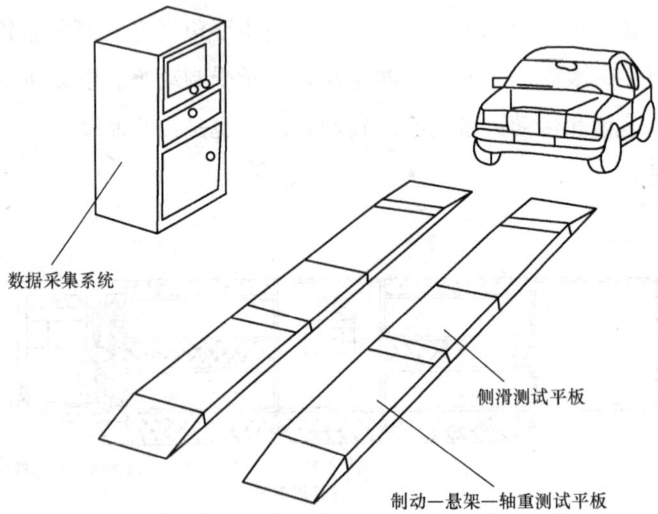

图 8.2　平板式制动试验台

（2）工作原理　图 8.3 所示为平板式制动试验台工作原理。

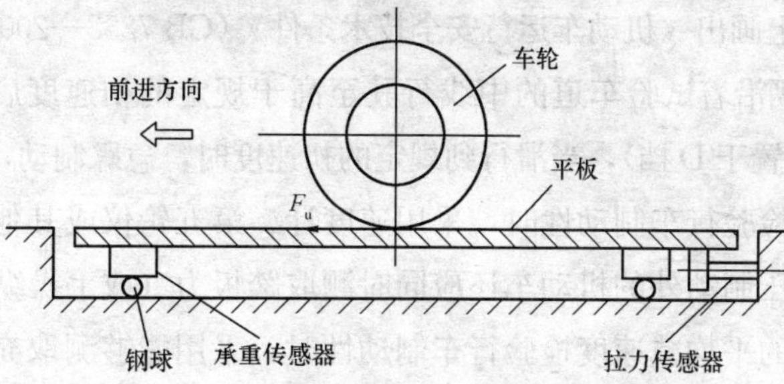

图 8.3　平板式制动试验台工作原理

检测时，被检车辆以 5～10km/h 的车速驶上测试平板并进行紧急制动。显然，汽车因惯性作用有继续前进的趋势，于是平板将受到来自车轮的向前的作用力 F_u。在车轮未抱死时，F_u 就是所能测到的最大制动力即附着力。拉力传感器可以感受到此拉力信号，同时承重传感器能够感受制动过程中各轮的动态载荷。这些信号经放大处理之后，智能仪表就能够记录或显示各轴制动力、制动力的比例以及动态载荷的变化过程等。

3. 技术要求

（1）制动力要求　前轴制动力与前轴荷之比≥60%；制动力总和与整车质量之比，空载≥60%，满载≥50%；乘用车和总质量不大于 3500kg 的货车后轴制动力与后轴荷之比≥20%。

（2）制动平衡要求　在制动力增大的全过程中同时测得的左右轮制动力差的最大值，与全过程中测得的该轴左右轮最大制动力之比，前轴不应大于 20%；当后轴及其他轴在轴制动力不小于该轴轴荷的 60%时，不应大于 24%；当后轴及其他轴轴制动力小于该轴轴荷的 60%时，在制动力增长全过程中同时测得的左右轮制动力差的最大值不应大于该轴轴荷的 8%。

（3）阻滞力要求　进行制动力检测时车辆各轮的阻滞力不得大于该轴轴荷的 5%。

（4）驻车制动力要求　驻车制动力总和应不小于该车在测试状态下整车质量的 20%；对于总质量为整备质量 1.2 倍以下的车辆此值为 15%。

（5）制动完全释放时间要求　汽车制动完全释放时间（从松开制动踏板到制动消除所需要的时间）应不大于 0.8s。

（二）路试检测

1. 路试检测项目

路试制动性检测的主要检测项目有制动距离、充分发出的平均减速度、制动稳定性、制动协调时间、驻车制动坡度几项。

2. 路试制动性能检测方法

（1）路试制动性检测应在平坦、干燥和清洁的硬路面（附着系数不小于 0.7）上进行。

（2）在检测路面上画出《机动车运行安全技术条件》（GB 7258—2004）规定宽度的试验通道的边线，被测车辆沿着试验车道的中线行驶至高于规定的初速度后，置变速器于空挡（带自动变速器的车可置于D挡），当滑行到规定的初速度时，急踩制动，使机动车停止。

（3）用制动距离检验行车制动性时，采用速度计、第五轮仪或其他测试方法测量车辆的制动距离，对除气压制动外的机动车还应同时测取踏板力（或手操纵力）。

（4）用充分发出的平均减速度检验行车制动性时，采用能够测取充分发出的平均减速度和制动协调时间的仪器，测量车辆充分发出的平均减速度和制动协调时间，对除气压制动外的车辆还应同时测取踏板力（或手操纵力）。

3. 技术要求

路试制动性检测应符合表8-1、8-2和8-3的规定。

表8-1 制动距离和制动稳定性要求

车辆类型	制动初速度/（km/h）	满载检测制动距离要求/m	空载检测制动距离要求/m	制动稳定性要求，车辆任何部位不得超出的试车道宽度/m
三轮车	20	≤5.0		2.5
乘用车	50	≤20.0	≤19.0	2.5
总质量不大于3500kg的低速货车	30	≤9.0	≤8.0	2.5
其他总质量不大于3500kg的汽车	50	≤22.0	≤21.0	2.5
其他汽车、汽车列车	30	≤10	≤9.0	3.0

表8-2 制动减速度和制动稳定性要求

车辆类型	制动初速度/（km/h）	满载检验MFDD/（m/s²）	满载检验MFDD/（m/s²）	制动稳定性要求，车辆任何部位不得超出的试车道宽度/m
三轮车	20	≥3.8		2.5
乘用车	50	≥5.9	≥6.2	2.5
总质量不大于3500kg的低速货车	30	≥5.2	≥5.6	2.5
其他总质量不大于3500kg的汽车	50	≥5.4	≥5.8	2.5
其他汽车、汽车列车	30	≥5.0	≥5.4	3.0

表 8-3　应急制动性要求

车辆类型	制动初速度/（km/h）	制动距离/m	充分发出的平均减速度/（m/s^2）	允许操纵力不大于/N	
				手操纵	脚操纵
座位数≤9 的载客汽车	50	≤38	≥2.9	400	500
其他载客汽车	30	≤18	≥2.5	600	700
其他汽车	30	≤20	≥2.2	600	700

三、影响制动性的因素

1. 道路与气候条件

道路的路面是汽车制动赖以存在的条件，而车轮的最大制动力受到道路附着系数的限制，所以，道路状况对充分发挥汽车的制动效能有着决定性的影响。路面类型相同、气候条件不同时，附着系数亦不同，因而汽车的制动力也不同。因此，气候条件在很大程度上是通过路面来对汽车制动产生影响的。

2. 制动系的技术状况

制动器的鼓与蹄摩擦片在使用过程中，因磨损而使间隙逐渐增大。制动器间隙的增大，将引起制动作用迟缓、制动力不足以及制动距离增大。如果制动鼓与制动蹄衬片磨损不均匀或调整不当，将使制动不平稳，左右轮制动器技术状况不同可能引起汽车制动跑偏。

制动系传力机构的技术状况也影响制动效能。气压驱动的制动系气室气压降低，将使制动迟滞时间增加，从而引起制动距离增大。因此，保持制动系技术状况的良好，是保证车辆具有良好制动效能的基础。

3. 汽车车轮的技术状况

车轮的轮胎气压、轮胎花纹磨损程度不同，轮胎与地面的附着能力也不同，汽车制动时其制动力也就不同，从而导致汽车制动跑偏。所以，应尽量保证汽车在同一车轴上的左右轮胎具有相同的花纹且磨损程度相近，并具有相同的气压。

4. 汽车的装载

汽车的装载状况对汽车的制动效能具有很大的影响。驾驶人员应当了解车辆的装载重心，装货时应力求货物摆布均匀，前后左右平衡。

5. 车速

汽车的制动距离随车速的增加而成正比地增加。另一方面，车速提高使惯性增大，制动到停车所消耗的功增大，从而使制动距离增大。高速紧急制动时，汽车极不安全，行车时应尽量避免。

6. 驾驶员素质

驾驶员具有良好的驾驶技术对提高汽车制动安全有很大作用。

任务实施

一、检测仪器与实施要求

（1）被测车型应与试验台允许轴荷相适应。例如，大型车不能用小型试验台，反之亦然，否则会损坏试验台或达不到检测精度。

（2）试验台应及时维护和定期进行标定。

二、检测实施步骤

1. 操作反力式滚筒制动试验台

（1）检测前准备

①打开仪表电源和动力电源，检查仪表指示是否为零。

②检查轮胎。轮胎表面应清理干净，不要沾有水、砂、石子等，并检查轮胎气压是否符合规定值。

③若制动试验台具有举升器，则应检查举升器的气压是否正常。

（2）检测操作

①操纵控制机构升起举升器。

②摆正汽车位置，使汽车中心线与滚筒轴线垂直。然后将车缓缓驶上试验台，使被测轮置于举升器上。

③降下举升器，使车轮落在前后滚筒之间。

④接通电动机使滚筒转动。

⑤进行制动操作（将制动踏板踩到底或拉住手刹拉杆），大约 2s 后放开，这时即可读取仪表指示的制动数据结果。制动操作结束后，滚筒将停止转动。

⑥升起举升器，将车驶出试验台或改测另一轴的制动性能。

若试验台是安装在检测线上、用微机控制的，则可以按屏幕的提示进行操作。全部检测结束后，关闭动力电源或仪表电源。

2. 操作平板式制动试验台

（1）打开计算机和传感器电源。通电后，计算机将自动进行系统测试和传感器测试。若一切正常，屏幕上将出现首页页面。

（2）按 F2 键，输入被测车辆的车牌号等信息，然后按回车键确认，屏幕将进入测试画面。

（3）将被测车辆停在距离试验台一个车位以外的位置，方向正对试验台。

（4）检查并确认测试平板上无任何杂物。

（5）将车辆以 5～10km/h 的速度驶上制动平板。前轮驶上平板台后踩下离合器，在四个车轮分别驶上各自平板后，提示刹车的指示灯会亮，此时急踩制动踏板，试验台的屏幕将显示前后制动力数据，如图 8.4 所示。其中，左边显示的是制动力的相关数据，右边显示的是各车轮动态载荷数据，中间是侧滑数据，下面显示制动初速度、制动减速度以及前后轴制动力之比。

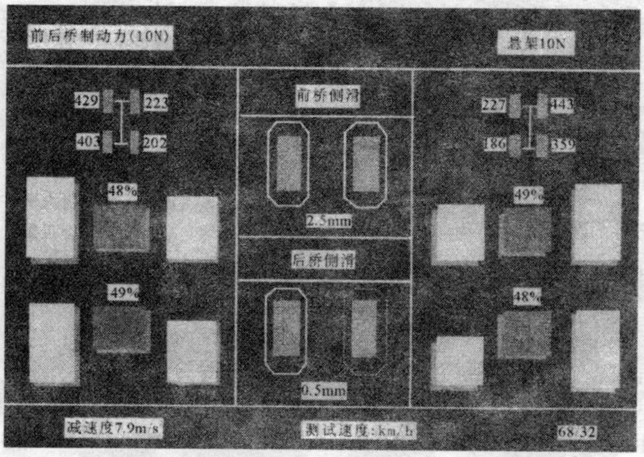

图 8.4 平板式制动试验台的显示屏幕

(6) 在指示灯熄灭后，再起步并拉紧手制动。试验台的屏幕将显示手制动力以及侧滑和悬架等项目的数据。

(7) 将车辆驶出试验台。

(8) 在键盘上按 PageUp、PageDown 键，可翻页查看前后制动力、手制动力以及悬架测试的数据及曲线。

(9) 按 Esc 键返回首页。

归纳总结

通过本任务的学习，应知汽车制动性的评价指标、影响汽车制动性的因素；应会汽车制动性的检测项目、检测方法、检测标准，并对其检测结果进行分析。

知识拓展

车辆制动系统在车辆的安全方面扮演着至关重要的角色，近年来，随着车辆技术的进步和汽车行驶速度的提高，这种重要性表现得越来越明显，因此，汽车制动控制技术正朝着电子制动控制方向发展。从机械式防抱死刹车或防滑移制动系统（ABS）到现在的模拟电子ABS、数字式电控 ABS 制动系统、线控制动系统等，传统的液压或者空气制动系统加入了大量的电子控制系统，以适应人们对汽车安全、高速、稳定等方面性能越来越高的要求。

实训 汽车制动性检测

通过本实训的进行，巩固汽车制动性检测项目、检测设备的结构和基本工作原理及技术要求等理论知识，掌握反力式滚筒制动试验台和平板式制动试验台的使用方法。

<table>
<tr><td rowspan="2">实训名称</td><td rowspan="2">汽车制动性检测</td><td>姓名</td><td></td><td>班级</td><td></td></tr>
<tr><td>日期</td><td></td><td>序号</td><td></td></tr>
<tr><td colspan="6">一、实训目的
能够按照汽车制动性的检测项目和方法进行汽车制动性的测试。
二、实训器材
平板制动试验台（或反力式滚筒制动试验台），试验车1台。
三、实训要求
1. 能够说明汽车制动性的检测项目、方法及技术要求。
2. 依据检测设备、仪器正确叙述其结构、工作原理与使用。
3. 能够按照检测项目和方法进行检测并分析结果。
四、实训步骤
1. 校验制动试验台。
2. 输入被测车辆的有关信息。
3. 将被测车辆停在距离试验台一个车位以外的位置，方向正对试验台。
4. 将车辆以5～10km/h的速度驶上制动平板。前轮驶上平板台后踩下离合器，在四个车轮分别驶上各自平板后，提示刹车的指示灯会亮，此时急踩制动踏板，试验台的屏幕将显示前后制动力数据。
5. 在指示灯熄灭后，再起步并拉紧手制动。试验台的屏幕将显示手制动力以及侧滑和悬架等项目的数据。
6. 将车辆驶出试验台。
7. 将结果与国家标准进行对比，说明汽车制动性的合格条件。
五、实训报告
完成实训报告并分析检测结果。</td></tr>
</table>

<table>
<tr><td colspan="9">汽车制动性检测评分表</td></tr>
<tr><td rowspan="2">基本信息</td><td>姓名</td><td></td><td>学号</td><td></td><td>班级</td><td></td><td>组别</td><td></td></tr>
<tr><td>规定时间</td><td></td><td>完成时间</td><td></td><td>考核日期</td><td></td><td>总评成绩</td><td></td></tr>
<tr><td rowspan="8">任务工单</td><td rowspan="2">序号</td><td rowspan="2" colspan="2">步骤</td><td colspan="2">完成情况</td><td rowspan="2">标准分</td><td rowspan="2" colspan="2">评分</td></tr>
<tr><td>完成</td><td>未完成</td></tr>
<tr><td>1</td><td colspan="2">考核准备：
车辆：
仪器设备：</td><td></td><td></td><td>10</td><td colspan="2"></td></tr>
<tr><td>2</td><td colspan="2">车辆操作（挡位、制动踏板、手制动等）</td><td></td><td></td><td>20</td><td colspan="2"></td></tr>
<tr><td>3</td><td colspan="2">试验台操作</td><td></td><td></td><td>20</td><td colspan="2"></td></tr>
<tr><td>4</td><td colspan="2">数据测量</td><td></td><td></td><td>10</td><td colspan="2"></td></tr>
<tr><td>5</td><td colspan="2">数据计算分析</td><td></td><td></td><td>10</td><td colspan="2"></td></tr>
<tr><td>6</td><td colspan="2">结论</td><td></td><td></td><td>10</td><td colspan="2"></td></tr>
<tr><td colspan="2">5S</td><td colspan="4"></td><td>5</td><td colspan="2"></td></tr>
<tr><td colspan="2">沟通表达</td><td colspan="4"></td><td>5</td><td colspan="2"></td></tr>
<tr><td colspan="2">实训报告</td><td colspan="4"></td><td>10</td><td colspan="2"></td></tr>
</table>

任务九

汽车操纵稳定性评价指标及检测

♨知识目标

1. 正确描述汽车操纵稳定性的定义及评价方法；
2. 简单描述轮胎侧偏特性；
3. 正确叙述汽车行驶中的不稳定现象。

♨能力目标

1. 会汽车操纵稳定性的评价方法；
2. 会使用汽车操纵稳定性的检测设备。

任务介绍

汽车的操纵稳定性包含相互联系的两个部分：一是操纵性，二是稳定性。操纵性是指汽车能够确切地响应驾驶员转向指令的能力；稳定性是指汽车受到外界挠动（路面挠动或突然阵风挠动）后恢复原来运动状态的能力。两者很难截然分开，稳定性的好坏直接影响操纵性的好坏，因此通常统称为操纵稳定性。汽车的操纵稳定性直接影响汽车驾驶的操纵方便程度、汽车行驶速度的提高、汽车动力性的发挥和汽车运输生产率的提高。因此，汽车的操纵稳定性是对汽车驾驶的操纵轻便程度的评价，也是决定汽车安全行驶的主要性能之一。

任务分析

本学习任务在实施中主要包括以下几个过程。

1. 相关知识的学习

通过理论知识的学习，掌握完成本任务需要的理论知识。

2. 汽车操纵稳定性检测的方法

利用汽车操纵稳定性检测设备，规范地检测车辆的操纵稳定性，并具有安全、环保方面的意识。汽车操纵稳定性检测可以在试车场或实际路面上进行，通过测定车速、侧向加速度、侧倾角、侧倾角速度、车轮轨迹、航向角、转向盘操纵力等参数，评价汽车的操纵稳定性是否符合要求。

相关知识

一、汽车操纵稳定性评价指标

汽车操纵稳定性的评价方法有主观评价法和客观评价法两种。

(1) 主观评价就是感觉评价，其方法是让试验评价人员根据试验时自己的感觉来进行评价，并按规定的项目和评分方法进行评分。

(2) 客观评价则是通过测试仪器测出表征操纵性能的物理量（如横摆角速度、侧向加速度、侧倾角及转向力等）来评价操纵稳定性。

汽车是由人来驾驶的，因此主观评价法是操纵稳定性的评价方法之一。客观评价法中采用的物理量是否可以表征操纵稳定性，取决于用这些物理量评价性能的结果与主观评价是否一致。通常是先由试验评价者的感觉发现问题，然后再用仪器测试。

主观评价的缺点之一是，它受到试验评价者个人主观因素的影响，不同试验评价者可能会给出差别较大的评价结果；其另一缺点是，一般情况下不能给出“汽车性能”与“汽车结构”二者之间有何种联系。而客观评价中的评价指标，可以通过理论分析确定它们与汽车结构参数的函数关系，因此客观评价可以指出改变汽车结构及结构参数以提高性能的具体途径。

汽车操纵稳定性需要采用较多的物理参量从多方面来进行评价，表 9-1 给出了汽车操纵稳定性的基本内容及评价所用的物理参量。

表 9-1　汽车操纵稳定性的基本内容及评价所用的物理参量

基本内容	主要评价参量
转向盘角阶跃输入下进入的稳态响应－转向特性；转向盘角阶跃输入下的瞬态响应	稳态横摆角速度增益
横摆角速度频率响应特性	共振峰频率、共振时振幅比、相位滞后角、稳态增益
回正性	回正后剩余横摆角速度与剩余横摆角、达到剩余横摆角速度的时间
转向直径	最小转向直径
转向轻便性、原地转向轻便性、低速行驶转向轻便性、高速行驶转向轻便性	转向力、转向功
直线行驶性能、直线行驶性、侧向风稳定性、路面不平度稳定性	转向盘转角、侧向偏移
典型行驶工况性能、蛇行性能、移线性能、双移线性能—回避障碍性能	转向盘转角、转向力、侧向加速度、横摆角速度、侧偏角、车速等

表 9-1（续）

基本内容	主要评价参量
极限行驶能力、圆周行驶极限侧向加速度、抗侧翻能力、发生侧滑时的控制性能	极限侧向加速度、极限车速、回至原来路径所需时间

二、汽车操纵稳定性检测设备

汽车操纵稳定性的检测设备一般采用第五车轮、测力转向盘、加速度计以及陀螺测量仪等。

1. 第五车轮

第五车轮是一种用于汽车行驶性检测的综合仪器。外形很简单，一个独轮（类似电动车的车轮）由一个支臂连接到被检测的车辆上（后方或侧方），由于像汽车 4 个轮子以外多出来的第五轮，所以简称“五轮仪”。该轮有适当的压力紧贴地面，由该轮的直径和转数可以产生准确的行驶距离，结合精确的计时器、车辆的各种操控信息汇集到仪器的主机，根据需要测出精确的车辆性能数据，如最高车速、最低稳定车速、0～100km 的加速时间、各种时速下的制动距离、百千米油耗等多种参数，有的还能测出行驶稳定性相关数据。

2. 测力转向盘

测力转向盘是用来测量转向盘旋转力矩、角度和角速度的装置，由转向盘、力矩传感器、角度传感器以及与被测车辆转向轴相联结的固定机构组成。

3. 加速度计

加速度计是利用检测质量块的惯性力来测量载体加速度的敏感装置，由检测质量（也称敏感质量）、支承、电位器、弹簧、阻尼器和壳体组成。

4. 陀螺测量仪

陀螺测量仪是利用高速回转体的动量矩敏感壳体相对惯性空间绕正交于自转轴的一个或两个轴的角运动检测装置。利用其他原理制成的起同样功能的角运动检测装置也称陀螺仪。

三、汽车操纵稳定性的影响因素

汽车操纵稳定性的影响因素有许多，主要是在行驶系、转向系及制动系等方面。

1. 行驶系的影响

（1） 前轮定位参数、后悬架结构参数及横向稳定杆的影响

①前轮定位参数包括：前轮外倾角、主销后倾角、主销内倾角和前轮前束。

a. 前轮外倾角指前轮中心线与地面垂直线所成的夹角，一般为 1°～2.5°。它的作用主

要是当汽车行驶时，将轮毂压向内轴承，而减轻外端较小的轴承载荷，同时可以防止因前轴变形和主销孔与主销间隙过大引起前轮内倾，减轻轮胎着地与主销轴线及地面交点间的距离，从而使转向轻便。

b. 主销后倾角指主销轴线与前轮中心的垂线之间形成的夹角。主销后倾角对汽车操纵稳定性的影响主要通过“后倾拖距”使地面侧向力对轮胎产生一个回正力矩，该力矩产生一个与轮胎侧偏角相似的附加转向角，它与侧向力成正比，使汽车趋于增大不足转向，有利于改善汽车的稳态转向特性。若主销后倾角减小，使得回正力矩变小，当地面对转向轮的干扰力矩大于转向轮的回正力矩时，就会产生摆振。

c. 主销内倾角指主销轴线与地面垂线之间形成的夹角。主销内倾角对操纵稳定性的影响主要也是回正力矩，它是在前轮转动时将车身抬高，由于系统位能的提高而产生的前轮回正力矩，与侧向力无关。因此可以说，主销内倾角主要在低速时起回正作用，“后倾拖距”主要在高速时起回正作用。

d. 前轮前束指汽车转向的前端向内收，使两前轮的前端距离小于后端距离。两车轮前后的距离之差称为前束值，一般不大于 12mm 。其作用是消除由于前轮外倾使车轮滚动时向外分开，引起车轮滚动时边滚边拖的现象，引导前轮沿直线行驶。

主销内倾角与后倾角由结构上保证，在调整时难以改变。调整时主要调整前轮外倾及前轮前束。前轮外倾随负荷的变化而变化。当车辆转向时，在离心力作用下，车身向外倾斜，外轮悬架处于压缩状态，车轮外倾角逐渐减小向负外倾变化；内轮悬架处于伸张状态，使得本来对道路向负外倾变化的外倾角减弱，从而提高车轮承受侧向力的能力，使汽车转向时的稳定性大为提高。前轮前束不可过大，若前束过大，会使车轮外倾角、主销后倾角变小，使前轮出现摆头现象，行驶中有蛇行，转向操作不稳。

前悬架导向机构的几何参数决定前轮定位参数的变化趋势和变化率。在车轮跳动时，外倾角的变化包括由车身侧倾产生的车轮外倾变化和车轮相对车身的跳动而引起的外倾变化两部分。在双横臂独立悬架中，前一种变化使车轮向车身侧倾的方向倾斜，即外倾角增大，结果使轮胎侧偏刚度变小，因而使整车不足转向效果加大；后一种变化取决于悬架上、下臂运动的几何关系，在双横臂结构中，往往是外倾角随弹簧压缩行程的增大而减小。这种变化与车身侧倾引起的外倾角变化相反，会产生过度转向趋势。

②后悬架结构参数对汽车操纵稳定性的影响，近似于前悬架的“干涉转向”。它是在汽车转向时，由于车身侧倾导致独立悬架的左右车轮相对车身的距离发生变化：外侧车轮上跳，与车身的距离缩短；内侧车轮下拉，与车身的距离加大。悬架的结构参数不同，车轮上下跳动时，车轮前束角的变化规律也必然会不同。

③横向稳定杆常用来提高悬架的侧倾角刚度，或是调整前、后悬架侧倾角刚度的比值。在汽车转弯时，它可以防止车身产生很大的横向侧倾和横向角振动，以保证汽车具有良好的行驶稳定性。提高横向稳定杆的刚度后，前悬架的侧倾角刚度增加，转向时左右轮荷变化加大，前轴的每个车轮的平均侧偏刚度减小，汽车不足转向量有所增加。前

悬架中采用较硬的横向稳定杆有助于提高汽车的不足转向性，并能改善汽车的蛇行行驶性能。

(2) 轮胎的影响　轮胎是影响汽车操纵稳定性的一个重要因素，增大轮胎的载荷能力，特别是后轮胎的载荷能力（如加大轮胎尺寸或提高层级，或者后轮由单胎改为双胎），都会改善汽车的稳态转向特性。改变后轮胎的外倾角，也可以改善汽车的操纵稳定性，这是因为后轮胎的负外倾角可以增加后轮胎的侧偏刚度，从而减小过多转向度。

(3) 前轴或车架变形导致汽车操纵失稳　由于车架是汽车的基础，它的变形会直接影响各部件的连接及配合，从而直接影响操纵稳定性。如果汽车前轴变形，就会改变主销孔的轴线位置，使主销内倾角变大，则外倾角变小；反之，内倾角变小，外倾角变大。汽车行驶时会因此产生转向沉重、磨胎和无自动回正的能力。

(4) 悬架和减震器的影响　悬架的作用是把车架与汽车前后桥连接在一起，并使车轮在行驶中所承受的冲击力不直接作用到车架，以免引起车身的剧烈震动而加速机件的损坏。减震器的作用是当钢板弹簧变形时，能迅速消减其震动，使汽车平稳行驶。若悬架出现故障（如钢板弹簧刚度不一、减震器失效），则会出现前轮摆头或行驶跑偏，严重影响操纵稳定性。

2. 转向系的影响

(1) 转向器的影响　汽车行驶时，驾驶员对汽车行驶方向的改变是通过操纵转向盘来实现的，转向盘的性能直接影响汽车的操纵性。转向器常见的故障有游隙过大和转向沉重。

①转向器游隙过大会造成前轮摆头现象。转向器游隙过大的原因是：转向器蜗杆轴上下轴承间隙过大；摆臂轴上的双销与蜗杆啮合间隙过大；转向垂臂轴紧固螺栓松动。

②转向沉重会使操纵系统不易控制。造成转向沉重的原因是：转向器缺油；转向轴因弯曲或轴管瘪陷而互相碰擦；转向摇臂轴与衬套配合间隙过小；蜗杆与滚轮传动副啮合间隙过小；转向器蜗杆上下轴承调整过紧或轴承损坏。

(2) 转向传动机构的影响　转向传动机构是将转向器传来的力经该机构传向车轮，并使左右转向轮同时朝一个方向偏转一个角度，以保证实现汽车转向。转向传动机构由转向垂臂、转向纵拉杆、转向节臂、梯形臂、转向横拉杆及球头销等组成。传动机构出现故障会使汽车失去控制，造成交通事故。常见的故障有：转向拉杆球头销装配不适（过紧或松旷），转向节主销与衬套配合不符合标准，转向节止推轴承间隙不符合标准；间隙过大会导致汽车中速摆头，而配合过紧或缺油会使汽车转向沉重。

3. 制动系的影响

(1) 汽车操纵性的影响　制动鼓失圆，产生的离心力随车轮转速的提高而急剧增大，从而使汽车高速摆振；而制动盘端面圆跳动过大时，随着汽车的行驶，制动块周期性碰触制动盘，使制动盘振动，且其振动频率随车速的增加而提高。当制动盘的振动频率与悬架转向系的固有频率相符时，转向盘发生严重抖动。

（2）制动间隙的影响　制动间隙不合适，会使汽车向制动间隙小的一侧跑偏，从而影响操纵稳定性。

（3）前后轮抱死的次序对稳定性的影响　紧急制动时，如果汽车后轮制动抱死，汽车后轴将产生严重侧滑，失去操纵稳定性；而前轮抱死，汽车将失去转向能力。因此，汽车应安装 ABS 装置，若无 ABS 装置，尽量采用点刹制动，这样效果更好。

任务实施

一、检测仪器与实施要求

（1）检测车辆是按厂方规定装备齐全的汽车。检测前，测定车轮定位参数。对转向系、悬架进行检查、调整和紧固，按规定进行润滑。

（2）检测时若车辆用新轮胎，检测前应至少经过 200km 正常行驶的磨合；若用旧轮胎，检测结束时，残留花纹高度应不小于 1.5mm。轮胎气压符合规定。

（3）检测车辆轴载质量必须符合厂方规定。

（4）检测场地应为干燥、平坦、清洁的水泥混凝土或沥青铺装路面，任意方向坡度不大于 2%。对于转向盘中间位置操纵稳定性检测，坡度应不超过 1%。

二、检测实施步骤

1. 稳态转向特性试验

（1）定转向盘转角试验　试验时固定转向盘转角，在水平场地上做等速圆周行驶，测定车速。汽车速度由低逐渐提高，直到侧向加速度值达到要求值为止。也可以把汽车连续加速，根据汽车行经轨迹判断其转向特性，如图 9.1 所示。

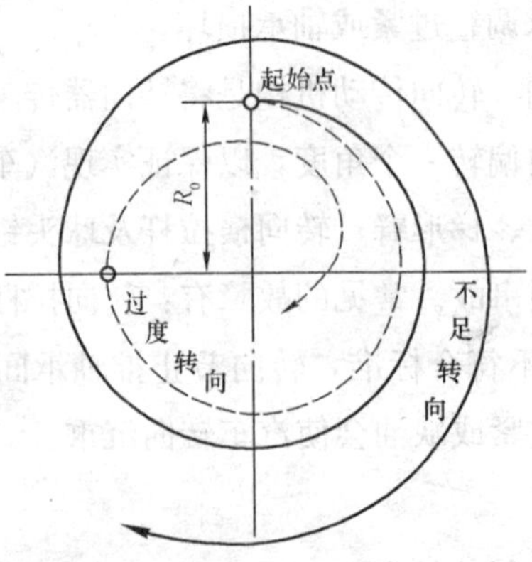

图 9.1　定转向盘连续加速试验中汽车行驶过的轨迹

(2) 定侧向加速度试验　试验时车速分别为 40km/h、80km/h、110km/h，调整转向盘转角使汽车的侧向加速度保持 0.4g，汽车做等速圆周行驶。测定转向盘转角 θ、车速 v_a 和横摆角速度 ω_α。计算出前轮转角 δ（$\delta=\theta/i$，i 为转向系传动比），在图 9.2 所示的 ω_α—v_a 曲线图上判断其转向特性。

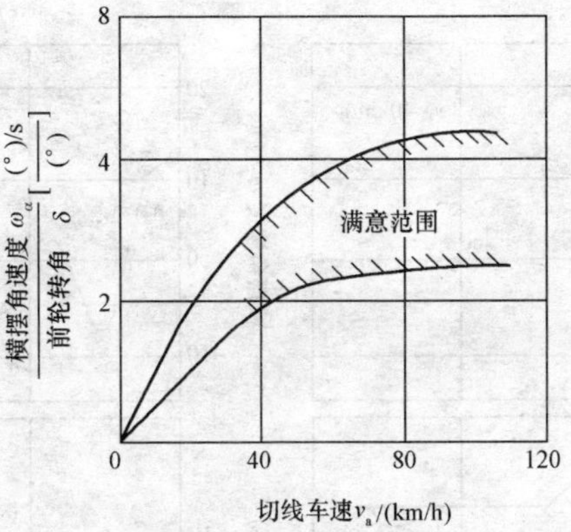

图 9.2　定侧向加速度试验（侧向加速度为 0.4g）

2. 瞬态横摆响应试验

在定侧向加速度试验中，40km/h 和 110km/h 车速下，能够达到稳态圆周行驶侧向加速度为 0.4g 时的转向盘转角值。在此基础上，可用阶跃试验法来确定汽车瞬态横摆响应。试验时，汽车先以直线行驶，达到 40km/h 或 110km/h 时，以不小于 500deg/s 的角速度转动转向盘到上述转角值，保持不变。测定从直线行驶过渡到稳态圆周行驶过程中的各瞬时横摆角速度 ω_α 和转向盘转角 θ，求出瞬时的 ω_α/δ 值，按图 9.3 所示曲线判断瞬态特性。

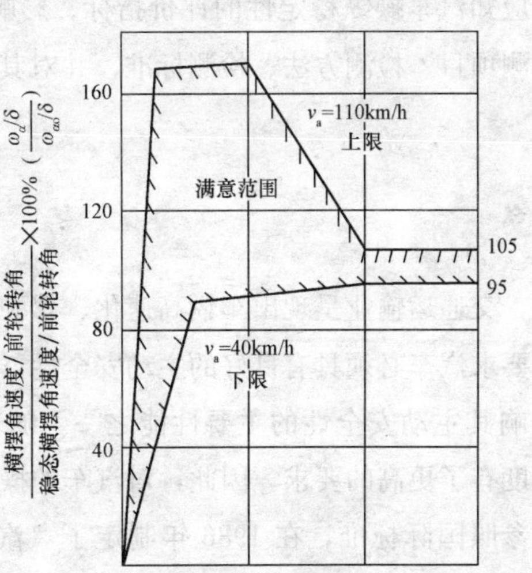

图 9.3　瞬态横摆响应试验

3. 回正能力试验

在平坦场地上，汽车以 40km/h 和 80km/h 做等速圆周行驶，转向盘转角应使其侧向加速度保持 0.4g，然后完全松开转向盘，汽车将从圆周行驶回复到直线行驶。按图 9.4 所示判断回正能力。

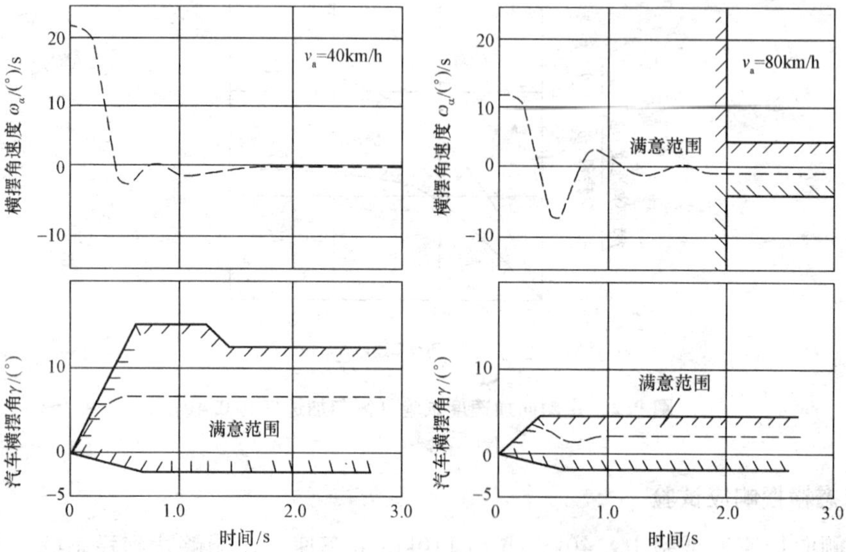

图 9.4 回正能力试验

归纳总结

通过本任务的学习，应知汽车操纵稳定性的评价指标、影响汽车操纵稳定性的因素；应会汽车操纵稳定性的检测项目、检测方法、检测标准，并对其检测结果进行分析；掌握操纵稳定性的评价方法。

知识拓展

随着汽车技术的进步，交通运输业呈现出车辆高速化、驾驶员非职业化和汽车密集化的趋势。交通事故的剧增要求汽车必须具有良好的主动安全性，以有效地抑制交通事故的发生。汽车的操纵性是影响其主动安全性的主要性能之一。随着我国道路建设的高速发展，人们对车辆的行驶速度有了更高的要求。因此，对汽车的操纵稳定性也提出了更高的要求。我国从国情出发、参照国际标准，在 1986 年制定了《汽车操纵稳定性试验方法》的六项国家标准 GB 6323—1986，之后又制定相应的《汽车操纵稳定性指标限值与评价方法》(GB/T 13047—1991)。随着对汽车操纵稳定性的进一步研究和分析以及汽车检测技术的发展，我国对汽车操纵稳定性的试验方法和评价方法标准也进行了修订和完善，现阶段主要依据《汽车操纵稳定性试验方法》（GB/T 6323—1994）和《汽车操纵稳定性指标限值与评价方法》（QC/T 480—1999）来进行汽车操纵稳定性的检测与评价。

思考与练习

问答题

1. 汽车操纵稳定性的评价指标有哪些？
2. 影响汽车操纵稳定性的因素有哪些？

任务十

汽车车轮定位及平衡检测

♨知识目标

1. 正确描述汽车车轮定位及平衡的影响因素；
2. 正确叙述汽车车轮定位、平衡检测的设备及要求。

♨能力目标

1. 会进行车轮定位检测；
2. 能对检测的定位参数进行分析；
3. 会进行轮胎平衡检测；
4. 能对平衡检测结果进行分析并进行平衡调整。

任务介绍

为保证汽车稳定行驶，车轮与车轴必须保持正确的位置关系。为了使转向车轮具有操纵轻便和自动回正作用，在转向轮上设计有主销后倾角、主销内倾角、车轮外倾角、前轮前束，通称为前轮定位。一些高级轿车为保证汽车操纵稳定性良好，还在后轮上设计后轮外倾角与后轮前束等参数。前后轮定位参数及车轮与轴的位置关系统称为汽车的车轮定位。汽车在使用过程中，会由于悬架的损伤、车身或车架的变形引起车轮定位参数的变化。不正确的车轮定位参数会导致转向沉重、汽车轮胎磨损加剧、油耗增加，从而使汽车的操纵稳定性变坏，影响汽车的行车安全，也是汽车的经济性变差的重要原因之一。车轮不平衡不仅会加剧汽车轮胎的磨损，而且会影响汽车的转向系、行驶系和传动系的使用性能。因此，车轮的平衡与否与汽车的行驶平顺性、操纵稳定性和安全性息息相关。

任务分析

本学习任务在实施中主要包括以下几个过程。

1. 相关知识的学习

通过理论知识的学习，掌握完成本任务需要的理论知识。

2. 汽车车轮定位及平衡检测的方法

利用汽车车轮定位及平衡检测设备，规范地检测车辆的车轮定位及平衡，并具有安全、环保方面的意识。对汽车定位及平衡参数进行检测，不仅能确定所有车轮定位及平衡是否正确，还能确定前轴、后轴、悬架、车架等的技术状况，为底盘不解体诊断提供可靠依据。

相关知识

一、影响汽车车轮定位及平衡的因素

1. 影响汽车车轮定位的因素

（1）在不平的路面上高速行驶；

（2）前轮受外力冲击，如上人行道台阶等；

（3）经常在原地打死方向；

（4）轮胎气压超出标准范围；

（5）发生碰撞事故等。

2. 影响汽车车轮平衡的因素

（1）质心分布不均匀，如轮胎产品质量欠佳，翻新胎、补胎、胎面磨损不均匀以及在内外胎之间垫带位置不对等；

（2）轮辋、制动鼓变形；

（3）轮毂与轮辋加工质量不佳，如中心不准、轮胎螺栓孔分布不均匀、螺栓质量欠佳等；

（4）安装位置不正确，如内胎充气嘴位置不符合安装要求等。

二、汽车车轮定位及平衡要求

在以下情况下应进行汽车车轮定位及平衡检测：

（1）更换新胎或发生碰撞事故维修后；

（2）前后轮胎单侧偏磨；

（3）驾驶时转向盘过重或飘浮发抖；

（4）直行时汽车向左或向右跑偏；

（5）虽无以上状况，但出于维护目的，建议新车在驾驶三个月后，每半年或驾程一万公里检测一次。

三、汽车车轮定位及平衡检测设备

1. 汽车车轮定位检测设备

四轮定位仪是专门用来测量车轮定位参数的设备。现在使用的四轮定位仪采用计算机技术和精密传感测量技术，并备有完整齐全的配套附件。它具有图形显示、中文界面、菜单操作等功能以及提供实施帮助的帮助系统，并可通过互联网对软件进行升级。

目前使用的四轮定位仪主要有普通式和光学式两种。

(1) 普通式四轮定位仪　如图 10.1 所示，普通式四轮定位仪一般由主机、显示器、键盘、前后车轮检测传感器、转盘、传感器支架、打印机、刹车锁、转向盘锁以及导线和遥控器等组成；配有专用软件和数据光盘，可读取近十年来世界各地汽车四轮定位仪参数，且可更新；另外还配有数码视频图像数据库，显示检查和调整位置等。

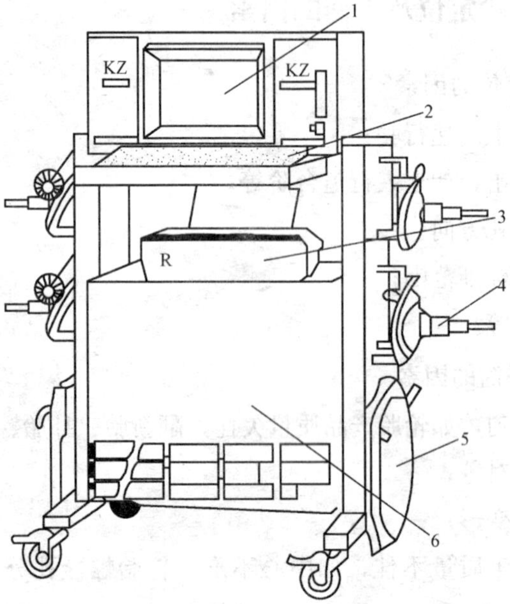

图 10.1　普通式四轮定位仪

1—彩色监视器；2—键盘；3—打印机；4—自定心卡盘；5—转盘；6—主机柜

(2) 光学式四轮定位仪　光学式四轮定位仪是以计算机为核心，配合标准系统软件，与四个传感器之间形成的一个完整的检查系统。通过传感器光学信号的传递和传感器内部单片机的运算处理，将其检测到的总前束值、左右轮前束值、前轴偏移量、主销后倾角、主销内倾角和后轴推力角等多项指标，通过电缆线传输到计算机主机，经运算处理后由彩色显示器显示并由打印机打印输出。光学式四轮定位仪的测量精度和先进性主要取决于传感器的测量精度、计算机主机使用的标准系统软件的工作性能和各种车型四轮定位标准数据库，在其数据库中存储了世界上数百种至数千种车型的数据和调整方法，以供检测中对照和调整之用，有的还具有数据库扩容功能和数据修改功能。

2. 汽车车轮平衡检测设备

目前汽车车轮平衡检测的设备是车轮动平衡仪，按不同标准可对其分类。

(1) 车轮动平衡仪按检验方法（即工作原理）可分为就车式车轮平衡仪和离车式车轮平衡仪两种。

就车式车轮平衡仪如图 10.2 所示，它只能检测车轮的静平衡，而离车式车轮平衡仪能检测车轮的动平衡。图 10.3 为离车式车轮平衡仪，其转轴由刚性元件支承，检验时通过直接测量车轮不平衡所产生的离心力来确定车轮左右两侧的不平衡块点的质量和相位，故又可称为两面测定式平衡仪。

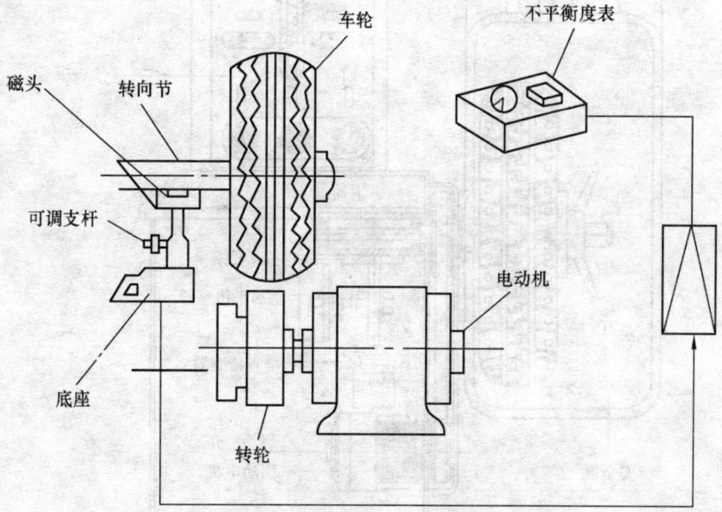

图 10.2　就车式车轮平衡仪

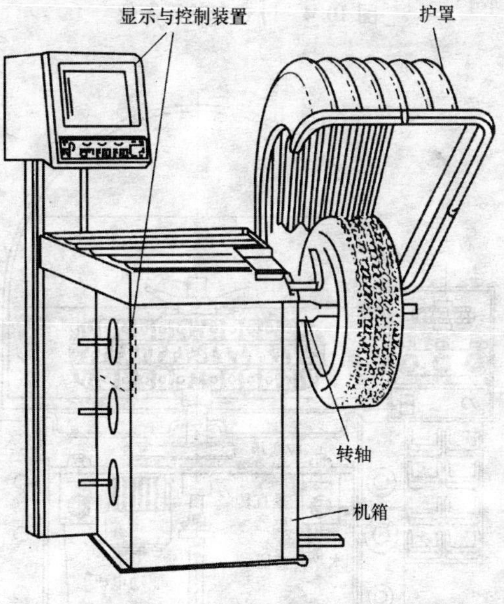

图 10.3　离车式车轮平衡仪

（2）车轮动平衡仪按其主轴布置形式（即结构）分为卧式车轮平衡仪（图 10.4）和立式车轮平衡仪（图 10.5）。

卧式车轮平衡仪最大的优点是被测车轮装卸方便，机械结构和传感器装置较简单，造价也较低廉，因此深受广大汽车修理保养厂家的欢迎。但因车轮在悬臂较长的主轴上形成很大的静态力矩，影响传感系统的初始设定状态，尤其是垂直传感器的预紧状态，因此长时间使用后精度难以保证，但其平衡精度仍能满足一般营运车辆的要求，灵敏度能达到 10*g*。

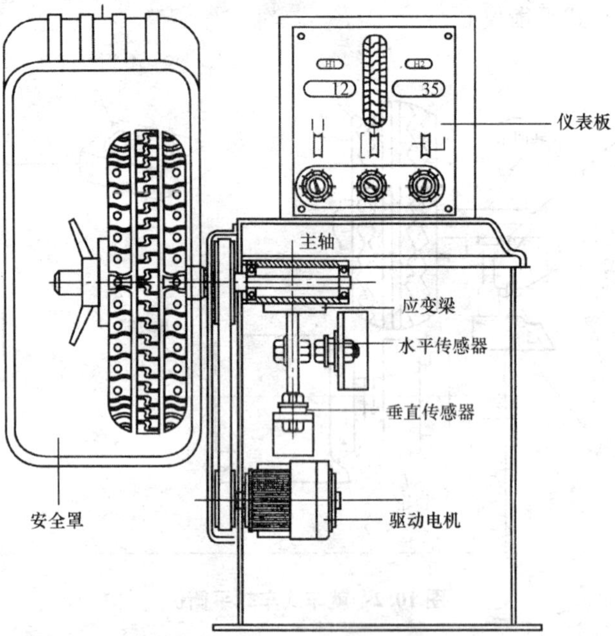

图 10.4　卧式车轮平衡仪

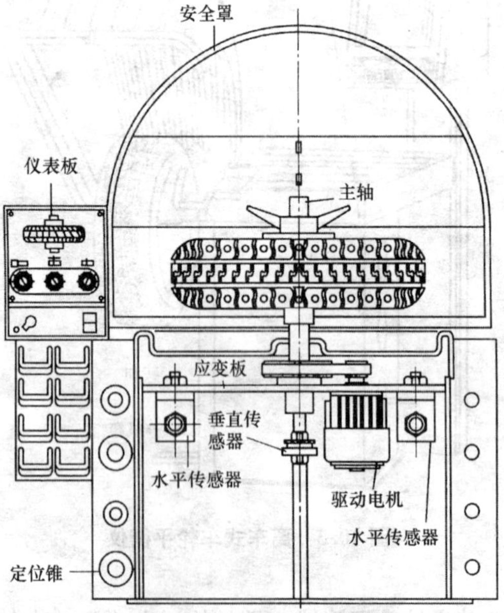

图 10.5　立式车轮平衡仪

立式车轮平衡仪虽然装卸车轮不如卧式平衡仪方便，但其车轮重力直压在主轴中心线上，不但不形成强大的力矩，垂直传感器受到的静载荷反而比车轮重力还小。如图 10.5 所示，应变件是一块与工作台面同大的方形应变板，水平传感器设计成左右各一个，比卧式平衡仪的单个水平传感器的力学结构要稳定得多。方形应变板上开有多个空槽以减小应变板的刚性，从而大大地提高了传感系统的灵敏度。因此，立式车轮平衡仪的精度极高，灵敏度可达到 $3g$，且具有良好的重复性和稳定性。

任务实施

一、检测仪器与实施要求

1. 检测仪器

检测仪器主要有车轮定位仪和车轮平衡仪。

2. 实施要求

(1) 进行车轮定位检测的实施要求。

①把汽车开上举升平台，托起四个车轮，举升半米（第一次举升）。

②托起车身适当部位，把汽车举升至车轮能够自由转动（第二次举升）。

③拆下各车轮，检查轮胎磨损情况。

④检查轮胎气压，不符合标准时应充气或放气。

⑤作车轮的动平衡，完成后把车轮装好。

⑥检查车身高度以及车身四个角的高度和减震器技术状况，如车身不平应先调平；同时检查转向系统和悬架是否松旷，如松旷则应先紧固或更换零件。

(2) 进行车轮平衡检测的实施要求。

①清除被测车轮上的泥土、石子和旧平衡块。

②检查轮胎气压，必要时充至汽车制造厂的规定值。

③检查轮毂轴承是否松旷，必要时调整至规定松紧度。

二、检测实施步骤

1. 车轮定位检测步骤

(1) 把传感器支架安装在车轮上，再把传感器（定位校正头）安装到支架上，并按使用说明书的规定调整。

(2) 开机进入测试程序，输入被检汽车的车型和生产年份。

(3) 轮辋变形补偿。转向盘位于直行位置，使每个车轮旋转一周，即可把轮辋变形误差输入计算机。

(4) 降下第二次的举升量，使车轮落到平台上，把汽车前部和后部向下压动四或五次，使其做压力弹跳。

(5) 用刹车锁压下制动踏板，使汽车处于制动状态。

(6) 把转向盘左转至计算机发出“OK”声，输入左转角度；然后把转向盘右转至计算机发出“OK”声，输入右转角度。

（7）把转向盘回正，计算机屏幕上显示出后轮的前束及外倾角数值。

（8）调正转向盘，并用转向盘锁锁住使之不能转动。

（9）把安装在四个车轮上的定位校正头的水平仪调水平，此时计算机屏幕上显示出转向轮的主销后倾角、主销内倾角、转向轮外倾角和前束的数值。

（10）调整主销后倾角、车轮外倾角及前束，调整方法可按计算机屏幕提示进行。若调整后仍不能解决问题，则应更换有关零部件。

（11）进行第二次压力弹跳，将转向轮左右转动，把车身反复压下后，观察屏幕上的数值有无变化，若数值变化应再次调整。

由于四轮定位仪是一种精密的检测设备，要求操作人员在使用前需经过专业培训，掌握四轮定位仪的操作要求及维护要点，这样可以保证仪器被更有效、更精确地应用。

2. 车轮平衡检测步骤

（1）检查和清洁车轮动平衡仪与待检测车轮，接通电源。

（2）将车轮拆离车桥，装于车轮动平衡仪主轴上；车轮由专用的定位锥体和紧固件安装就绪后，放下安全罩。

（3）将被测车轮的轮辋直径和轮辋宽度以及安装尺寸输入计算机。

（4）按下启动按钮即可启动电机，实施平衡检测，待转数周期累计足够时，平衡仪即会自动显示轮胎两侧的不平衡质量及其相位。

（5）按下停止按钮，待车轮完全停止后打开安全罩。

（6）用手转动车轮，这时发光二极管即会随车轮的转动而上下（或左右）跳闪，将上排光点调至中点。

（7）在车轮的轮辋上平面正对边缘（操作者方向）处加装平衡块，显示的平衡块如图10.6所示，用同样的方法可继续加装平衡块。

（8）加装完毕后进行第二次试验，观察剩余不平衡块是否满足法规要求。具体的操作步骤各机型略有差异，使用者应按所用机型的说明书进行操作。

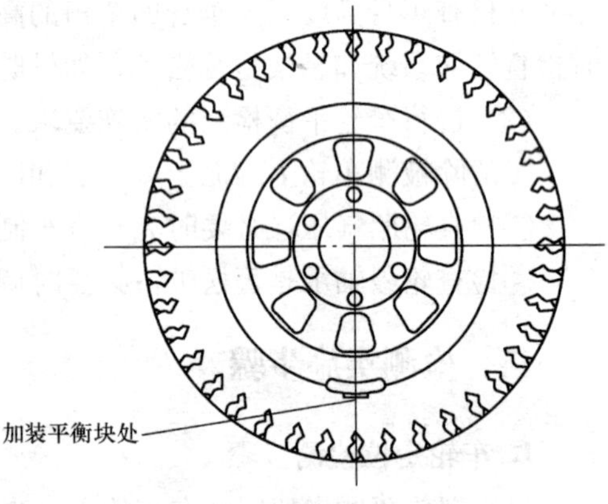

图 10.6　加装平衡块

归纳总结

通过本任务的学习，应知汽车车轮定位的定义、影响汽车车轮定位及平衡的因素；应会汽车车轮定位及平衡的检测项目、检测方法、检测标准，并对其检测结果进行分析。

知识拓展

汽车的车轮定位及平衡是影响汽车行驶稳定性、安全性、经济性等方面的重要因素。随着汽车车轮定位设备不断完善、准确性不断提高，车轮定位及平衡在汽车检测与维修行业的作用越来越重要，已经成为现代汽车行业不可或缺的重要技术之一。近些年，汽车车轮定位技术发展迅速，已经从传统的普通四轮定位仪、光学四轮定位仪发展到 3D 影像技术四轮定位仪。在最近几年内，3D 影像技术四轮定位仪将得到大范围推广，这将对传统四轮定位仪产生很大的冲击；对于汽车四轮定位仪技术发展来说，更是一次革命，将会有力地促进汽车车轮定位的发展。

实训　汽车车轮定位及平衡检测

实训一　汽车车轮定位检测

通过本实训的进行，巩固车轮定位检测项目、检测设备的结构和基本工作原理及技术要求等理论知识，掌握汽车车轮定位仪的使用方法，并对技术参数不符合要求的车轮进行调整。

实训名称	汽车车轮定位检测	姓名		班级	
		日期		序号	

一、实训目的

能够按照汽车车轮定位的检测项目和方法进行汽车车轮定位的检测。

二、实训器材

车轮定位仪 1 台，通用及专用工具 1 套，轿车 1 辆。

三、实训要求

1. 能够说明汽车车轮定位的检测项目、方法及技术要求。

2. 依据检测设备、仪器，正确叙述其结构、工作原理与使用。

3. 能够按照检测项目和方法进行车轮定位检测。

四、实训步骤

1. 按照规定做好定位检测前的准备工作。

2. 将汽车停放在车轮定位台上。

3. 检查前轮是否正确地放置在转动盘上，后轮是否正确地放置在侧滑板上。

4. 正确安装和连接各车轮上的传感器及接头装置。

5. 操作计算机，选择检测车辆的型号和制造年份。

6. 按计算机屏幕的显示，目视检查所列各项项目。

7. 按计算机屏幕的显示，依次查看车身乘坐高度、每个车轮轮胎的状态、车轮径向偏振的补偿情况、车轮偏转角。

8. 计算机检测并显示出前、后轮各车轮定位参数需要调整的内容。

9. 根据检测结果对车辆进行调整。

五、实训报告

完成实训报告并分析检测结果。

汽车车轮定位检测评分表

<table>
<tr><td rowspan="2">基本信息</td><td colspan="2">姓名</td><td></td><td>学号</td><td></td><td>班级</td><td>组别</td><td></td></tr>
<tr><td colspan="2">规定时间</td><td></td><td>完成时间</td><td></td><td>考核日期</td><td>总评成绩</td><td></td></tr>
<tr><td rowspan="9">任务工单</td><td rowspan="2">序号</td><td rowspan="2" colspan="2">步骤</td><td colspan="2">完成情况</td><td rowspan="2"></td><td rowspan="2">标准分</td><td rowspan="2">评分</td></tr>
<tr><td>完成</td><td>未完成</td></tr>
<tr><td>1</td><td colspan="2">考核准备：
车辆：
仪器设备：</td><td></td><td></td><td></td><td>10</td><td></td></tr>
<tr><td>2</td><td colspan="2">仪器与车辆连接</td><td></td><td></td><td></td><td>10</td><td></td></tr>
<tr><td>3</td><td colspan="2">定位仪操作</td><td></td><td></td><td></td><td>20</td><td></td></tr>
<tr><td>4</td><td colspan="2">车辆操作</td><td></td><td></td><td></td><td>10</td><td></td></tr>
<tr><td>5</td><td colspan="2">数据测量</td><td></td><td></td><td></td><td>10</td><td></td></tr>
<tr><td>6</td><td colspan="2">数据计算分析</td><td></td><td></td><td></td><td>10</td><td></td></tr>
<tr><td>7</td><td colspan="2">结论</td><td></td><td></td><td></td><td>10</td><td></td></tr>
<tr><td colspan="2">5S</td><td colspan="5"></td><td>5</td><td></td></tr>
<tr><td colspan="2">沟通表达</td><td colspan="5"></td><td>5</td><td></td></tr>
<tr><td colspan="2">实训报告</td><td colspan="5"></td><td>10</td><td></td></tr>
</table>

实训二　汽车车轮平衡检测

通过本实训的进行，巩固有关车轮平衡的理论知识，掌握车轮动平衡仪的使用和对车轮配重的方法。

<table>
<tr><td rowspan="2">实训名称</td><td rowspan="2">汽车车轮平衡检测</td><td>姓名</td><td></td><td>班级</td><td></td></tr>
<tr><td>日期</td><td></td><td>序号</td><td></td></tr>
<tr><td colspan="6">一、实训目的
能够按照车轮动平衡检测要求及方法进行轮胎平衡检测。
二、实训器材
车轮轮胎拆卸常用工具若干套，车轮轮胎平衡检查专用工具及设备一套（台），轿车轮胎数个。
三、实训要求
1. 能够说明汽车车轮平衡检测方法及要求。
2. 依据检测设备、仪器，正确叙述其结构、工作原理与使用。
3. 能够进行汽车车轮平衡检测。
四、实训步骤
1. 在对车轮进行平衡检测前应作如下检查：检查胎冠里面有没有杂物，检查轮胎里面有没有杂物，检查胎冠和胎侧，检查充气压力，测量轮胎和车轮跳动量，检查车轮轴承的安装情况，检查车轮内有没有污泥。
2. 将待测车轮装到平衡仪上并按要求固定好。
3. 启动电源，按要求输入相关数据，如轮辋直径、宽度和偏移量等。
4. 选择测试模式，开始轮胎平衡检测。
5. 读出数据，不平衡时在相应位置加装平衡块。
6. 测试结束，卸下轮胎，将其装回汽车。
五、实训报告
完成实训报告并分析检测结果。</td></tr>
</table>

<table>
<tr><th colspan="9">汽车车轮平衡检测评分表</th></tr>
<tr><td rowspan="2">基本信息</td><td>姓名</td><td></td><td>学号</td><td></td><td>班级</td><td></td><td>组别</td><td></td></tr>
<tr><td>规定时间</td><td></td><td>完成时间</td><td></td><td>考核日期</td><td></td><td>总评成绩</td><td></td></tr>
<tr><td rowspan="8">任务工单</td><td rowspan="2">序号</td><td rowspan="2" colspan="3">步骤</td><td colspan="2">完成情况</td><td rowspan="2">标准分</td><td rowspan="2">评分</td></tr>
<tr><td>完成</td><td>未完成</td></tr>
<tr><td>1</td><td colspan="3">考核准备：
车轮：
仪器设备：</td><td></td><td></td><td>10</td><td></td></tr>
<tr><td>2</td><td colspan="3">车轮安装</td><td></td><td></td><td>10</td><td></td></tr>
<tr><td>3</td><td colspan="3">设备操作</td><td></td><td></td><td>20</td><td></td></tr>
<tr><td>4</td><td colspan="3">数据测量</td><td></td><td></td><td>10</td><td></td></tr>
<tr><td>5</td><td colspan="3">平衡选取</td><td></td><td></td><td>10</td><td></td></tr>
<tr><td>6</td><td colspan="3">结果准确程度</td><td></td><td></td><td>20</td><td></td></tr>
<tr><td colspan="2">5S</td><td colspan="5"></td><td>5</td><td></td></tr>
<tr><td colspan="2">沟通表达</td><td colspan="5"></td><td>5</td><td></td></tr>
<tr><td colspan="2">实训报告</td><td colspan="5"></td><td>10</td><td></td></tr>
</table>

任务十一

汽车前照灯检测

♨知识目标

1. 简单描述汽车前照灯的类型及作用；
2. 正确描述汽车前照灯检测设备。

♨能力目标

1. 会汽车灯光检测的方法；
2. 能正确使用检测设备进行汽车灯光检测。

任务介绍

汽车的灯光照明装置（主要为前照灯）是汽车在夜间或能见度较低的条件下，为驾驶员提供行车道路照明的重要装置，也是驾驶员发出警告、进行联络的灯光信号装置。它是汽车主要的主动安全部件之一，是影响汽车行车安全的重要因素，其技术要求在世界各个国家和地区的汽车安全法规中占有极其重要的位置。因此汽车灯光照明装置的检测被列为机动车运行安全检测的必检项目。

任务分析

本学习任务在实施中主要包括以下几个过程。

1. 相关知识的学习

通过理论知识的学习，掌握完成本任务需要的理论知识。

2. 汽车前照灯检测的方法

利用汽车前照灯检测设备，规范检测车辆的前照灯，并具有安全、环保方面的意识。通过对汽车前照灯发光强度和光轴偏斜量的检测，分析测量结果，评价汽车前照灯检测的结果。

相关知识

一、汽车前照灯的类型及作用

1. 汽车前照灯的类型

汽车前照灯可分为两灯制和四灯制。两灯制即车辆左右各有一只前照灯，每只前照灯都能分别发出近光和远光，通常用于轿车上。四灯制由只有远光的Ⅰ型灯和既有远光又有近光的Ⅱ型灯组合而成。在四灯制中，远光灯不论单独亮还是和近光灯同时亮，都要符合规定。前照灯灯泡有充气灯泡、卤钨灯泡和新型高压（20kV）放电氙灯等几种类型。

2. 汽车前照灯的作用

前照灯是汽车上最主要的光源，其主要作用是在夜间或能见度较低的条件下，为驾驶员提供行车道路照明，而且也是驾驶员发出警告、进行联络的灯光信号装置。

二、汽车前照灯检测设备

前照灯检测仪是按一定测量距离放在被检车辆的对面，用来检测前照灯发光强度与光轴偏斜量的专用设备。

1. 前照灯检测仪的检测原理

前照灯检测仪的类型很多，但检测原理基本相同，都是采用把吸收的光能转变成电流的硅光电池或硒光电池作为传感器，按照前照灯主光束照射光电池产生电流的大小和比例，来测量前照灯发光强度和光轴偏斜量。

（1）发光强度检测原理　检测前照灯发光强度的电路由光度计、可变电阻和光电池等组成，如图 11.1 所示。按规定的距离使前照灯照射光电池，光电池便按受光强度的大小产生相应的光电流使光度计指针摆动，指示出前照灯的发光强度。

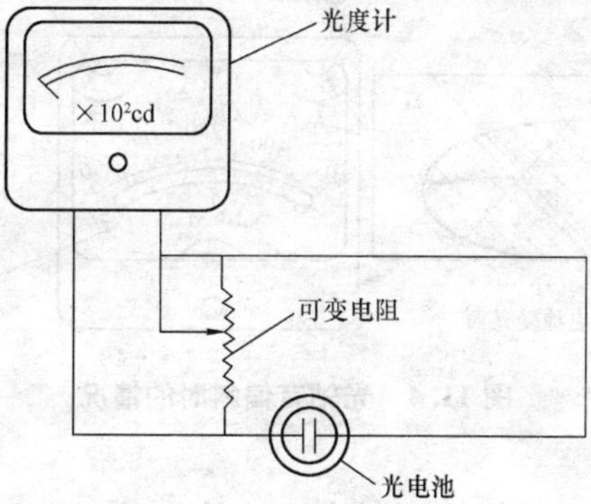

图 11.1　发光强度检测原理图

（2）光轴偏斜量检测原理　检测前照灯光轴偏斜量的电路图如图 11.2 所示，由两对

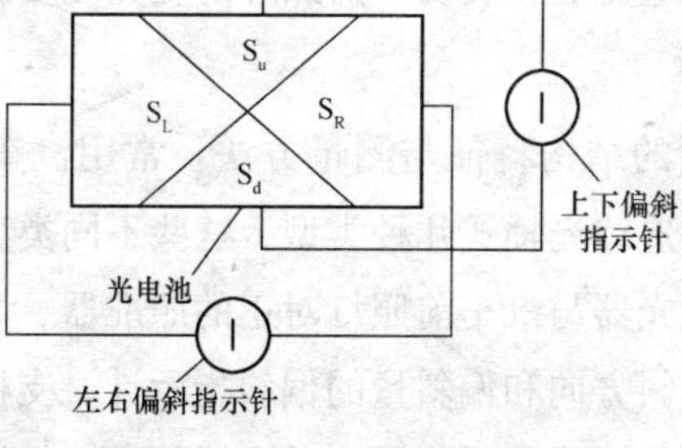

图 11.2　光轴偏斜量检测原理图

光电池组成，左右一对光电池S_L和S_R上接有左右偏斜指示计，用于检测光束中心的左右偏斜量；上下一对光电池S_u和S_d上接有上下偏斜指示计，用于检测光束中心的上下偏斜量。当光电池受到前照灯光束照射时，如果光束照射方向偏斜，将分别使光电池S_u和S_d、S_L和S_R的受光面不一致，因而产生电流的大小也不一致。光电池S_u和S_d、S_L和S_R产生的电流差值分别使上下偏斜指示计及左右偏斜指示计的指针摆动，从而检测出光轴的偏斜方向和偏斜量。

图 11.3 所示为光轴无偏斜时的情况，这时上下偏斜指示计的指针和左右偏斜指示计的指针均垂直向下，即处于零位。图 11.4 所示为光轴有偏斜时的情况，这时上下偏斜指示计的指针向“下”方向偏斜，左右偏斜指示计的指针向“左”方向偏斜。

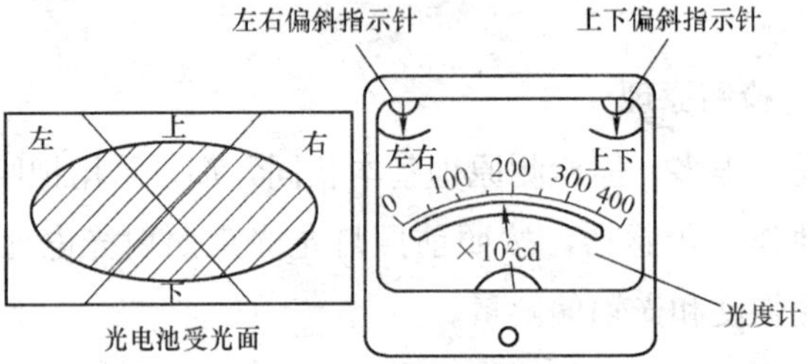

图 11.3　光轴无偏斜时的情况

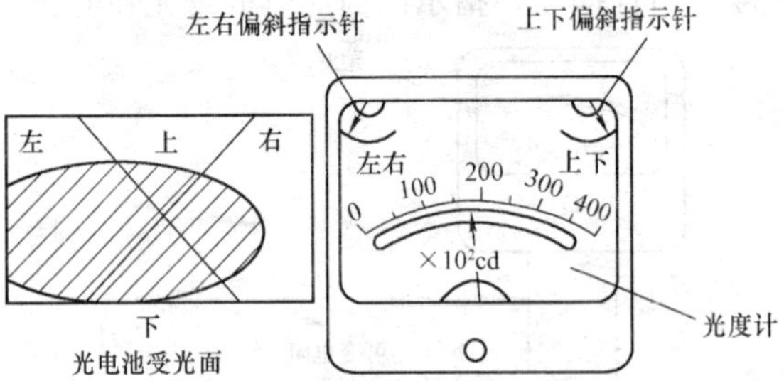

图 11.4　光轴有偏斜时的情况

若通过适当调节机构，检查光线照射光电池的位置，使S_u和S_d、S_L和S_R每对光电池受到的光照度相同，此时每对光电池输出的电流相等，两偏斜指示计的指针均指向零位，其调节量反映了光束中心的偏斜量。当偏斜指示计指针处于零位时，光电池受到的光照最强，四块光电池所输出电流之和表明了前照灯的发光强度。

2. 前照灯检测仪的分类

按照前照灯检测仪不同的结构特征与测量方法，常用汽车前照灯检测仪可分为聚光式、屏幕式、投影式和自动追踪光轴式几种类型。这些不同类型的前照灯检测仪均由接受前照灯光束的受光器、使受光器与汽车前照灯对正的照准器、车辆摆正找准器、指示发光强度的光度计、指示光轴偏斜方向和偏斜量的偏斜指示计、支柱、底座和导轨等组成。

(1) 聚光式前照灯检测仪　该检测仪是用受光器的聚光透镜把前照灯的散射光束聚合

起来，根据其对光电池的照射强度来检测前照灯发光强度和光轴偏斜量的，其构造如图11.5所示。检测时，检测仪放在前照灯前方1m处。

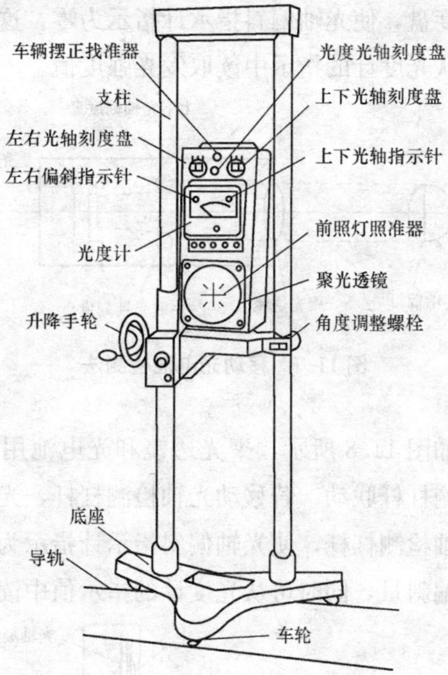

图 11.5　聚光式前照灯检测仪

根据检测方法不同，聚光式前照灯检测仪的使用又可分为移动反射镜检测法、移动光电池检测法和移动透镜检测法几种形式。

①移动反射镜检测法。如图11.6所示，该法利用聚光镜将前照灯的散射光束聚合并经反射镜反射后，照射到光电池上。若转动光轴刻度盘，则反射镜的安装角度将随之变化，照射到光电池上光束的位置也随之变化，从而使光轴偏斜指示计的指针产生移动。此时，若转动光轴刻度盘使光轴偏斜指示计指示为零，则可从光轴刻度盘上读取光轴的斜偏量。同时，可从光度计的指示中读取发光强度值。

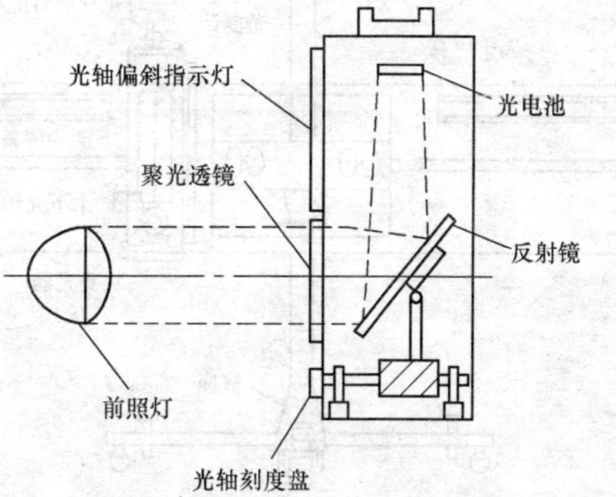

图 11.6　移动反射镜检测法

②移动光电池检测法。如图 11.7 所示，若转动上下光轴刻度盘和左右光轴刻度盘，则光电池随之移动，光电池的受光面位置将随之变化，从而使光轴偏斜指示计的指针产生移动。检测时转动光轴刻度盘，使光轴偏斜指示计指示为零。这时，从光轴刻度盘上即可读出光轴的偏斜量，同时从光度计的指示中读取发光强度值。

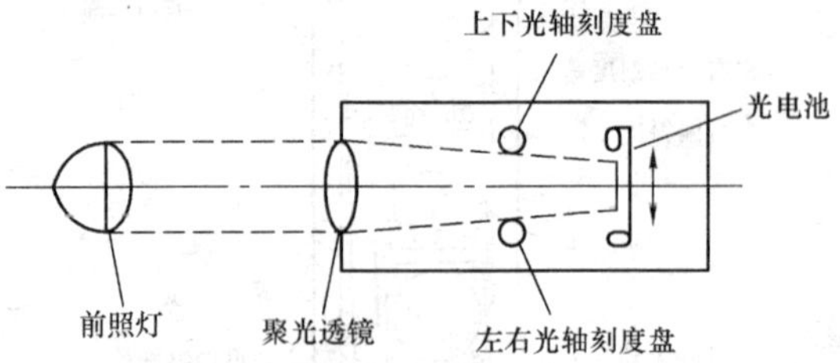

图 11.7　移动光电池检测法

③移动透镜检测法。如图 11.8 所示，聚光透镜和光电池用特殊的连接器连接成一个可活动的整体，与光轴检测杠杆联动。若移动光轴检测杠杆，光轴偏斜指示计的指针即产生移动。检测时，移动光轴检测杠杆，使光轴偏斜指示计指示为零。根据与杠杆联动的指针指示值，即可得出光轴偏斜量，同时可从光度计的指示值中读取发光强度值。

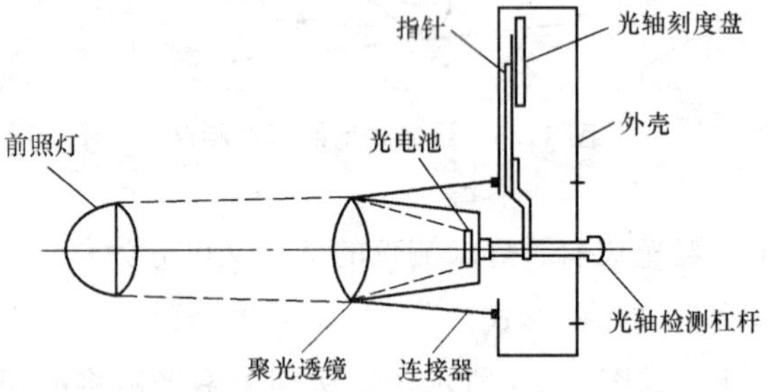

图 11.8　移动透镜检测法

(2) 屏幕式前照灯检测仪　如图 11.9 所示，该检测仪是把前照灯的光束照射到屏幕

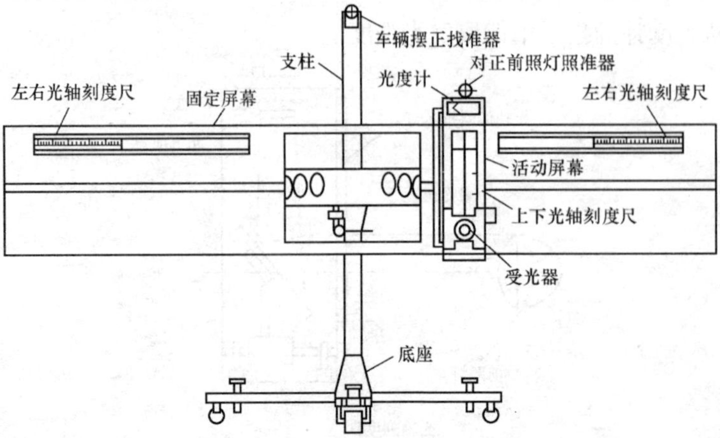

图 11.9　屏幕式前照灯检测仪

上来检测发光强度和光轴偏斜量的。检测时，检测仪放在前照灯前方 3m 的检测距离处。在固定屏幕上装有可以左右移动的活动屏幕，在活动屏幕上装有能上下移动的内部带有光电池的受光器。检测时，移动活动屏幕和受光器，根据光度计指示值为最大值时的位置找到主光轴的投射位置，然后由固定屏幕和活动屏幕上的光轴刻度尺读取光轴偏斜量，同时从光度计的指示中读取发光强度值。

(3) 投影式前照灯检测仪　如图 11.10 所示，该检测仪是将前照灯光束的影像映射到投影屏上来检测发光强度和光轴偏斜量的。检测时，检测仪放在前照灯前方 3m 的检测距离处。在聚光透镜的上下和左右方向装有四个电池。前照灯光束的影像通过聚光透镜、光度计的光电池和反射镜后，映射到投影屏上。检测时，通过上下、左右移动受光器使光轴偏斜指示计指示为零，即上与下、左与右光电池的受光量相等，从而找到被测前照灯主光轴的方向；然后根据投影屏上前照灯光束影像的位置，即可得出主光轴的偏斜量，同时可从光度计的指示中读取发光强度。

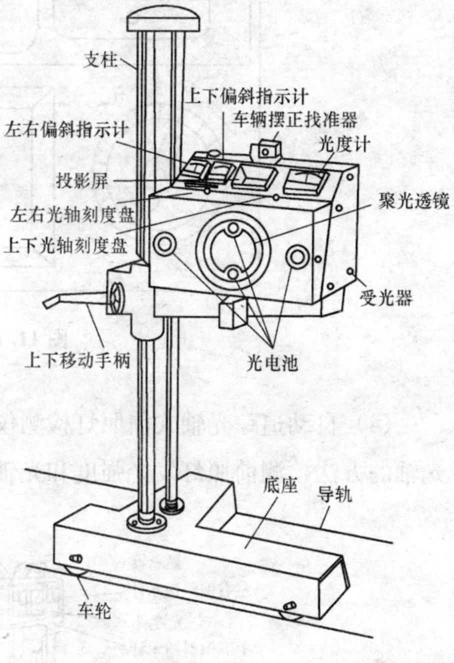

图 11.10　投影式前照灯检测仪

根据检测仪结构的不同，投影式前照灯检测仪光轴偏斜量的检测方法，又有投影屏刻度检测法和光轴刻度盘检测法两种。

①投影屏刻度检测法。如图 11.11 所示，在投影屏上刻有表示光轴偏斜量的刻度线，根据前照灯影像中心在投影屏上所处的位置，即可直接读出光轴的偏斜量。

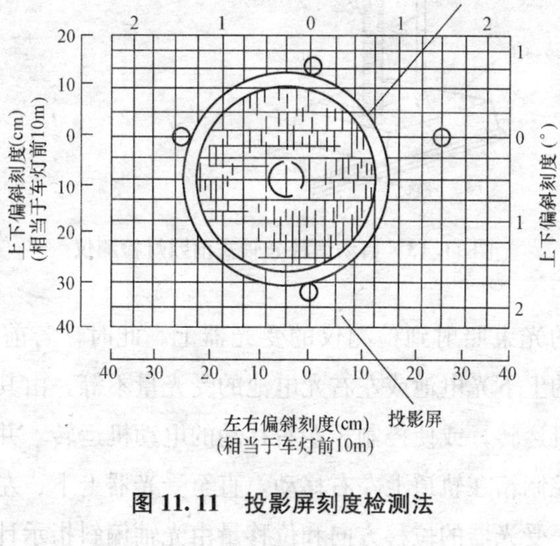

图 11.11　投影屏刻度检测法

②光轴刻度盘检测法。如图 11.12 所示，转动上下与左右光轴刻度盘，使前照灯光束影像中心与投影屏坐标原点重合，然后从光轴刻度盘上读取光轴偏斜量。

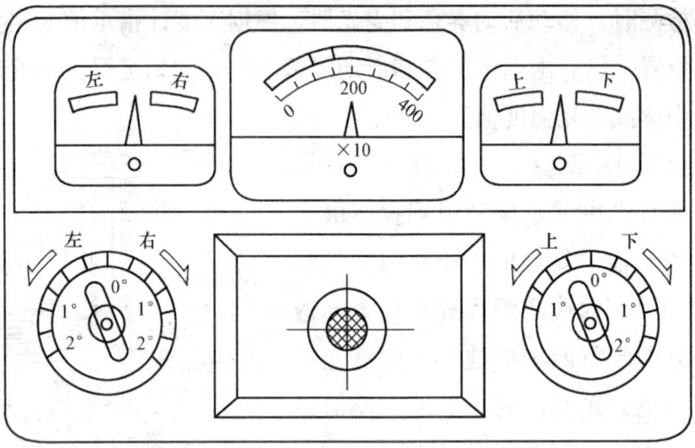

图 11.12　光轴刻度盘检测法

(4) 自动追踪光轴式前照灯检测仪　如图 11.13 所示，该检测仪通过受光器自动追踪光轴的方法检测前照灯发光强度和光轴偏斜量，一般检测距离为 3m。

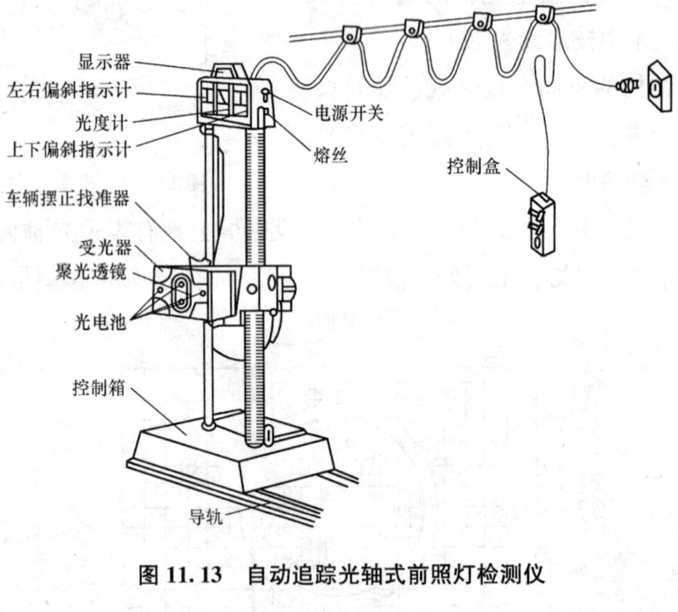

图 11.13　自动追踪光轴式前照灯检测仪

检测时，前照灯的光束照射到检测仪的受光器上。此时，若前照灯光束照射方向偏斜，则主、副受光器的上下光电池或左右光电池的受光量不等，由其电流的差值使控制受光器上下移动的电动机运转，或使控制箱左右移动的电动机运转，并通过传动机构牵动受光器上下移动或驱动控制箱在轨道上左右移动，直至受光器上下、左右光电池受光量相等为止。在追踪光轴时，受光器的位移方向和位移量由光轴偏斜指示计指示，此即前照灯光束的偏斜方向和偏斜量，发光强度由光度计指示。

任务实施

一、检测仪器与实施要求

前照灯检测的仪器主要是前照灯检测仪。前照灯检测的实施要求如下：

（1）确保在前照灯检测仪不受光的情况下，检测光度计和光轴偏斜量指示计的指针是否对准机械零点。若指针失准，可用零点调整螺钉调整。

（2）检查聚光透镜和反射镜的镜面上有无污物。若有，可用柔软的布料或镜头纸等擦拭干净。

（3）检查导轨是否沾有泥土等杂物。若有，应扫除干净。

二、检测实施步骤

由于前照灯检测仪的厂牌、类型不同，其检测发光强度和光轴偏斜量的具体方法也不尽相同。

（1）将被检汽车尽可能地与前照灯检测仪的轨道保持垂直方向驶近检测仪，直至前照灯与检测仪受光器之间达到规定的检测距离（3m、1m、0.5m、0.3m）。

（2）用汽车摆正找准器使检测仪与被检汽车对正。

（3）打开前照灯（远光），用前照灯照准器使检测仪与被检车前照灯对正。

（4）提高发动机转速，使电源系统处于充电状态。

（5）检测发光强度和光轴偏斜量。

（6）检测完一只前照灯后，用同样的方法检测另一只前照灯。

（7）检测结束，将前照灯检测仪沿轨道或沿地面退回护栏内，将汽车驶出。

归纳总结

通过本任务的学习，应知汽车前照灯的类型及作用；应会汽车灯光检测的检测项目、检测方法，具备快速熟练查阅相关标准的能力，对检测结果进行分析并给出维修建议。

知识拓展

汽车灯光照明装置在现代汽车的行车安全方面扮演着越来越重要的角色。汽车灯光从第一代的乙炔气前照灯到后来的电光源前照灯、双光灯芯前照灯、不对称近光前照灯、卤钨前照灯、充氙气灯泡等，标志着汽车灯光照明技术发生了翻天覆地的变化。进入21世纪后，汽车照明也进入了全新时代。飞利浦公司用五年时间研制成功了氙气灯，英文简称

HID（High Intensity Discharge Lamp），并率先在欧洲高级轿车上配装。氙气灯的照明系统由三个匹配部件组成：一个微型气体放电灯作为光源，一个电子装置控制启动和燃点以及精细匹配的前照灯具。氙气灯与卤素灯的主要区别在于，前者通过气体电离发光，后者通过加热钨丝发光。氙气灯可靠性较高，不会受到车上电压波动的影响，提高了夜间行车的安全性。由于不用灯丝，没有了传统灯丝易脆断的问题，使用寿命比普通卤素灯长很多。另外，更小的前照灯体积给予汽车外观造型设计更大的创意空间，汽车生产商也因为能够使用耐高温、标准低的塑料和减少能耗而得益。因此，氙气灯逐步成为现代汽车车灯的主流趋势。

实训　汽车前照灯检测

通过本实训的进行，巩固汽车前照灯检测项目、检测设备的结构和基本工作原理及技术要求等理论知识，掌握汽车前照灯检测仪的使用方法。

实训名称	汽车前照灯检测	姓名		班级	
		日期		序号	

一、实训目的

能够按照汽车前照灯检测项目和方法进行汽车灯光检测。

二、实训器材

汽车前照灯检测仪，整车。

三、实训要求

1. 能够说明汽车前照灯的检测项目、方法及技术要求。

2. 能够说明检测设备的结构和基本工作原理，掌握使用方法。

3. 能够进行汽车前照灯发光强度和光轴偏斜量的检测。

四、实训步骤

1. 将被检汽车尽可能地与前照灯检测仪的轨道保持垂直方向驶近检测仪，直至前照灯与检测仪受光器之间达到规定的检测距离（3m、1m、0.5m、0.3m）。

2. 用汽车摆正找准器使检测仪与被检汽车对正。

3. 打开前照灯（远光），用前照灯照准器使检测仪与被检车前照灯对正。

4. 提高发动机转速，使电源系统处于充电状态。

5. 检测发光强度和光轴偏斜量。

6. 检测完一只前照灯后，用同样的方法检测另一只前照灯。

7. 检测结束，将前照灯检测仪沿轨道或沿地面退回护栏内，将汽车驶出。

五、实训报告

完成实训报告并分析检测结果。

<table>
<tr><th colspan="7">汽车前照灯检测评分表</th></tr>
<tr><td rowspan="2">基本信息</td><td>姓名</td><td></td><td>学号</td><td></td><td>班级</td><td></td><td>组别</td><td></td></tr>
<tr><td>规定时间</td><td></td><td>完成时间</td><td></td><td>考核日期</td><td></td><td>总评成绩</td><td></td></tr>
<tr><td rowspan="7">任务工单</td><td rowspan="2">序号</td><td rowspan="2">步骤</td><td colspan="2">完成情况</td><td rowspan="2">标准分</td><td rowspan="2">评分</td></tr>
<tr><td>完成</td><td>未完成</td></tr>
<tr><td>1</td><td>考核准备：
车辆：
仪器设备：</td><td></td><td></td><td>10</td><td></td></tr>
<tr><td>2</td><td>设备操作</td><td></td><td></td><td>20</td><td></td></tr>
<tr><td>3</td><td>数据测量</td><td></td><td></td><td>30</td><td></td></tr>
<tr><td>4</td><td>数据计算分析</td><td></td><td></td><td>10</td><td></td></tr>
<tr><td>5</td><td>结论</td><td></td><td></td><td>10</td><td></td></tr>
<tr><td colspan="2">5S</td><td colspan="3"></td><td>5</td><td></td></tr>
<tr><td colspan="2">沟通表达</td><td colspan="3"></td><td>5</td><td></td></tr>
<tr><td colspan="2">实训报告</td><td colspan="3"></td><td>10</td><td></td></tr>
</table>

参 考 文 献

[1] 赵英君．汽车性能检测［M］．北京：科学出版社，2009.

[2] 高延龄．汽车运用工程［M］．3 版．北京：人民交通出版社，2005.

[3] 余志生．汽车理论［M］．北京：机械工业出版社，2000.

[4] 李岳林，王生昌．交通运输环境污染与控制［M］．北京：机械工业出版社，2003.

[5] 戴良鸿．汽车使用与日常维护［M］．上海：复旦大学出版社，2007.

[6] 陈家瑞．汽车构造［M］．3 版．北京：人民交通出版社，2007.

[7] 方锡邦．汽车检测技术［M］．合肥：安徽科学技术出版社，2000.

[8] 张建俊．汽车检测与故障诊断技术［M］．北京：机械工业出版社，2006.

[9] 曹家喆．现代汽车检测诊断技术［M］．北京：清华大学出版社，2003.

[10] 马勇智，汪贵行．汽车检测技师培训教材［M］．北京：人民交通出版社，2003.

[11] 代汝泉．汽车运行性能［M］．北京：国防工业出版社，2003.

[12] 曹晓光，李宏刚．汽车排放标准化控制历程分析［J］．东北林业大学学报，2003（4）：62～65.

[13] 曹晓光，刘永臣．汽车运用工程新标准和应用［J］．森林工程，2003（4）：24～25.

[14] 雷琼红．汽车使用技术管理［M］．北京：人民交通出版社，2009.

[15] 浦维达．汽车技术基础［M］．上海：上海交通大学出版社，2008.

[16] 姜立标，张黎骅．汽车运用工程基础［M］．北京：北京大学出版社，2008.

[17] 陈曙红．汽车环境污染与控制［M］．北京：人民交通出版社，2005.

[18] 万海军．汽车使用性能与检测［M］．北京：中国劳动社会保障出版社，2008.

[19] 李军．汽车使用性能与检测技术［M］．北京：人民交通出版社，2002.

[20] 扶爱民．汽车运用基础［M］．北京：电子工业出版社，2005.

[21] 黄俊平．汽车性能与使用［M］．北京：机械工业出版社，2005.

[22] 王勇．汽车使用性能与检测［M］．北京：高等教育出版社，2002.

[23] 杨柏青，王凤军．汽车使用与技术管理［M］．北京：北京大学出版社，2005.

[24] 边伟．汽车使用与技术管理［M］．西安：西安电子科技大学出版社，2007.